Karl Pioch
Nie im Abseits

Karl Pioch

Nie im Abseits

Militärverlag
der Deutschen Demokratischen
Republik

ISBN 3-327-00415-3

4. Auflage, 1987

Lizenz-Nr. 5
Printed in the German Democratic Republic
Lichtsatz: INTERDRUCK Graphischer Großbetrieb Leipzig – III/18/97
Druck und Buchbinderei: Grafischer Großbetrieb Sachsendruck Plauen
Lektor: Siegfried Jaeger
Schutzumschlag und Einband: Dieter Lebek
Typografie: Helmut Herrmann / Anne-Katrin Engelstädter
LSV: 7003
Bestellnummer: 745 991 9
00560

Fragen vor dem Anfang

Wie schreibt man eigentlich seine Erinnerungen? Womit soll ich beginnen? Natürlich könnte ich von meinem Elternhaus berichten, von der Kindheit eines Arbeiterjungen im ersten Weltkrieg. So haben aber viele Menschen meiner Generation jenen Krieg erlebt – der Vater an der Front, die Mutter in der Fabrik und wir Kinder immer hungrig. Da gibt es Romane, besser kann ich darüber nicht schreiben. Erwähnen muß ich die Zeit aber hin und wieder, weil manches dort seinen Anfang nahm.

Ich habe mitunter – ganz wie sich die Gelegenheit ergab – aus meinem Leben erzählt; mal hier eine Episode, mal dort eine Begebenheit, habe von Genossen berichtet, die mir einst viel bedeuteten, nach denen heute Schulen und Betriebe, Brigaden und Regimenter, Straßen und Kasernen heißen. Einige meiner Erlebnisse mögen abenteuerlich erscheinen. Betrachtet man sie sachlich, sind sie es aber gar nicht, denn ich habe schwierige Situationen nie allein durchstehen müssen, sondern hatte entweder Genossen zur Seite oder war von ihnen vorbereitet.

Würde ich einfach drauflos erzählen – das macht man ja nicht, weil man dann schwer ein Ende findet –, könnte ich davon berichten, wie ich als Schiffsheizer lebte, ohne je einen Schiffskessel gesehen zu haben. Warum macht ein Mensch so etwas? Soll ich darüber schreiben, daß mir nach einer schweren Verwundung in Spanien ein guter Chirurg – der bekannte Bruder eines noch bekannteren Schriftstellers – kaum noch eine Chance gab und ich jedes Wort verstand, weil ich seine Sprache beherrschte? Inzwischen sind vierzig Jahre ins Land gegangen, und das Land hat sich verändert. Kann ich darüber schreiben, daß ich im Frühjahr 1945 als Häftling des Konzentrationslagers Sachsenhausen an Hitlers Schreibtisch gefrühstückt habe, während unsere Bewacher im Luftschutzbunker hockten? Ich will die Aufzählung nicht weiterführen und werde doch nur über Höhepunkte in meinem Leben schreiben, über einige Stationen und natürlich über Menschen, die großen Einfluß auf meine Entwicklung genommen haben.

Manchmal werde ich etwas weiter ausholen müssen, weil ich nicht immer erwarten kann, daß alle Hintergründe bekannt sind oder unser Handeln jedem verständlich ist. Dort, wo es möglich ist, werde ich mich kurz fassen, weil ich weiß, daß nicht alles, was mir wichtig erscheint, auch vom Leser für so wesentlich gehalten werden muß. Ich gehe davon aus, daß niemand von mir ein Geschichtsbuch erwartet, ich will versuchen, wichtige Jahre der Geschichte etwas zu illustrieren. Ich war damals ein junger Kommunist und möchte junge Menschen von heute mitfühlen lassen, was uns bewegte.

Berlin, Dezember 1977 *Karl Pioch*

Im Mädchenpensionat der Paní Benglová

Ein heißer Tag. Anfang August 1933. Zwei junge Männer schauen sich interessiert den breiten Wenzelsplatz in Prag an, betrachten neugierig die Auslagen hinter den großen Schaufensterscheiben, bestaunen die Geschäftigkeit der Passanten, die Gäste an den Tischchen auf den breiten Bürgersteigen vor den eleganten Cafés.

Die beiden jungen Männer sind fremd in dieser Stadt, in Prag mit seinen hundert Türmen, mit seiner interessanten Geschichte.

Wir waren nicht als Touristen nach Prag gekommen, um uns die hoch über der Moldau thronende Burg, den Hradschin, anzusehen oder den prächtig ausgestatteten Sankt-Veits-Dom oder die Figuren auf der Karlsbrücke. Was wußten wir damals schon von Prag? Wir waren als Emigranten in die Stadt gekommen.

Über den Weg und das Schicksal von Emigranten ist schon viel geschrieben worden. Die Faschisten hatten zuviel Deutsche ins Ausland getrieben: Politiker und Wissenschaftler, Künstler und Ingenieure, Arbeiter und Nobelpreisträger. Auf abenteuerlichen Wegen hatten sie das Land verlassen müssen nach jenen Ereignissen, die Ende Januar ihren Anfang genommen hatten. Nicht allen war die Flucht geglückt, Ungewißheit wartete auf die anderen in den Ländern jenseits der Grenze.

Vielleicht war ich damals einer der jüngsten Emigranten und ging unbeschwerter als manch anderer ins Ausland. Ich hatte keine Familie zu versorgen, hatte ein Handwerk gelernt, war nicht verwöhnt, hatte immer mit meinen Genossen geteilt und unter Sportlern viele Kameraden gefunden. Und schließlich ist der Optimismus ein besonderes Privileg der Jugend. Eine Ungewißheit bedrückte allerdings auch mich. Ich war überzeugt, daß wir das faschistische Regime stürzen und dabei

Hilfe finden würden. Aber ich wußte nicht, wann ich wieder nach Deutschland zurückkehren und wie das geschehen würde. Auf keinen Fall dachte ich daran, daß ich als Gefangener meine Heimat wiedersehen sollte.

Der Schritt in die ČSR war überhaupt nicht abenteuerlich. Wir hatten ja schon seit 1932 Pässe und standen noch nicht in den Fahndungsbüchern. In manchen Fernsehserien wirkt das alles viel spannender, aber aus unserem Weg ließe sich beim besten Willen kein Film drehen: Wir fuhren nämlich mit dem Personenzug nach Dresden, stiegen dort auf einen Dampfer nach Wehlen um und übernachteten dort erst einmal für eine ganze Mark je Person. Etwas anstrengender war schon der nächste Tag, aber nicht, weil wir gejagt wurden, sondern weil ein Windbruch Bäume kreuz und quer über den Weg geworfen hatte. Wir mußten klettern.

Wir hatten schwere Tage hinter uns und hätten gewiß noch mehrere Tage auf Landstraßen zugebracht, wenn uns nicht kurz hinter Terezin ein tschechischer Arzt, der gut deutsch sprach, in seinem kleinen Auto mitgenommen und in Prag vor dem »Volkshaus« abgesetzt hätte.

Wir waren beide zweiundzwanzig Jahre, beide in Berlin geboren und hatten bis vor kurzem dort gelebt. Seit dreizehn Jahren, also seit 1920, kannten wir uns schon, hatten die gleiche Schulbank gedrückt. Mein Freund Kurt Perl war nur wenige Monate älter.

Im »Volkshaus« verzehrten wir ein ordentliches Mittagessen, und der Oberkellner zog uns ins Gespräch, als er hörte, daß wir deutsch sprachen. Später erschien ein älterer, seriöser Herr mit graumeliertem Haar, der sich als Leiter des Hauses vorstellte. Ihm sagten wir, daß wir von Kindheit an in einem Arbeitersportverein organisiert gewesen waren, viele unserer ehemaligen Sportfreunde wurden Angehörige der Wehrorganisation der Sozialdemokratischen Partei Deutschlands, des Reichsbanners Schwarz-Rot-Gold, und wir hatten mit ihnen gemeinsam unsere Redner und unsere Wahlversammlungen geschützt. Oft, so sagten wir ihm, hatte es Zusammenstöße mit den Schlägern der Rechtsparteien, des »Stahlhelms«, der SA und der SS gegeben. Deshalb waren wir in Nazideutschland gefährdet, und man hatte uns nach Prag geschickt, weil wir von hier den Kampf gegen die Faschisten weiterführen sollten.

Der ältere Herr bestellte für uns Kaffee und meinte dann sehr gemütlich: »Ach, wißt ihr, ihr habt schon viel erlebt, und euer Mut ehrt euch. Aber es kommt doch zu keinem eigentlichen Widerstand gegen die Nazis. Wenn die noch einige Monate an der Regierung sind, dann haben sie abgewirtschaftet. Die können doch nicht ein großes Volk regieren. Ihr wißt ja selbst sehr gut, welch starke Arbeiterbewegung in Deutschland existiert und wie sie schon gekämpft hat in ihrer Geschichte. Aber die Nationalsozialisten haben doch der Führung der Sozialdemokratischen Partei keinen Grund zum Einschreiten, eventuell zu einem Generalstreik, gegeben. Sie sind legal an die Macht gekommen, und ich sage euch, sie werden auch genauso legal wieder abgelöst!«

Er schüttelte uns dann kräftig die Hände, sagte darauf zum Kellner: »Die jungen Genossen bezahlen nichts, sie waren meine Gäste!« Wir standen auf der Straße, um eine Erkenntnis reicher. Da hatte der Reichstag gebrannt, waren in derselben Nacht noch Sozialdemokraten und Kommunisten verschleppt worden, hatte die SA in der Köpenicker Blutwoche auch sozialdemokratische Reichstagsabgeordnete viehisch erschlagen. Da waren die Reichstagsmandate der KPD mir nichts dir nichts für ungültig erklärt worden, und hier schwätzte ein Mann, der sich von alldem in Zeitungen hatte informieren können, von Legalität und Abwirtschaften. Wir konnten es nicht glauben. Kurt war empört. »Will der denn auch noch Lehrgeld zahlen? Wird die Sozialdemokratie nie klug?«

Es hatte keinen Sinn, unserem Zorn und unserer Enttäuschung auf der Straße Luft zu machen. Wir brauchten eine Bleibe. Bei Leuten vom »Volkshaus« würden wir auf wenig Gegenliebe stoßen. Wir störten in ihrer Ruhe.

Kurt erinnerte sich der Anschrift, die man uns in Berlin genannt hatte. »Wir müssen jetzt zu unserer Anlaufstelle, zur Frau Schneiderová in Žižkov. Das soll ein Stadtteil sein, in dem viele Arbeiter wohnen. Hoffentlich treffen wir jemanden.«

Wir machten uns wieder zu Fuß auf den Weg. Paní Schneiderová, deren Namensschild wir an einer Wohnungstür fanden, war nicht zu Hause. Wir schienen in Prag vom Pech verfolgt zu sein. Am Nachmittag versuchten wir es wieder und wieder, warteten auf Schritte hinter der Tür, rechneten mit einer Frage, aber es blieb still. So wurde es Abend. Wir hielten Kriegsrat. Was sollten wir tun, womit mußten wir rechnen? Ich hatte ja Stunden Zeit gehabt, die nächsten Schritte zu überlegen.

»Hier sprechen viele Leute deutsch. Wir müssen in der Nacht irgendwo bleiben, um nicht aufzufallen. Wir sind illegal ins Land gekommen, und wir wissen nicht, ob wir nicht nachts einem strammen Polizisten in die Arme laufen. Du weißt nicht, wes Geistes Kind er ist. Wenn er bei der Legion gegen die Sowjetmacht gekämpft hat, sind wir geliefert. Wir müssen also von der Straße. Fragen wir irgendeinen Zeitungsverkäufer auf der Straße nach dem nächsten Lokal einer Arbeiterorganisation.«

Gesagt, getan. Es war bereits dämmrig, als wir in eine Gaststätte traten, in der eine Versammlung stattfand. Der Wirt, mit dem wir sprachen, ohne zu wissen, ob er uns überhaupt verstand, ging nach hinten in das Vereinszimmer und kam bald mit einem Mann wieder, der deutsch sprach. Er war nur etwas älter als wir. Von uns wollte er wissen, wo wir politisch organisiert gewesen waren, und er gab sich sofort zufrieden, als er erfuhr, daß wir Funktionäre des Kommunistischen Jugendverbandes Deutschlands sind, in Berlin eine Anlaufstelle für Prag erhalten, aber dort niemanden angetroffen hatten. Der junge Genosse verhandelte mit dem Wirt und sagte uns, daß wir uns noch etwas gedulden möchten. Man werde sich um uns kümmern. Eine ganz andere Atmosphäre als im »Volkshaus«. Kein Gerede, kein Abwimmeln mit schönen Worten. Kein Kaffee: Der Wirt brachte uns Salami, ein großes Stück Brot und für jeden ein Halbliterglas Bier.

Nach Schluß der Versammlung wurden wir von zwei der tschechischen Genossen in ihre Wohnung mitgenommen. Mein Gastgeber wohnte nur einige Straßen weiter und erzählte, daß er früher in der Nähe von Tabor gewohnt habe und deshalb deutsch spreche. Er arbeite in einer großen Maschinenfabrik und sei Funktionär der Kommunistischen

Partei, morgen früh solle ich dasselbe Lokal aufsuchen, einer von »unseren Leuten« werde im Vereinszimmer sitzen, sich mit uns unterhalten und dann weiter für uns sorgen.

Am nächsten Morgen traf ich Kurt in der Gaststätte wieder. Er hatte sich nicht so leicht verständigen können, dafür aber auch gut geschlafen.

An einem der kleinen Tische saß ein junger Genosse, mittelblond, wenige Jahre älter als ich. Ich hatte ihn mir noch nicht einmal richtig angesehen, als er plötzlich laut auflachte.

»Jetzt schlägt's dreizehn! Bist du nicht der Kerl, der mich zu Silvester beinahe erschossen hätte? Ein Glück, daß ich einen deiner Freunde im Seitenwagen hatte. Ich habe eigentlich schon damit gerechnet, daß du auch hier ankommst. So trifft man sich wieder! Wer hat euch nach Prag in die Emigration geschickt? Warum mußtet ihr weg? Ich habe von der Prager Leitung den Auftrag, mit euch zu reden. Schießt los!«

Ich traute meinen Augen nicht, und es war mir sogar peinlich. In dem Genossen erkannte ich den Motorradfahrer mit der Beiwagenmaschine, einer schweren Harley-Davidson, wieder, der in der Silvesternacht 1932 zu 1933 erst scharf an dem Gebüsch vorbeifuhr, in dem ich stand, plötzlich bremste, vor dem verriegelten Torweg einer Villa zwischen Falkensee und Finkenkrug hielt und wenige Worte mit seinem Mitfahrer wechselte. Einer von der SS oder der SA! dachte ich. Der will etwas von den Genossen, die du schützen sollst. Nicht zögern!

Ich trat hervor. »Hände hoch! Wer seid ihr?« Die schwere Pistole hielt ich auf den Kradfahrer gerichtet.

Trotz der Dunkelheit sah ich, daß keiner der beiden eine Art Uniform trug, und erkannte gleichzeitig mit Bestürzung den Mitfahrer, den Genossen Kurt Linz aus der Unterbezirksleitung Spandau der KPD, dem ich schon oft begegnet war.

»Du bist aber schnell!« antwortete der Motorradfahrer und rettete die Situation. Ich öffnete schweigend den Torweg, und sie schoben das Krad auf das Grundstück.

Meine Ablösung trat heraus, ich meldete in der Villa den späten Besuch an und staunte, daß beide Gäste von den meisten der Anwesenden wie alte Freunde herzlich begrüßt wurden. Den Motorradfahrer sprachen sie mit »Reinhold« an, und erst geraume Zeit später erfuhr ich, daß er Funktionär für Agitation und Propaganda in der Landesleitung Berlin-Brandenburg war. Ich bin diesem Genossen noch oft wiederbegegnet, überall dort, wo Einsätze durchzuführen waren oder wo es gefährlich zuging – allerdings später auch im faschistischen Konzentrationslager.

»Also, Jungs«, sagte er abschließend, nachdem er sich einige Notizen gemacht hatte, »ihr werdet wissen, daß unsere Mittel beschränkt sind. Deshalb meldet ihr euch beim Demokratischen Flüchtlingskomitee an, das Am Graben, so heißt eine der größten Straßen in Prag, seinen Sitz hat. Der Leiter heißt Kurt Großmann, vorher war er ein verantwortlicher Funktionär der Liga für Menschenrechte. Er ist parteilos. Erzählt ihm vom Sportverein und vom Schußwechsel zwischen der SA und den drei Reichsbannerführern im Februar am Bahnhof Falkensee. Er unterhält sich mit jedem ausführlich, weil er auch für Prager deutschsprachige Zeitungen schreibt. Er braucht nicht zu wissen, daß ihr zu uns gehört. Die Faschisten schicken ihre Spitzel auch nach Prag. Einer unserer Leute ist meist bei ihm in der Anmeldung, und es wird alles klappen. Macht's gut!«

Im Büro Am Graben, nicht weit vom Wenzelsplatz, lief alles ungefähr so ab, wie es uns »Reinhold« beschrieben hatte. Einige Besucher wurden vor uns noch abgefertigt, dann wurden wir beide ins Zimmer des Leiters gerufen. Er wollte von uns wissen, warum wir eigentlich nach Prag gekommen seien. Schon nach unseren ersten Sätzen wurde er aufmerksam und bat uns, im Vorzimmer einen vorgedruckten Fragebogen auszufüllen und ihm die Zeitangaben und die Namen der drei Reichsbannerführer zu geben.

Wir taten, was wir konnten, und erhielten vom Komitee ein Taschengeld, Essenmarken für die Mensa und die Anschrift von Frau Benglová in der Vodičkova, der Wassergasse, wo wir vorerst wohnen sollten.

Wieder standen wir auf der Straße, aber diesmal wußten wir, wohin wir wollten: Wir hatten Fuß gefaßt in der Emigration, hatten Kontakt zur Partei gefunden, waren im Ausland und doch nicht in der Fremde.

»Treten S' doch näher!«

Frau Benglová empfing uns in der Tür. Wir sagten ihr, daß uns das Flüchtlingskomitee schicke. Sie zeigte uns ein schmales Zimmer, in dem drei Betten standen.

Wir leerten unsere Rucksäcke und hatten bald den kleinen Schrank eingeräumt. Nun waren wir endgültig Gäste in einem Mädchenpensionat. Ein Blick aus dem Fenster machte uns mit dem Großstadtverkehr vertraut. Straßenbahnen klingelten in Richtung Karlsplatz hinauf und quietschten in der Kurve vor unserer Bleibe.

»Daran werden wir uns schon noch gewöhnen!« meinte Kurt zuversichtlich. »Die letzten Monate haben uns ganz andere Sachen beschert. Die SA-Banditen werden nicht schlecht staunen, wenn ich sie warten lasse!«

Ich konnte Kurt gut verstehen. Er war im Frühjahr 1933 von der SA-»Hilfspolizei« irgendwo ergriffen und zusammengeschlagen worden. Dann hatten sie ihn in das »Privat-KZ« – so wurde es von der Bevölkerung genannt – des SA-Standartenführers Carl Rotter nach Börnicke bei Nauen geschleppt, in dem außer kommunistischen Arbeitern auch Reichsbannerleute, SPD-Funktionäre und wohlhabende jüdische Bürger eingesperrt waren. Kurt mußte, weil er von Beruf Industriekaufmann war, als »Schreiber« in diesem kleinen Lager arbeiten, und so erfuhr er, daß ein Teil der jüdischen Häftlinge bald wieder entlassen wurde. Sie hatten sich bei den SA-Bonzen loskaufen müssen – den Arbeitern war das nicht möglich.

In dieser Zeit war gegen Kurt vor dem Amtsgericht Berlin-Spandau Anklage wegen unerlaubten Waffenbesitzes erhoben worden. Einige Wochen lang bemühten sich Justizbeamte, seinen Aufenthaltsort festzustellen. Schließlich schickten sie ein amtliches Schreiben an die SA-Leitung des Konzentrationslagers Börnicke, den Beschuldigten dem Gericht zu überstellen.

Kurt konnte von Glück sagen, daß ihn die SA nicht selbst

nach Spandau transportierte. Er mußte einem der Leiter des Wachkommandos sein Ehrenwort geben, daß er nach Verbüßung seiner Strafe wieder nach Börnicke zurückkäme. Heute mag sich das phantastisch anhören: Schläger und Mörder verlangten von ihrem Opfer, es sollte freiwillig in den Kerker zurückkehren. Waren sie tatsächlich so dumm? Ich glaube, die Lösung ist einfacher. Noch saßen in Gerichten Beamte aus der Weimarer Republik, und über die Lager der SA-Stürme sollte möglichst wenig an die Öffentlichkeit dringen.

Mein Freund wollte zuerst das alles nicht glauben. Aber er hatte weder vor, ins Gefängnis zu gehen, und schon gar nicht wieder in das kleine, aber berüchtigte Lager der SA-Faschisten. Wenn es eine Gelegenheit gab, dem Terror zu entrinnen, mußte er kaltblütig zugreifen.

Sein erster Weg führte ihn zu seinen Eltern. Noch rechnete ja niemand mit seiner Flucht. Die SA vermutete ihn auf dem Gericht. Mit seinem Fahrrad fuhr er zu unserem Gartengrundstück, traf aber nur meine Mutter an. Erst abends konnte er mit meinem Vater sprechen.

Das alles war erst vor einigen Tagen, Anfang August 1933, geschehen.

Bis dahin hatte ich mehrere Monate nicht mehr bei meinen Eltern gelebt. Meinen Vater hatte ich am Tage zuvor in der Gollnowstraße in Berlin getroffen, wo mich niemand kannte und ich nicht auffiel. Ich war gerade erst aus Stettin, wo ich unangemeldet gewohnt hatte, nach Berlin zurückgekommen.

Ich hatte erfahren, daß die Naziarbeitsämter Arbeiter und Fachkräfte für den Bau des Rügendamms suchten. Dort wollte ich erst einmal untertauchen, Zeit gewinnen und dann weitersehen. Ich dachte also noch nicht an die Emigration, wollte erst einmal im Land bleiben und hier den Kampf fortsetzen.

Im Arbeitsamt traf ich noch andere junge Leute, aber ich war vorsichtig genug, dort keine Gespräche anzufangen. Überall hatten die Faschisten Angeber und Spitzel eingesetzt. Sogar der junge Arzt, der mich untersuchte, trug über seiner braunen SA-Uniform den weißen Kittel. Seine Untersuchung war sehr kurz. Ich war gesund und einsatzfähig und sollte einige Tage später wiederkommen und gleich mein Werkzeug mitbringen. Aber dazu kam es schon nicht mehr, und es war besser so.

Kurt freute sich riesig, als wir uns trafen. Inzwischen hatte er alles von meinem Vater erfahren. Über die Genossin Maria Adena, die Lebensgefährtin des leitenden KPD-Funktionärs Oskar Sander, den die Nazis festgenommen und bei den Verhören grausam geschlagen und gefoltert hatten, so daß er kurze Zeit darauf an den Folgen der Haft verstarb, hatte er Verbindung zur illegalen Leitung der KPD in Berlin erhalten. Beim zweiten Treff teilte sie Kurt mit, daß wir beide am nächsten Tage bereits über Dresden in die Nähe der tschechoslowakischen Grenze gelangen mußten, und beschrieb ihm den Weg, den wir auch gegangen sind.

Die gute, tapfere Maria, dachte ich, als mich Kurt unterrichtete. Ihren ersten Mann, einen aktiven Kriegsgegner, hatte die kaiserliche Polizei schon im Weltkrieg eingesperrt. Er starb im Gefängnis. Nun hatte es auch ihren zweiten Mann, einen furchtlosen, aktiven Kommunisten, getroffen. Wieviel Kraft gehört dazu, persönlichen Schmerz zu überwinden, trotz der Schicksalsschläge nicht den Glauben an die Zukunft zu verlieren! Maria arbeitete weiter und sorgte sich auch um uns junge Genossen.

Ich will nicht verhehlen, daß die Tage vor unserer Flucht und die Flucht selbst doch voller Spannung waren, obwohl wir ruhig und zuversichtlich blieben und uns nicht eingestanden, daß wir aufgeregt waren. Jetzt klang die Belastung ab. Wir mußten abwarten, wohin uns die Partei schickte, was sie von uns verlangte. Zeit für eine Bilanz, Zeit aber auch, um mich dem Leser etwas näher vorzustellen.

Belle-Alliance-Straße 66

Ich habe heute noch ein altes Foto in Postkartengröße, in der Mitte geknickt, weil es entweder meine Mutter oder mein Vater längere Zeit in einer kleinen Tasche getragen hat. Aufgenommen wurde es im Atelier Mignon, Berlin SW, Belle-Alliance-Straße 24. Dieses Foto zeigt zwei Knaben von knapp vier und zwei Jahren. Der kleinere von ihnen ist mein Bruder Georg in einem weißen Mäntelchen. Er blickt mit großen Augen. Ich sitze neben ihm und halte auf meinen Knien ein großes Bilderbuch, mit dem der Fotograf uns abzulenken versucht hatte, denn damals nahmen die Vorarbeiten und die Aufnahme selbst noch viel Zeit in Anspruch und strapazierten arg die Geduld der »Opfer«, besonders der Kinder.

Ich lächle auf dem Foto. Noch heute kann ich mich an alles genau erinnern. Das Fotoatelier, zu dem von der Straße einige Stufen hinaufführten, könnte ich heute fast nachbauen. Sicher hat sich alles bei mir so stark eingeprägt, weil das Atelier für mich etwas Geheimnisvolles barg, seit ich in den dunklen Kasten geguckt hatte. Wir gingen jeden Tag vorbei, wenn mich meine Mutter, eine zierliche, blonde, freundliche Frau, in den Kuhstall mitnahm, wo wir die Milch holten. In Berlin gab es damals noch Kuhställe, und die Kühe kamen mir immer unheimlich vor, während ich Pferde überhaupt nicht fürchtete. Mein Vater arbeitete nämlich als Kutscher in einer Großwäscherei, er holte die Wäsche ab und fuhr die gereinigte wieder zu den Kunden zurück. Er stammte aus Stettin (Szczecin) und war seinem prügelnden Schlossermeister fortgelaufen. Meine Mutter war die Tochter eines Dachdeckermeisters und arbeitete als Verkäuferin in der Filiale einer Großbäckerei, die damals in Berlin viele Niederlassungen hatte.

Kindheitserinnerungen sind eigentlich ein Kapitel für sich, weil im Lauf der Jahre viel dazugetragen wird, weil die Eltern fragen: »Weißt du noch?«, und da ist es schließlich ganz natürlich, daß man es zu wissen glaubt. So glaube ich mich an den Ausbruch des ersten Weltkrieges und an die Soldatenkolonnen zu erinnern. Durch unsere Straße marschierten aber immer Soldaten, denn sie führte zum Tempelhofer Feld. Das war damals ein großes Exerziergelände, dort fanden Kaiserparaden statt. Der Flugplatz wurde erst später eingerichtet, aber sonntags ließen Väter und Söhne Drachen steigen.

Mich beeindruckten die Militärkapellen an der Spitze der Kolonnen, und ich lief auf dem Bürgersteig den Soldaten nach, bis ich den Musiker mit der großen Pauke erreicht hatte. Daraus darf aber nicht der Schluß gezogen werden, ich hätte etwas für Leute übrig, die »auf die Pauke hauen«. Das besorgte – allerdings nicht bildlich – mein Vater einige Male, wenn mich ein Schutzpolizist nach Hause brachte, weil ich nicht wieder zurückgefunden hatte. Vaters Ermahnungen fruchteten nicht viel, und mit den paar Klapsen auf den Hosenboden reagierte er wahrscheinlich nur die Aufregung ab, die Mutter und er ausgestanden hatten. Geprügelt wurde bei uns nicht.

Im Frühjahr 1915 wurde auch mein Vater eingezogen. Im Januar 1915 war mein dritter Bruder Wilhelm geboren worden. Bevor Vater an die Front kam, besuchte ihn Mutter in der Kaserne, und ich durfte sie begleiten. Und das ist mir in Erinnerung geblieben: die Pickelhaube und ein Gewehr, das mir fürchterlich groß erschien und das ich allein nicht halten konnte. Ich weiß, daß Vaters Kameraden über mich lachten, kann aber nicht einmal sagen, ob Mutter beim Abschied weinte: Ich war vier Jahre.

Und so ging der Krieg weiter. Hatte ich mich früher gefreut, wenn mich Vater mit dem Gespann mitnahm, war es jetzt schon für mich ein Glückstag, wenn ich von der Fleischersfrau aus unserem Haus einen Wurstzipfel erhielt – eine Kostbarkeit.

Neben der Fleischerei führten Stufen hinunter in ein Kolonialwarengeschäft. So hießen früher die Geschäfte, die mit importierten Nahrungs- und Genußmitteln aus den Kolonien handelten. Vor allem verkauften sie natürlich einheimische

Lebensmittel. Ihre Besitzer waren nur dem Zug der Zeit gefolgt.

Unsere Krämerin, Frau Goralski, war alleinstehend und sehr freundlich zu uns Kindern. Mehrmals nahm mich Frau Goralski auf einem kleinen Pferdewagen mit nach Tempelhof und Neukölln und in einige umliegende Dörfer, wo sie irgendwelche Geschäfte abwickelte. Bei ihr im Keller aß ich zum erstenmal im Leben Blaubeeren, mit Milch übergossen und mit Zucker bestreut – auch eine Erinnerung.

Und dann wohnte in unserem Haus noch jemand, den es nur bei uns gab. Im Seitenflügel, den man über einen kleinen Hof erreichte, lebte ein junger Mann von schwarzer Hautfarbe, der unglaublich schneeweiße Zähne hatte. Im Vorbeigehen sprach er oft mit mir in einem gutturalen, sonderbar klingenden Deutsch. Er war immer sehr gut angezogen und stammte aus einer der damaligen deutschen Kolonien in Afrika. Ich weiß nicht, weshalb er in Berlin weilte, aber er war das Außergewöhnliche in unserem Haus.

Daß der Krieg den Menschen Leid bringt, fühlte ich, wenn mir meine Großmutter den letzten Brief meines jüngsten Onkels vorlas, der als ganz junger Mensch gefallen war. Er hatte ihr geschrieben, daß er als Soldat hungern müsse, und sie um Lebensmittel gebeten. Ihr Päckchen kam zu spät. Was den Erwachsenen klar war, konnte ich nicht begreifen. Mein Onkel würde nicht mehr wiederkommen. Aber mein Vater war doch auch im Krieg!

Einmal erhielt mein Vater Urlaub. Wir saßen in unserer Küche, die beiden kleinen Brüder schliefen bereits. Auf dem Küchentisch stand unsere schöne, große Petroleumlampe aus Messing mit der Milchglasglocke. Vater trug Uniform. Er verband sich seine Hand, an der er irgendeine kleine Verletzung hatte, machte einen Knoten und sengte die überflüssigen Enden der Binde zu meiner großen Überraschung über dem Lampenzylinder ab.

Was er alles konnte, und was er alles gesehen hatte! Uns zeigte er ein Foto, eine Postkarte mit dem Feldpoststempel der 107. Infanteriedivision. Auf einem braunen Pferd sitzt mein Vater! Er ist inzwischen schon Unteroffizier. Im Hintergrund steht ein eigenartiges Haus, ein Haus ganz aus Baumstämmen, mit einem Strohdach und ganz kleinen Fenstern. Vater muß meinen fragenden Blick bemerkt haben. So erzählte er mir von den Ländern und den Menschen, die er gesehen hatte, und ich kam aus dem Staunen nicht heraus. »Dort gibt es auch noch Bären, und im Winter kann man nachts in den Bergen sogar die Wölfe heulen hören! Jetzt kommen wir wieder nach Frankreich zurück. Hoffentlich geht alles gut. Sei artig und lerne fleißig, wenn du in die Schule kommst!«

Ich hätte ihm noch lange zuhören können. Aber Vater mußte wieder weg.

Das zweite Kriegsjahr brachte für unsere Familie neue Entbehrungen. Die Lebensmittelversorgung in der Großstadt wurde immer schlechter. Ich merkte das selbst als Kind, denn das Essen in der »Volksküche«, wo es ein verbilligtes Mittagessen gab, wurde immer eintöniger. Aber sogar die Zeit der »Kälberzähne«, wie wir die Graupen nannten, ging vorüber, und unsere kleine Familie wurde auseinandergerissen.

Mutter reichte mit der kleinen Unterstützung nicht aus und mußte etwas hinzuverdienen. Sie suchte eine Arbeitsstelle, konnte aber täglich wegen der drei Kinder nur stundenweise arbeiten. Zuerst fand sie eine Stelle als Aufwartung bei einem Dr. Lüdicke, der in der Nähe unserer Straße seine Arztpraxis ausübte. Meine Mutter arbeitete selbst sonnabends und sonntags. Kein Mensch glaubt heute, daß man einer arbeitsamen Frau – und das war meine Mutter – so wenig für ihre Arbeit zahlte: Im Monat erhielt sie fünfzehn Mark!

Als sie dem Arzt einmal sagte, daß ihr der Lohn für ihre viele Arbeit zu gering erscheine und sie gern achtzehn Mark haben möchte, erwiderte er, daß er das nicht zahlen könne. Meine Mutter empfand sein Verhalten als Ungerechtigkeit. Sie suchte sich kurz darauf eine Arbeit in einer Fabrik, wo sie mehr verdienen konnte, aber den ganzen Tag arbeiten mußte.

Ich kam in ein Heim für Soldatenkinder, die noch nicht die Schule besuchten, mußte es aber bald wieder wechseln. Schließlich landete ich in einem anderen Heim, nicht weit ab von Berlin, in dem kleinen Dorf Stolpe. Eine Gräfin hatte sich bemüßigt gefühlt, ebenfalls ihre »vaterländische Pflicht« zu erfüllen. Sie hatte dieses Kinderheim eingerichtet, um den Soldaten zu helfen, die drei Söhne und mehr besaßen.

Die Umstellung fiel mir schwer, weil ich an den Geschwistern hing, weil mir meine Mutter fehlte und ich auch unsere Straße vermißte.

Wir Kleinen zogen fast jeden Tag in die nahe gelegene kleine Dorfkirche, die gleich neben dem großen Gutshof lag. Dort beteten wir auf Anweisung unserer frommen »Tanten« für den Kaiser Wilhelm und für unsere Väter, die an den vielen Fronten des großen Krieges standen.

Bei den Mahlzeiten mußten wir Kleineren unser Essen schnell hinunterschlingen und uns dabei noch vorsehen, daß uns die größeren Jungen nicht eine Pellkartoffel oder ein Stück Brot mausten. Sie hatten aber noch eine andere, viel feinere Art des Diebstahls ausgeklügelt, die wir zuerst gar nicht verstanden.

»Karlemann«, sagte jemand zu mir, »der Paul will dich prügeln, und er schubst dich andauernd. Gib mir dein Brot, dann stehe ich dir immer bei. Er wird sich dann nicht mehr an dich herantrauen!«

Natürlich gab ich ihm zuerst mein Brot, bis ich merkte, daß wir alle betrogen wurden, denn Paul machte es bei den anderen Kleinen ebenso. Weil ich bitter Lehrgeld zahlen mußte, entwickelte sich mein Gerechtigkeitsgefühl, und ich wehrte mich gegen Betrug und Gemeinheiten.

Inzwischen arbeitete meine Mutter, eine schlanke und nicht besonders kräftige Frau, als Schichtarbeiterin in der Munitionsfabrik in Spandau. Da sie der Weg nach Spandau viel Zeit kostete, zogen wir nach Seegefeld um. Der Ort lag am Stadtrand von Berlin, an der Berlin–Hamburger Eisenbahn, deren Dampfzüge wir von unseren Fenstern im ersten Stockwerk aus sehen konnten. Wir wohnten im ersten Haus der Hamannstraße und konnten auch ein gutes Stück der einige Kilometer langen Finkenkruger Straße überblicken, die am Bahnhof Seegefeld anfing.

In Seegefeld wohnte jetzt auch mein Großvater, der Dach-

Die Pflegeeltern ste
sich aber wenig um
Familie aus der Na
unterrichtete me
Berlin geholt.

Einige Tag
in ein ander
Mutter ni
endlich
die M
schri
hei

deckermeister.
mutter lebte n
Bruder, Georg,
jahr 1917 holte m
derheim, weil ich
Für mich Berlin
meine Umwelt, du
schon mit anderen
terzäune, hinter den
Apfelbäume des Fabr
schüsse schützte, und
gefangenen an, die mir
Wenn mich dann ab
notgedrungen nach Haus
nächsten Tag.

Eines Tages holte meine M
Georg aus dem Heim. Wir
Stunden bis nach Pasewalk.
der Strecke. Zählen hatte ich
Pasewalk aus wurden wir nach
unseren »Pflegeeltern« vorstell
nicht leichtgefallen, uns zu wild
Ihr blieb aber keine andere Wahl.
ein Jahr. Es war für uns eine böse
wir kleinen Stifte zum Beispiel a
wachsenden knorrigen Maulbeerbäume u
beeren.

Hier in Jatznick enttäuschte mich auch der ebe Got
Lehrerin hatte mir schon mehrmals gesa ich solle je
Schreibheft mitbringen, denn auf de meinem Schiefertafel
nicht mehr schreiben. Ich richte mir ein S
aus, aber der machte gar keine g durch di
zu kaufen. Nach einer neu f ich eine
die mich sonst gut leide möge mir e
nicht und betete zu Morgengrauen
Voller Erwartu kein Schreibheft
Schulmappe
finden.

Wir Kinder waren aufgeteilt. Bei meiner Groß-
ein jüngster Bruder Wilhelm, der andere
war ebenfalls in einem Kinderheim. Im Früh-
mich meine Mutter allerdings aus dem Kin-
zu Ostern eingeschult werden sollte.
er begann jetzt eine Entdeckerzeit. Ich sah
rch meine Erlebnisse in Stolpe gewitzt,
Augen. Ich wunderte mich über Bret-
en Parks lagen, staunte über die vielen
ikbesitzers Hempel, die er durch Selbst-
freundete mich mit russischen Kriegs-
ihre Soldatenkekse schenkten.
ends meine Mutter rief, mußte ich
e, aber ich freute mich schon auf den

Mutter auch den jüngeren Bruder
fuhren mit dem Dampfzug einige
Ich zählte alle Windmühlen auf
chon in der Schule gelernt. Von
Jatznick gebracht, wo sie uns
te. Es ist meiner Mutter gewiß
fremden Menschen zu geben.
In Jatznick blieben wir etwa
Zeit. Vor Hunger kletterten
uf die an den Feldwegen
die Maul-
. Die
tzt ein
dürfe ich
flegevater
chreibheft
e Lehrerin,
ganze Nacht
och helfen.
an meine
war zu

Heimkeh
Heim.
sgegenstände und
Wasser des Sp
wehr und Ge
Ausrüst
ein Se
Vate

det,
rteten
er nicht
aten seien
sch organisiert
st von der Front

zurückgekehrt. Aber er war durch all das Grauen konsequenter geworden und hatte die ganze Verlogenheit der bürgerlichen Moral durchschaut, das Geschwätz von Vaterlandsverteidigung. Er trat als einer der ersten im Ort aus der Kirche aus und sorgte dafür, daß weder ich noch meine Brüder am Religionsunterricht teilnahmen. In den ersten Jahren war ich darüber nicht einmal glücklich, obwohl ich an vier Tagen in der Woche eine Stunde länger schlafen konnte. Für den Rektor Seehaus, der außerdem im Vorstand des Gemeindekirchenrates war, galt ich als schwarzes Schaf.

Mein Vater wurde Mitglied des unter sozialdemokratischer Führung stehenden Freidenkerverbandes und auch Mitglied des Arbeiterkonsumvereins, dessen Verkaufsstellenleiter alle Funktionäre der SPD waren. Er las täglich das »Spandauer Volksblatt«, ein SPD-Organ, das ich aus dem Papiergeschäft Wiesberg am Bahnhof holen mußte. Ich versuchte mich auch daran, weil ich überhaupt gern las und nur schwer etwas zu lesen fand. Natürlich verstand ich nicht alles, aber ich konnte mir ein Bild machen, was alles in Berlin und im angrenzenden Havelland geschah. Das »Volksblatt« brachte auch viele Artikel gegen die junge Sowjetmacht. Sie erinnerten mich an die schreienden Plakate während und nach der Revolution, die in Spandau an vielen Häuserwänden geklebt hatten. Sie zeigten einen bärtigen Mann mit bösen Gesichtszügen, der ein bluttriefendes Messer zwischen seinen Zähnen hielt. Darunter stand groß und knallig:

»Unser größter Feind ist der Bolschewismus!«

Noch gab es niemanden, der mir sagte, wie verlogen die Hetze war. Vater wußte auch nicht mehr, als in der Zeitung stand, und die Lehrer wollten es nicht besser wissen.

Zuerst arbeitete Vater nach seiner Genesung wieder als Kutscher bei einem Bahnspediteur. Später ging er als Zuschläger in die Schmiede des früheren Flugmaschinenwerks Franz Schneider in Seegefeld, das nach dem Krieg Eisenbahnwagen für die Mitropa reparierte. Auf dem ehemaligen Übungsflugplatz standen noch einige Maschinen herum. Flugzeuge wurden damals vor allem aus Holz und Leinwand hergestellt. Wir schlachteten sie aus, und das Holz wanderte in unsere Öfen, denn Kohlen waren immer noch knapp.

Ich war der Kleinste, wenn auch nicht der Schwächste in meiner Klasse und blieb es auch bis zu meiner Schulentlassung. Die Turnlehrer waren von mir nicht sehr begeistert, und sie ließen es mich auch fühlen. Ein Bekannter, Georg Schories, riet mir, in der Kinderriege im »Freien Sportverein 1894« mitzumachen, um kräftiger zu werden.

Meinem Vater war unser Vorhaben zuerst gar nicht recht, weil ich nach der Erledigung der Hausaufgaben noch meine beiden jüngeren Brüder betreuen und im Haushalt mitarbeiten mußte. Aber schließlich fand er sich damit ab.

Unser Sportverein war dem unter sozialdemokratischer Leitung stehenden »Arbeiter-Turn-und-Sportbund« angeschlossen. Er zählte eigentlich wenig ältere aktive Turner, die Mehrheit stellten wir Schüler der verschiedenen Jahrgänge. Geräteturnen, eine kurze Zeit auch Fußball und später Leichtathletik standen auf dem Programm. Außer diesem Arbeitersportverein gab es keine andere Arbeiterjugendorganisation im Ort.

Nicht weit von unserem Ort entfernt lag Döberitz mit seinen vielen Kasernen, ein riesiger Truppenübungsplatz vor den Toren Berlins, der sich auf der Döberitzer Hochfläche von der Berlin–Rathenower Bahnlinie bis Potsdam erstreckte, mit Wäldern, Bergen, Schießständen ...

Im März 1920 setzte sich aus Döberitz sowohl über Finkenkrug wie auch über Dallgow ein kilometerlanger Zug von schwerbewaffneten Söldnerhaufen in Bewegung: Die Kapp-Putschisten zogen in Richtung Berlin. In staubigen Stiefeln marschierten sie an unserer Straße über den Sommerweg, in feldgrauen Uniformen und Mänteln, die Koppel mit Handgranaten behängt, in kriegsmäßiger Ausrüstung. Diesmal bewunderte ich die Soldaten nicht mehr. Ich hatte bereits früher die Weißen in Spandau gesehen, sie hatten uns nichts Gutes gebracht. Karl Liebknecht und Rosa Luxemburg wurden in Berlin von diesen Söldnern ermordet. Hier sah ich zum erstenmal in meinem Leben ein für mich neues Zeichen: An den Stahlhelmen trugen die Putschisten das mit weißer Kreide aufgemalte Hakenkreuz.

Am Bahnhof Seegefeld – ich war ihnen gefolgt – machten sie eine längere Rast. Ihre Karabiner hatten sie zu Pyramiden zusammengesetzt. Später marschierten sie dann nach Berlin weiter, durch Spandau und Charlottenburg.

Besondere »Jagdkommandos« waren von beiden Seiten in unsere kleine Straße eingedrungen, mit schußbereiten Gewehren, obwohl ihnen niemand entgegentrat. Sie umstellten unser Haus, taten so, als wären sie in Feindesland, drangen in den Garten ein, schlugen mit Gewehrkolben gegen die Tür unseres Hauswirts Wesolowski, der keiner Fliege etwas zuleide getan hatte. Sie suchten den SPD-Funktionär Max Klein, der vor seiner Heirat kurze Zeit als Schlafbursche bei Wesolowski gewohnt hatte. Die Streife durchschnüffelte das ganze Haus, auch unsere Wohnung, die Ställe, die Waschküche im Hof, den Schuppen und auch den Obstgarten. Mich fragte der Offizier, ob sich hier ein Fremder versteckt habe. Ich wußte allerdings, daß Herr Wesolowski Max Klein in der Räucherkammer verborgen hatte. Klein hat sich bei mir nie dafür bedankt, daß ich ihn nicht verraten habe. Ich fand das als Junge schäbig und achtete ihn nicht mehr.

Ich merkte in jenen Tagen aber auch, daß es ganze Kerle gab, die mir imponierten, weil sie sich nicht einfach verbargen, sondern sich dem weißen Militär widersetzten. Eisenbahner sicherten die beiden Tunneleingänge, die auf den Bahnhof führten. Kurz darauf schoben sie die schweren Scherengitter zusammen und verschlossen sie. Von Fräulein Breitkopff, unserer Klassenlehrerin, die ich öfter aufsuchte, weil sie mir Bücher auslieh, erfuhr ich, daß alle Verkehrsverbindungen nach Berlin und in Berlin lahmgelegt seien. Sie hatte in Berlin etwas Dringendes zu erledigen gehabt und mußte den weiten Weg – bis zum Zentrum waren es 20 Kilometer – zu Fuß zurücklegen.

Mein Vater ging nicht zur Arbeit. Auch andere Betriebe lagen still, und es kam uns vor wie an Sonntagen. Der Generalstreik war ausgerufen.

Über zwölf Millionen Arbeiter und Angestellte standen im Kampf gegen die arbeiterfeindlichen reaktionären Kräfte und deren bewaffnete Söldner, die gegen diese gewaltige Kraft nichts ausrichten konnten. Die Putschisten gaben am 17. März auf. Soweit das einem Kind möglich ist, hatte ich begriffen, welche Rolle Döberitz spielte und daß jeder, der von dort nach

Berlin wollte, durch mein Heimatdorf mußte. Meine spätere Entwicklung wurde durch diese Lage mitbestimmt.

Wie ich die »goldenen« zwanziger Jahre erlebte

Mein Vater erhielt für seine schwere Arbeit in der Fabrik wöchentlich etwa 35 Mark ausgezahlt. Die Miete für unsere Eineinhalbzimmerwohnung mit Küche, ohne Bad – die Toilette befand sich ganz unten auf dem Hof – betrug monatlich 30 Mark. Da die Lebensmittelpreise immer weiter anstiegen und um jede Lohnerhöhung tatsächlich gerungen werden mußte, war es bald unmöglich, mit diesem Lohn eine fünfköpfige Familie zu ernähren und zu bekleiden. Meine Mutter arbeitete deshalb wieder stundenweise als Aufwartefrau bei einem Prokuristen der Firma Siemens, der in Finkenkrug ein Haus besaß.

Als wir Jungen größer waren, begann sie bei Siemens als Stanzerin zu arbeiten. Viele Siemens-Arbeiter fuhren damals jeden Tag aus der Umgebung Berlins nach Spandau. Meine Eltern hatten sich vor dem Krieg noch nicht recht einrichten können, vieles fehlte noch, und wir drei Jungen brauchten auch viel Sachen, wenn auch – wie in allen Arbeiterfamilien – die jüngeren Geschwister von den älteren »erbten« und deren Kleidung auftragen mußten. Mutter mußte dazuverdienen.

Natürlich mußten nun alle zu Hause zugreifen, um Mutter zu entlasten. Etwas Freizeit blieb mir aber immer noch. Ich verbrachte sie häufig mit Kurt Perl, dessen Eltern damals von Berlin auf unser Dorf gezogen waren. Seit der Zeit waren wir eng befreundet. Wir unterschieden uns überhaupt nicht von anderen Jungen unseres Alters, stellten ähnlichen Unfug an und hatten ähnliche Interessen. In der Schule gehörten wir zu den besten Schülern der Klasse, und deshalb lud uns wahrscheinlich unser Klassenlehrer, ein Herr Ebers, öfter ein.

In seiner Junggesellenwohnung standen überall volle Bücherregale, und wir durften uns Bücher aussuchen. Allerdings mußten wir sie bei ihm lesen, er gab sie uns nicht mit nach Hause. Dafür unterhielt er sich aber mit uns, wenn wir Fragen hatten. In jener Zeit gewann ich Achtung vor dem gedruckten Wort, fand Interesse am Lesen und bedauerte es nur, daß wir zu Hause keine Bücher besaßen. Manchmal glaubte ich sogar, Wohlstand käme in vollen Bücherschränken zum Ausdruck. Daß sich ein Dorflehrer auch seine Bücher vom Munde absparen mußte, konnte ich nicht wissen.

Nie vergessen werde ich, wie ich Ende 1924, Anfang 1925 in Ebers Wohnung zum erstenmal Radio hörte. Er hatte das Gerät selbst gebastelt, und es sah auf den ersten Blick reichlich primitiv aus. Hören konnte man nur mit einem Kopfhörer. Ich war äußerst gespannt, mir erschien das alles ganz unglaubwürdig, was man sich über solche Geräte erzählte. Endlich erklang laut und deutlich vernehmbar die schöne, volle Stimme eines Sängers. Ein wenig Zauberei glaubte ich immer noch zu spüren: Es war mir zu unwahrscheinlich, was sich da abspielte.

Im Jahre 1920, nach dem Kapp-Putsch, mußte unsere 4. Klasse aus der eigentlichen Schule ausziehen, weil die Klassenzimmer nicht mehr ausreichten. Die Bevölkerung in Seegefeld hatte stark zugenommen, und es wurden dort auch Kinder aus Brieselang unterrichtet.

Mein Schulweg war jetzt doppelt so lang, ich mußte mehrere Kilometer gehen. Dafür war er interessanter. In der Nähe der Schule stand das Spritzenhaus der freiwilligen Feuerwehr, und zweimal in der Woche war Markttag. Unser Lehrer war erst kürzlich aus der Kriegsgefangenschaft zurückgekommen.

Eines Tages konnte er den Unterricht nicht fortsetzen. Eine größere Anzahl Arbeiter, organisiert in den Roten Hundertschaften, marschierte an unserem Schulhaus vorbei – sicher waren es Berliner oder Spandauer, und ich hörte zum erstenmal ein Arbeiterlied, von so vielen Menschen gesungen! »Auf, auf zum Kampf ...«

Der Lehrer wurde wütend und meinte: »Das da draußen sind Kommunisten. Die wollen nicht arbeiten. Sie wollen denen, die etwas haben, alles wegnehmen!« So begegnete ich den ersten Kommunisten, fürchtete sie aber nicht, weil sie uns ja nichts wegnehmen konnten. Des Lehrers Drohung war verpufft.

Inzwischen wurde das Geld immer mehr entwertet. Über diese Zeit gibt es schon viele Veröffentlichungen. Mir erging es wie allen Kindern in jenen Jahren: Wir waren dauernd unterwegs, um für den Lohn, der täglich gezahlt wurde, schnell noch etwas einzukaufen. Die Unzufriedenheit wuchs, sollten wir aus dem Hungern nie herauskommen?

Anfang des Jahres 1925 brach in unserer Klasse eine aufregende Zeit an. Wir bereiteten uns auf die Schulentlassung vor – damals endete das Schuljahr noch im April –, und jeder bemühte sich, schnell noch einige gute Zensuren zu ergattern, weil vom Abgangszeugnis ja die Lehrstelle abhing. Da nicht alle mit einem Ausbildungsplatz rechnen konnten, entstand eine etwas gespannte Atmosphäre in der Klasse.

Bald kam der Tag des Abschiednehmens, von einigen Klassenkameraden trennte ich mich für immer, weil sie bald in reaktionären oder sogar faschistischen Organisationen landeten. Vorbei war die Zeit gemeinsamer Streiche. Bald standen sie mir als Stahlhelmer, SA- und sogar als SS-Leute gegenüber. Wir hatten nichts Gemeinsames mehr.

Drei Jungen aus unserer Klasse gingen nach ihrer Lehre sogar zur Polizei. Mit einem von ihnen war ich noch die Lehrjahre hindurch im Sportverein. Einen anderen trafen wir bei einer Kampfdemonstration in Berlin-Moabit wieder: Er saß schwerbewaffnet mit seinen Spießgesellen aus der Polizeischule Brandenburg auf einem Wagen des Überfallkommandos, bereit, auf uns loszuprügeln oder gar zu schießen. Neben mir marschierten noch mehrere aus Falkensee – so hieß mein Heimatort seit 1923 –, und einer rief ihm zu: »Schämst du dich nicht, daß du dort gelandet bist? Du schlägst mit deinen Zörgiebelkosaken auf deine ehemaligen Schul- und Klassenkameraden ein, aber in der Schule hast du jahrelang von uns abgeschrieben, weil du zu dumm warst!«

Der Polizist wurde vor Wut ganz blaß, weil selbst einige seiner Kameraden ihn auslachten, blaß bis unter den Sturmriemen seines Polizeitschakos.

Endlich kam der Tag meiner Jugendweihe heran. Für unser Dorf war das noch eine Seltenheit, fast eine Sensation: Da ließen Eltern ihren Sohn nicht konfirmieren! 1925 waren wir ganze zwei Schulabgänger, die in Spandau die Jugendweihe erhielten.

Die Feier machte auf mich einen großen Eindruck. Wir hörten gute Musikstücke und Rezitationen, und eine Abgeordnete des Deutschen Reichstags, eine Frau Adele Schreiber-Krieger, hielt eine Rede über die Jugend, die das Werk der Älteren weiterführen müsse. In der Aula sah ich auch einige Jungen in blauen Kitteln, die oben am Hals mit einer roten Schnur verschlossen wurden, und in kurzen Wanderhosen. Sie gehörten zur Sozialistischen Arbeiterjugend (SAJ).

Frau Adele Schreiber-Krieger drückte mir die Hand und übergab mir ein Buch mit Sprüchen und Gedichten »Wollen und Wirken«.

Zur Feier in unserer Wohnung erschien Kurt Perl, der konfirmiert worden war, und wir saßen bei Kaffee und Kuchen einige Stunden fröhlich beisammen. Kurt sollte Industriekaufmann werden.

Von der Schwester meines Vaters hatte ich eine Glückwunschkarte und einen 20-Mark-Schein erhalten. So reich war ich noch nie. Aber mein Vater sagte: »Du verdienst schon ab nächste Woche Geld und bekommst auch ein kleines Taschengeld. Die zwanzig Mark legen wir gleich in die Familienkasse!«

Die Schulentlassungszeugnisse erhielten wir am 31. März 1925. Ich konnte mit meinem Zeugnis zufrieden sein, hatte ich doch nur einmal die Zensur »ungenügend«, und das war in Turnen. In den anderen Fächern erhielt ich »recht gut« und »gut«.

Eine Lehre konnte ich aber noch nicht antreten. Ich sollte gleich Geld verdienen und im Betrieb meines Vaters, dem Siemens-Schuckert-Kabelwerk in Gartenfeld, als Büroburschc anfangen. Vater fuhr von Falkensee immer mit seinem Fahrrad zur Arbeit, um das Fahrgeld zu sparen.

Mit meinem guten Zeugnis konnte ich als Büroburschc im Einkaufsbüro mit einem Wochenlohn von zehn Mark anfangen. Mein Vater war darüber glücklich, weil ich als Lehrling höchstens drei Mark erhalten hätte. Unter Umständen hätten meine Eltern den Lehrmeister sogar noch bezahlen müssen. Vater meinte, wir würden später, wenn ich etwas kräftiger wäre, schon noch eine Lehrstelle finden. Viele Eltern entschieden damals ähnlich, und nicht alle Laufburschen und Gelegenheitsarbeiter, nicht alle Hilfsarbeiter und jungen Tagelöhner fanden später noch eine Lehrstelle. Soll man den Vätern einen Vorwurf machen?

Herr Steinkopf, der Vorsteher des Einkaufsbüros, musterte mich kritisch, irgend etwas an mir schien ihm nicht zu gefallen. Als er von mir hörte, daß mein Vater Arbeiter an einer Kabelwickelmaschine im selben Werk sei, sagte er: »Na, wir werden sehen! Die Hauptsache ist, daß du alles das machst, was dir von mir oder meinem Stellvertreter gesagt wird. Benimm dich so, daß auf unser Einkaufsbüro kein schlechtes Licht fällt. Einige junge Leute haben wir bereits versetzen müssen. Wenn du gut arbeitest, besteht die Möglichkeit, daß wir dich später als Hilfsangestellten einstellen. Das ist doch besser, als wenn du als Fabrikarbeiter arbeitest!«

Diese erbauenden Worte waren die einzigen, die er in dem Jahr, das ich in seinem Büro arbeitete, überhaupt an mich richtete. Ich ging nach einem Jahr ohne die Aussicht, jemals Hilfsangestellter bei Siemens zu werden. Und das kam so:

Kurz nach meiner Einstellung im größten Berliner Industriebetrieb fanden am 26.4.1925 Reichspräsidentenwahlen statt, nachdem der Reichspräsident Friedrich Ebert im Februar 1925 verstorben war. Der Kandidat der Rechtsparteien, der ehemalige kaiserliche Generalfeldmarschall Paul von Hindenburg, wurde mit den Stimmen der SPD zum Reichspräsidenten gewählt.

Mir selbst kam das alles recht sonderbar vor, und obwohl mir die sozialdemokratische Reichstagsabgeordnete Frau Adele Schreiber-Krieger meine damals noch kleine Hand gedrückt und ich Vertrauen zu ihrer Jugendweiherede gefaßt hatte, wollte ich nicht glauben, daß sie sich für den alten Generalfeldmarschall entschieden hatte, der mitverantwortlich war für die Opfer des Weltkrieges.

Irgend etwas stimmte meines Erachtens nicht. Entweder

man betrog uns Jugendliche und viele andere Menschen, oder diese Herrschaften arbeiteten mit denen zusammen, die im Krieg die größten Profite eingesteckt hatten. Auf vielen Gesichtern der »besseren« Angestellten sah ich ein zufriedenes Lächeln, wenn sie über die Wahl Hindenburgs sprachen.

Von Zeit zu Zeit kaufte ich mir in der Nähe des Bahnhofs Fürstenbrunn die Betriebszeitung der KPD, den »Siemens-Lautsprecher«, die über die Ausbeutungsmaßnahmen und die Antreiberei in den einzelnen Betrieben des großen Konzerns berichtete. Besonders viele konkrete Informationen stammten aus dem Werner-Werk.

Ich war fast ein Jahr lang im Einkaufsbüro und hatte soweit meine Arbeiten gut erfüllt, als mich eines Tages ein sechzehnjähriger Büroborsche, der am Revers seiner Jacke ein schwarzweißrotes Bändchen trug, um damit zu dokumentieren, daß er für den neuen Reichspräsidenten war, anstieß und drohend zu mir sagte: »Du bist wohl auch einer von den Roten! Warum trägst du nicht auch ein schwarzweißrotes Bändchen, wie ich es trage? Wir dulden hier nicht, wenn so einer hier 'rumläuft!«

Als er mich nach Wochen wieder einmal auf einem der langen Korridore traf, ging er auf mich los und schlug zu, ohne richtig zu treffen. Meine linke Faust, die mir nachher noch wehtat, traf ihn zwei Zentimeter neben der Kinnspitze – ich hatte inzwischen viel über die Selbstverteidigung gelesen! Die rechte Faust fuhr dem um einen Kopf größeren direkt ins Auge. Ich versetzte ihm noch einen Fußtritt gegen das rechte Knie und sagte ihm, der doch ganz schön mitgenommen war: »Wenn du noch einmal einen Kleineren schlägst, und ich höre davon, dann kreuze ich bei dir wieder auf – und wenn du auch Schwarzweißroter bist!«

Aber dazu kam es nicht mehr. Zwar traf ich diesen Burschen 1932 in Alt-Staaken wieder, als die Nazis dort eine Propagandaversammlung durchführen wollten. Genossen von der Roten Jungfront und Fichtesportler hatten sich vor dem Lokal versammelt, um unseren Redner, der gegen die Nazis auftreten sollte, zu schützen. Der eine der SA-Leute kam mir gleich bekannt vor: Das ist doch der aus dem Kabelwerk! Ich trat an ihn und seine Spießgesellen heran. »Wenn du mit deinen SA-Leuten nicht gleich von hier abziehst und die Staakener in Ruhe läßt, dann könnt ihr alle etwas erleben, was ihr nie vergessen werdet! Wir sind hier nicht bei Siemens, du Kriecher!«

Aus der NSDAP-Versammlung wurde an diesem Tage nichts, die SA-Leute hatten sie abgeblasen und den Rückzug angetreten!

Der alte freundliche Personalchef bestellte meinen Vater und mich in sein Büro. Ich machte ihm klar, daß ich mich in Notwehr befunden hätte. Er sagte darauf: »Herr Steinkopf, Ihr Chef, möchte Sie in seinem Büro nicht mehr haben, denn er hat nur ruhige Leute gern! Sie kommen vorerst in die Hauspost, aber bald werden wir etwas Besseres finden!«

Bei der Hauspost, wo wir eine ganze Anzahl Büroburschen waren, hatten wir Papiere in den Laufmappen im ganzen Betrieb zu verteilen. Kurz darauf kam ich in die Versandabteilung dicht am Kanal, wo eine Unmenge von versandbereiten Kabeltrommeln standen. Hier lernte ich boxen. Und dafür kam ich jeden Tag eine Stunde früher. Natürlich hatten wir keine Handschuhe. Ein wenige Jahre älterer Laufbursche aus Charlottenburg kümmerte sich um mich. Ich war gewiß kein Prügler, meinte aber, es könne nicht schaden, wenn man einem Gegner gewachsen sei.

Felix Stys lud mich auch ein, mich seiner Wandergruppe anzuschließen. Ich sollte ihn und seine Freunde aus Charlottenburg bei einer ihrer nächsten Fahrten in die Mark begleiten. Felix gab mir eine ziemlich lange Liste, was ich alles mitzubringen hätte. Die Aufstellung sah nur zu Anfang so gewaltig aus. Viele Dinge, die da verlangt wurden, konnte man aus Heeresbeständen billig kaufen: den Rucksack, eine Schlafdecke, einen Kochtopf und andere Sachen. Felix sagte mir, ihre Gruppe gehöre zum Roten Wanderring, sei aber völlig unabhängig. Wie alle anderen Mitglieder der sogenannten wilden Cliquen trugen sie bei ihren Wanderfahrten ein weißes Unterhemd, darüber ein grünes Hemd, Grün und Weiß waren ihre Farben. Zur Roten Jungfront hatten sie gute Verbindungen.

Felix hatte mir die Sache schmackhaft gemacht: Auf jeden Fall wollte ich mit, das klang zu verlockend.

Mit Felix und seinen Freunden vom Wanderverein Edelweiß habe ich einige schöne Fahrten unternommen, und ich wurde auch Mitglied dieser fröhlichen Truppe, nachdem ich in einem Waldsee bei Bernau ganz vorschriftsmäßig »getauft« worden war.

Unsere Wanderungen führten uns in die Ausflugsgebiete um Bernau, Tiefensee und Bad Freienwalde. Sonnabends trafen wir uns alle am Bahnhof Westend und fuhren dann los bis in die Nähe unseres Wanderziels. Gewöhnlich wanderten wir noch zehn bis fünfzehn Kilometer. Dabei lernte ich die ersten revolutionären Lieder, die mich begeisterten. Zu ihnen gehörte das Lied vom kleinen Trompeter, das auch heute noch gesungen wird. Zwei andere, die an die Rote Ruhrarmee erinnern, sind dagegen kaum noch bekannt.

»Es liegt ein Städtchen,
schmuck und fein,
verborgen still am Niederrhein;
dort fand im Kampfe um Recht und Brot
ein junger Rotgardist den Heldentod.

Im Wuppertal da liegt ein kleines Städtchen,
das kennt ein jeder schon.
In diesem kleinen Städtchen liegt eine Garnison
von lauter jungen Rotgardisten,
ein ganzes Bataillon!«

Irgendwo, entweder in einer offenen Feldscheune oder in Getreidemandeln, wurde Rast gemacht. Bevor wir uns schlafen legten, wurden Wachen eingeteilt.

Felix und seinen Freunden habe ich viel zu verdanken. Ich erkannte, daß es überall gute Kameraden gibt, die füreinander einstehen, wenn sie damals auch noch nicht den Weg zu den revolutionären Arbeiterorganisationen fanden. Und außerdem lernte ich die herrliche Umgebung von Berlin kennen.

Ich war inzwischen sechzehn Jahre alt geworden. In Falkensee wurde mir von Mitgliedern des bürgerlichen Hokkeyklubs »Sportliche Vereinigung Seegefeld« (SVS) vorgeschlagen, in ihre Jugendmannschaft einzutreten, weil ich ein guter Hockeyspieler war. Dazu mußte ich zwei Bürgen aus dem Verein bringen, die sich sogleich fanden – frühere Mitschüler.

Wir spielten mehrmals gegen die wenigen Berliner Mannschaften wie »Turngemeinde in Berlin« (TiB), gegen die Mannschaft von Berlin-Zehlendorf und gegen die von Brandenburg, die wir schlagen oder wenigstens meistens schlagen konnten. Ich trat jedoch aus dem Klub wieder aus, als sich ein großer Teil der Spieler faschistischen Organisationen anschloß und einige sogar zur SS übergingen.

Mit Kurt Perl kam ich in der karg bemessenen Freizeit noch zusammen, und ich erzählte ihm, was ich bei Siemens und mit meinen neuen Wanderfreunden erlebt hatte. Kurt hielt davon nicht viel und meinte: »Man muß richtig organisiert sein. Bei uns in Falkensee gibt es keine fortschrittliche Jugendorganisation. Zwar sind da noch die Turner, aber die haben auch alle ganz verschiedene Ansichten und nur Interessen für den Sport. In Brieselang, wo sich auch die nächste Jugendherberge befindet, besteht eine Gruppe der Sozialistischen Arbeiterjugend. Ich werde mal sehen, wie sie denken und wie sie sich die politische Arbeit vorstellen!«

Ich wollte noch abwarten, weil ich mich auf meiner neuen Arbeitsstelle erst einleben wollte.

Ich hatte im Siemens-Kabelwerk aufgehört und in einem anderen Großbetrieb eine besser bezahlte Arbeit gefunden. Die Deutschen Industriewerke Spandau hatten mich als »jugendlichen Arbeiter« für die Schraubenfabrik in der Berliner Straße eingestellt. Erst schnitt ich Schraubengewinde an einem Revolverkopf, alle Sorten und Längen, wie es gerade anfiel. Ich war ganz stolz: Obwohl ich an einem Tag in der Woche die Berufsschule Spandau besuchen mußte, verdiente ich an den verbleibenden fünf Tagen bis zu 23 Mark! Doch die Freude hielt nicht lange an.

Eines Tages trat ein älterer Arbeiter an mich heran. »Ich komme zu dir im Auftrag der anderen Kollegen. Du bist neu bei uns, und du kannst nicht wissen, daß du unseren Lohn drückst, wenn du so weitermachst wie bisher. Die Kalkulatoren kommen, messen mit ihren Stoppuhren, wieviel Zeit du für ein langes Schraubengewinde brauchst, und dann kürzen sie unseren Akkordlohn, weil du schneller und besser arbeitest.«

Ich mußte dem alten Arbeiter recht geben. Soviel hatte ich erfahren und gelernt: Arbeiter müssen zusammenhalten. Doch bald darauf wurde die Schraubenfabrik stillgelegt, denn alle Magazine waren überfüllt mit fertigen Schrauben. Ein Angestellter im Lohnbüro empfahl mir, im selben Werk, aber in der Wagenkörperfabrik zu arbeiten, der Lohn sei ungefähr der gleiche oder noch um etwas höher. Ich griff zu. In der Wagenkörperfabrik wurden am Band Kraftfahrzeuge montiert. Ich arbeitete an einer Hobelmaschine, und das gefiel mir sehr, denn ich roch sehr gern den Duft von geschnittenem Holz.

Schon im April 1925, als Hindenburg zum Reichspräsidenten gewählt wurde, schieden sich in unserer Straße deutlich sichtbar die Geister der Hausbesitzer und einiger Mieter. Deutlich sichtbar deshalb, weil zuerst Herr Dr. Hesse eine große schwarzweißrote Fahne aus einem Fenster seines Hauses hing, obwohl nach der Weimarer Verfassung Schwarz, Rot, Gold die Landesfarben waren. Der alte Hamann war vorsichtiger. Ein Stahlhelmer aus unserem Haus flaggte ebenfalls in den Farben des Kaiserreichs. Das ging meinem Vater zu weit, und er brachte am Fenster die Fahne der Weimarer Republik an. Sehr zum Ärger des Stahlhelmmannes, weil unsere Fahne besser zu sehen war.

Aus dem Fahnenstreit hielten sich viele Familien ganz heraus, die gar nicht flaggten. Die rote Fahne fehlte damals noch völlig in unserer Straße. Mich ärgerte das, und ich wollte das bald ändern. Zum Teil kamen in der Absicht Erkenntnisse zum Ausdruck, die ich in der Fabrik gewonnen hatte, die mir meine Freunde bei Wanderungen oder auch die Beiträge der kommunistischen Betriebszeitung vermittelt hatten. Ich glaube heute aber auch, daß sich hier einfach Ungeduld der Jugend widerspiegelte, der alles zu langsam ging.

Der »Stahlhelm« fand in unserer Gemeinde immer mehr Anhänger. Mitunter wurden junge Arbeiter einfach erpreßt, dieser militaristischen Organisation beizutreten, wenn sie ihre Arbeit nicht verlieren wollten. Auch Jungen aus meiner ehemaligen Klasse ging es so. Sie bedauerten den Schritt sogar, wurden aber immer mehr hineingezogen, und ich konnte ihren Versicherungen, sie hätten doch nichts gegen uns Arbeiter, nicht recht glauben.

Auf einem größeren Wiesengelände übten jetzt immer die Stahlhelmer und Jungstahlhelmer und warfen mit Baumstämmen und großen Steinen durch die Gegend. Diese Organisation war ganz vom Geist des Revanchismus und Chauvinismus geprägt. Sie bildete eine Reserve des deutschen Militarismus.

Vorher schon hatten Stahlhelmer eine Demonstration des Reichsbanners überfallen, die abends stattfand und an der auch Kurt Perl und ich teilnahmen, weil an alle Teilnehmer Fackeln ausgegeben wurden. Für uns war das etwas Neues, und da mußten wir dabeisein. Als wir in Falkenhagen am Pennepuhl entlangmarschierten, stürzten sich Stahlhelmer, die in ihrem danebenliegenden Stammlokal »Deutsches Haus« gezecht hatten und sich stark fühlten, auf die letzten Reihen unseres Zuges, in denen auch Frauen marschierten. Mehreren Reichsbannerleuten gelang es, einigen dieser Strolche den Weg abzuschneiden und sie festzuhalten. Unter unserem großen Jubel wurden die Stahlhelmer von allen Seiten mit den Fackeln verprügelt und dann in den Teich geworfen, daß es nur so klatschte!

Nun aber, im Jahre 1927, hatten sie eine neue Untat verübt: Sie überfielen in großer Überzahl eine kleine Gruppe Kommunisten, die sich verteidigte, und verletzten einen bekannten Funktionär, den Genossen Franz Schablewski, durch Messerstiche schwer.

Wenige Tage später, an einem Sonntag, tat sich dann etwas in unserer Straße!

Zuerst hörte ich von weitem, ohne daß ich vom Fenster aus etwas sehen konnte, Märsche von Schalmeienkapellen, und das wurde immer lauter. Dann sah ich die ersten Züge in der grauen Kleidung, denen große rote Fahnen mit der geballten Faust vorangetragen wurden. Sie kamen vom Bahnhof die Finkenkruger Straße herauf, und schon bogen die ersten in unsere Straße ein. Was war los? Unsere ganze Familie stand vor unserer Eingangstür auf der Straße, auch Herbert Pohl, der Stahlhelmer, aber in Zivil.

Ein Ende des Demonstrationszuges der Roten Frontkämpfer war überhaupt nicht abzusehen. Die Hamannstraße stand dicht gedrängt voll Menschen in den grauen Windblusen. Sprechchöre verlangten Dr. Hesse zu sehen, der für den feigen Überfall der Stahlhelmer verantwortlich war. Ein Redner hielt eine kurze Ansprache, wobei er darauf hinwies, daß sich nur die Arbeiter selbst gegen solche Überfälle schützen könnten, denn die Polizei helfe sowieso nur den Reaktionären und ihren Söldnern, das hatten die Ereignisse in der letzten Zeit bewiesen.

Die Demonstration, an der einige tausend Rotfrontkämpfer aus Berlin und aus Orten des Kreises Osthavelland teilnahmen, war genehmigt, denn zwei Falkenseer Polizisten schritten nicht ein. Sie waren ganz nervös und mahnten dauernd zur Ruhe. Als sich herausstellte, daß Dr. Hesse nicht zu Hause war, rissen jüngere Leute den schmiedeeisernen Zaun aus den Klinkerfundamenten, zerschlugen mit Steinen alle Scheiben und holten die mehrere Meter lange schwarzweißrote Fahne mitsamt der Fahnenstange herunter.

Vor unserem Haus, auf der ganzen Straßenbreite, standen auch einige hundert Rotfrontkämpfer. Plötzlich kam einer von ihnen auf »unseren« Stahlhelmer zu. »Dich erkenne ich wieder. Du bist doch auch einer von den Stahlhelmern!«

Sofort riefen dessen Schwester und sein Vater: »Herbert, komm sofort ins Haus!«

Aber er blieb stehen und bestritt, Mitglied des »Stahlhelms« zu sein. Inzwischen hatten sich schon mehr um ihn geschart, und der, der ihn zuerst gefragt hatte, sagte jetzt: »Willst du Bursche endlich Farbe bekennen oder nicht? Du bist doch Stahlhelmer, das weiß ich ganz genau!«

Als Pohl nochmals verneinte, erhielt er einige mächtige Ohrfeigen von dem Arbeiter dicht neben mir. Erst dachte ich, es müßte ihn zu Boden wedeln, dann flitzte er jedoch los und verrammelte alle Türen, er mußte eine ungeheure Angst haben!

Viele Jahre später stellte ich in ehemaligen Karteikarten des

»Stahlhelms« fest, daß Pohl bis zum Truppführer aufgestiegen war und diesen Dienstgrad auch bei der SA erhielt, als er von dieser übernommen wurde. Dr. Hesse brachte es jedoch bis zum SA-Standartenführer!

Der Aufmarsch des RFB hat mich so beeindruckt, daß ich ihn nie vergessen werde. Ich sah, welche Kraft die Arbeiterklasse verkörpert, und unsere Wandergruppe kam mir jetzt lächerlich vor. Reaktionäre Organisationen, die in der Großstadt unter den Arbeitern keine Anhänger fanden, versuchten die Landgemeinden und Randgebiete zu erobern und gingen dabei brutal gegen Andersdenkende vor. Dem mußte Einhalt geboten werden. So verstand ich damals die Demonstration, obwohl ich noch nicht politisch organisiert war.

So unverständlich das heute erscheinen mag: Wir sympathisierten beide mit den revolutionären Kräften der deutschen Arbeiterklasse, waren aber tatsächlich nicht organisiert. Dazu trug gewiß der lange Arbeitstag bei. Um Fahrgeld zu sparen, nahm ich allein in Spandau jeden Tag 90 Minuten Fußweg auf mich. Ich fuhr jeden Tag um fünf Uhr von Falkensee ab, damit ich um sieben Uhr auf der Arbeitsstelle war.

Im Herbst 1927 nahm Kurt mich eines Abends mit nach Brieselang. Wir fuhren mit den Fahrrädern, auf schmalen Waldwegen, durch den Bredower Forst.

»Guck dir das mal an«, sagte er. »In der Sozialistischen Arbeiterjugend gibt es nicht nur Pärchen. Sie lernen auch rezitieren, führen kleine Stücke auf, darunter sogar selbstverfaßte, über die sie diskutieren. Sie bilden sich weiter.« Ich war noch skeptisch und glaubte, Kurt wollte nur nicht allein von Falkensee zu den Gruppenabenden der SAJ nach Brieselang fahren, einer neuen Siedlung, in der viele Sozialdemokraten Grundstücke gekauft hatten.

Der erste Gruppenabend, der in einem Raum der Jugendherberge stattfand, die von einem SPD-Mitglied geleitet wurde, gefiel mir nicht besonders. Zuerst wurde die Zeitung »Arbeiter-Jugend« verteilt, dann sangen wir, meist ganz alte Kampflieder aus der Zeit des Sozialistengesetzes und noch ältere, in denen Lassalle gepriesen wurde. Mir kamen sie etwas angestaubt vor, die Lieder der Wandergruppen waren frischer, hatten Schwung, atmeten Kampf.

Ich erhielt gegen Ende des Abends einen Aufnahmeantrag – Kurt hatte das wohl schon vorbereitet – und füllte ihn aus. Dann wurde kurz beraten und meinem Eintritt ohne Gegenstimmen zugestimmt. Alle schüttelten mir die Hände, und der Vorsitzende sprach einige Worte. – Etwa fünfzehn Jungen und Mädchen gehörten zur Gruppe, und ich erfuhr, daß ich der einzige Fabrikarbeiter war. Das gab mir zu denken.

Im Mai 1928 trat ich die Lehre bei dem alten Zimmermeister Bergter, der ein Grundstück mit Werkstatt in Falkensee hatte, an. Bei ihm arbeitete nur ein Geselle, es war also ein kleiner Handwerksbetrieb, der Meister konnte sich nicht mehr um alles kümmern, dennoch war ich zufrieden, endlich eine Lehrstelle gefunden zu haben.

Hier nun wurden mir die ersten Grundbegriffe des Zimmerhandwerks beigebracht, aber das meiste mußte ich mir selbst irgendwie aneignen. Der Meister besorgte nur die Aufträge. Meist ging es darum, Holzhäuser und Lauben aufzubauen und in anderen Häusern irgendwelche Reparaturen durchzuführen. Und dann kam er bei seinen Wegen kaum an einer Gaststätte vorbei. Auf meinen Arbeitsstellen ließ er sich ganz selten sehen. Den Gesellen hatte er bald nach meiner Einstellung entlassen. Er erhielt nämlich laut Tarif einen Stundenlohn von 1,55 Mark, während ich mich für eine ganze Woche mit zehn Mark begnügen mußte. Kurz vor Feierabend trudelte der Meister mitunter mit seinem Fahrrad noch bei mir ein, kontrollierte, was ich geschafft hatte, und nörgelte herum. Ich war außerdem noch sein billigstes Transportmittel, denn Bauholz, Dachpappe, Teer und andere notwendige Materialien schleppte ich auf einer großen zweirädrigen Karre zu den Baustellen. Das ging anderen Lehrlingen aber ähnlich, mein Meister war in dieser Hinsicht keine Ausnahme.

Inzwischen war bei Kindern von SPD-Mitgliedern in Falkensee der Wunsch aufgetaucht, ebenfalls in der SAJ mitzuarbeiten, und so fragte man Kurt und mich, ob wir nicht eine neue Ortsgruppe in Falkensee aufbauen wollten. Ganz wohl fühlte ich mich nicht dabei, weil ich mir meine eigenen Gedanken über die SPD-Politik machte, zum Beispiel hatte mich ihre Haltung zur Fürstenabfindung empört.

Kurt wurde Vorsitzender, ich Schriftführer, obwohl ich eigentlich keine Funktion hatte annehmen wollen. Vielleicht war es falsch verstandene Kameradschaft, daß ich ihn nicht sitzenlassen wollte, vielleicht hätte es auch nur eines Anstoßes von anderer Seite bedurft ... In Falkensee kam er nicht. Kurt und ich fuhren öfter nach Berlin, wenn dort Kundgebungen und Großveranstaltungen des RFB stattfanden. So erinnere ich mich, daß wir im Mai 1927 einige Demonstrationen gegen den »Reichs-Frontsoldatentag« der Stahlhelmer in Berlin begrüßten und von der Macht beeindruckt waren. Die Stahlhelmer mußten unter einem starken Polizeischutz marschieren, sonst wären sie von den Arbeitern aus der Hauptstadt hinausgejagt worden. An vielen Häusern und Arbeiterlokalen hingen die Losungen: »Kein Stück Brot, keinen Tropfen Wasser den Stahlhelm-Faschisten!« In manchen Straßen warfen Hausbewohner von den Balkons und aus den Fenstern Blumen auf die Züge der Stahlhelmer hinab, aber es waren noch die Töpfe mit der Erde daran.

Kurz darauf, im Juni 1927, sahen wir uns das große Treffen der Rotfrontkämpfer in Berlin an. Es war ihr 3. Reichstreffen, wo gegen 100000 Mitglieder aus ganz Deutschland aufmarschierten, begeistert begrüßt von der Arbeiterschaft.

Die Rotfrontkämpfer zeigten dort nicht nur ihre Kraft, sondern auch ihre gute Organisation. Sie regelten selbst den Straßenverkehr an allen wichtigen Punkten, organisierten den Schutz ihrer Aufmärsche und Kundgebungen auch ohne den »Schutz der Staatsmacht«, alles ganz im Gegensatz zu den Stahlhelmern und den anderen faschistischen Organisationen! Bei aller Sympathie für den RFB waren wir damals eigentlich noch Zaungäste.

Nach einem Jahr verstarb mein Meister. Kurz zuvor hatte ich ihm aus gehobelten Brettern noch ein schräges Untergestell für das Kopfende seines Bettes gebaut, weil er schon nicht mehr richtig schlafen konnte. Mich traf sein Tod besonders hart, weil der Alte noch immer keinen Lehrvertrag mit mir geschlossen hatte. Ich war so gutgläubig gewesen und hatte seinen Vertröstungen vertraut – jetzt war ich der Dumme.

Damals baute die Baufirma Max Schröder auf mehreren Baustellen in Falkensee. Der Inhaber war Maurermeister und besaß außerdem ein größeres Sägewerk in Bötzow/Osthavelland.

Wir versuchten, bei ihm eine Lehrstelle für mich zu erhalten. Ich hätte es auch nicht weit zur Arbeit.

Gesagt – getan! Schröder, ein dicker Mann in mittleren Jahren, empfing uns beide in einem Büro mit breiten Glaswänden, aus dem er das ganze Sägewerk überblicken konnte. Nach wenigen Worten erklärte er sich bereit, mich als Lehrling anzunehmen, aber unter der Bedingung, daß ich von vorn bei ihm anfangen müßte. Der alte Bergter hatte mich also um ein Jahr betrogen. Schröder hatte natürlich sofort den Vorteil erkannt. Ich war ja kein Schulabgänger mehr, hatte mächtig ausgelegt. Obwohl er mir einige Mark Lehrgeld mehr zahlte, machte er mit mir einen guten Fang.

Kurt Perl war nach seiner Lehre als Industriekaufmann von seinem Betrieb entlassen worden, und er bezog Arbeitslosenunterstützung, die aber sehr gering ausfiel. Ihm ging es jetzt wie Tausenden anderer junger Menschen, die Opfer der anbrechenden großen Wirtschaftskrise wurden. Er sagte mir oft, wie sehr es ihn belaste, seinen Eltern weiter auf der Tasche zu liegen und sie nicht so unterstützen zu können, wie er es sich vorgenommen hatte. Jeder griff damals nach dem kleinsten Strohhalm, wenn sich Gelegenheit bot, zu etwas Geld zu kommen. Die verrücktesten Ideen wurden geboren. Meinem Freund redete jemand ein, eine Faltbootfahrt zu machen und dann darüber zu schreiben, das brächte viel Geld ein. Ihm ging es wie Hans im Glück: Auf der Donau ging ihr Boot mit fast allem Gepäck unter, und sie retteten gerade noch ihr Leben.

Ich arbeitete inzwischen fleißig in Falkensee auf den Baustellen, zeitweise auch auf dem Richtplatz in Bötzow, und dachte oft an die Zeichnung von Käthe Kollwitz »Lehrling und Balken«. Auf dem Richtplatz wurde natürlich niemand vom Leben zum Tode befördert, sondern hier wurden Balken zugerichtet.

Schröder beschäftigte zu dieser Zeit etwa 50 Maurer, darunter 2 Poliere und 10 Maurerlehrlinge, 50 Zimmerleute, die meist aus den Dörfern und kleinen Städten der Umgebung kamen und den beiden älteren Polieren Kalweit unterstanden, 10 Zimmerlehrlinge, einige Tischler und eine ganze Anzahl ungelernter Arbeiter, die als Fuhrleute oder an den einzelnen Maschinen im Sägewerk arbeiteten und schlecht bezahlt wurden.

Schröder war einer der angesehensten Unternehmer der Umgebung. Er hatte einen Leibchauffeur, der später Mitglied der SS wurde, fuhr aber manchmal seinen Wagen selbst, um die Arbeiter auf den Baustellen zu kontrollieren.

Bald nach Kurts Rückkehr von der Entdeckungsfahrt endete unsere Laufbahn in der SAJ Falkensee. Wir wurden wegen »kommunistischer Zersetzung« ausgeschlossen. Der SPD-freundlichen Leitung gingen unsere Fragen gegen den Strich. Wir hatten wissen wollen, warum die Polizei des sozialdemokratischen Berliner Polizeipräsidenten Zörgiebel am 1. Mai 1929 auf die Arbeiter geschossen hatte. Das war zuviel!

Damit ging nun ein Abschnitt meiner Entwicklung zu Ende: Ich hatte mich gemausert, hatte sehen gelernt und begann hinter die Dinge zu schauen.

Unter der roten Fahne

Wir brauchten eine revolutionäre Jugendorganisation auch in unserem Ort, wir wollten uns vom sozialdemokratischen Gängelband lösen. Kurt und ich machten eine Rechnung auf. Auf wen konnten wir uns stützen, an wen sollten wir uns wenden, wo konnten wir zuerst Fuß fassen? Einmal waren das junge Kollegen von mir, die zwar in anderen Betrieben arbeiteten, die ich aber schon lange kannte. Zum anderen mußten wir uns um die Arbeitersportler kümmern, die ich schon erwähnt habe. Alles ging natürlich nicht im Alleingang.

Wir fragten uns in Spandau durch und erhielten auch Unterstützung.

Uns wurde ein Instrukteur aus Moabit, Heinz Bahr, zur Seite gegeben, der uns beriet. Er schlug uns auch vor, eine Jugendzeitschrift herauszugeben und in ihr vor allem die Probleme aufzugreifen, die Falkenseer Jugendliche bewegten. Wir mußten ihnen zeigen, daß wir ihre Interessen vertraten. Aus dem Nordwesten Berlins erhielten wir große Unterstützung. Und das blieb so bis zum Frühjahr 1933, als die Faschisten an die Macht gelangten.

Am 6. Mai 1930, wenige Monate nach unserem »Abgang« aus der SAJ, war es soweit. Eine größere Kampfdemonstration von KJV-Mitgliedern aus einigen Orten des Kreises Osthavelland und Funktionären aus Berlin marschierte durch Falkensee bis vor das Lokal »Zur alten Linde«. Ein Redner sprach zu den von uns Eingeladenen und zu unseren Helfern. Einige Genossen der KPD des Ortes waren anwesend, mit ihnen hatten Kurt und ich unseren Plan durchgesprochen. Sie freuten sich, daß nun auch Jugendliche an ihrer Seite streiten wollten. Der Saal war vollbesetzt, der Redner wurde oft von Beifall unterbrochen.

Wir gewannen auf Anhieb zehn Mitglieder, eine größere Anzahl stieß nach kurzer Zeit zu uns. Kurt wurde Politischer Leiter, ich Funktionär für Agitation und Propaganda. Heute hat die sozialistische Jugendorganisation in jedem Betrieb und in jeder Schule ihren festen Platz, und die »Junge Welt« holt man sich morgens aus dem Briefkasten. Ich weiß, daß Jugendliche mitunter allergisch reagieren, wenn Ältere über ihre schwere Jugend berichten. Wir sind früher zum Beispiel jedem einzelnen Leser der »Jungen Garde« nachgelaufen, denn das Abonnement bezahlten nicht die Eltern. Unsere Jugendzeitschrift hieß »Falkenseer Jungprolet«, hatte also zweifellos einen kämpferischen Titel, aber wir schrieben sie selbst, und gewiß sind uns manchmal in der besten Absicht auch Fehler unterlaufen. Wir wuchsen noch mit unserer Organisation und trugen doch einen Packen Verantwortung, wenn es darum ging, den Jugendverband zu stärken. Wir mußten uns von arbeiterfeindlichen Politikern abgrenzen, andererseits aber Verbündete gewinnen und uns bemühen, gegen reaktionäre Organisationen geschlossen aufzutreten. Die Spaltung der Arbeiterbewegung, für die die rechte SPD-Führung verantwortlich war, machte uns schwer zu schaffen. Und doch bemühten wir uns auch, Frohsinn und Erholung oder Entspannung als Auftrag in der Jugendarbeit zu betrachten. Dabei gab es natürlich auch interessante Erlebnisse, die uns die Augen öffneten.

Die erste größere Fahrt mit einer Gruppe von etwa zehn jungen Sportlern aus Falkensee unternahmen wir während der Osterfeiertage 1930. Ein Genosse hatte Verbindungen zur Berliner Freien Sozialistischen Jugend (FSJ), die in Deutschland nicht stark war und nur in Berlin und in Hamburg über größere Gruppen verfügte. Einige Mitglieder der FSJ wohnten auch in Spandau. Sie hatten uns angeboten, uns zu einem Schulungskursus, zu Ausflügen und auch zu einer Demonstration in Naumburg an der Saale mitzunehmen.

Wir fuhren von Berlin mit der Eisenbahn und hatten einen ganzen Wagen nur zu unserer Verfügung. Eine größere Gruppe Hamburger hatte sich angeschlossen.

Erst am späten Abend langten wir in Naumburg an, es regnete stark, wir knöpften unsere Windjacken bis zum Hals zu und zogen unsere Zeltbahnen über Kopf und Rücken. Wir wanderten auf einer schmalen Landstraße in Richtung Roßbach, wo sich ein großes Weingut befand. Dort sollten wir übernachten und aus einer Feldküche verpflegt werden.

Ich lief mit einigen Freunden in der Spitzengruppe. Wir wollten uns alle an der Straßenabzweigung hinter einer Saalebrücke wieder treffen, um gemeinsam in das Weingut einzuziehen.

Die Straße führte bergauf, bergab. In den Wagenspuren des glitschigen Sommerweges plätscherte das Regenwasser talwärts. Hinter der Brücke bog die Straße scharf rechts ab, und am Rand des Sommerweges stand ein starker Baum. Gewiß hat er später in Erzählungen noch an Umfang zugenommen – viele sehen viel –, aber ich meine, zwei Männer hatten Mühe, ihn zu umfassen. An diesem Baum sah ich im Lichtkegel meiner Taschenlampe einen Personenkraftwagen – oder das, was von ihm übrig war. Er mußte mit voller Geschwindigkeit frontal gegen den dicken Stamm geprallt sein. Wahrscheinlich war der Fahrer kurz vor der scharfen Kurve in den glitschigen Sommerweg geraten und gegen den Baum gerast. Das Vorderteil war völlig demoliert, die Scheiben zerschlagen, die linke Tür hing nur noch in den Scharnieren und stand offen.

Einige Kameraden kamen herbeigeeilt. Wir brachen mit Feldspaten die andere Tür auf und zogen einen älteren Mann heraus, der leise stöhnte. Als wir ihn anhoben, schrie er auf. Wir rissen die Polster heraus, um ihn am Straßenrand etwas weich betten zu können.

Dicht neben dem Auto schimmerte eine große Regenlache, in der ein weiterer Mann lag. Sein Gesicht war von Glassplittern verletzt, und aus einer großen Wunde an der Schläfe rann Blut. Er mußte schon viel Blut verloren haben, denn die Pfütze war rot. Zwei unserer Sanitäter fühlten noch den Puls. Auch ihn zogen wir an den Straßenrand. Alles ging schnell und organisiert, niemand stand im Weg. Während sich einige um die Verletzten kümmerten, hielten andere Ausschau, ob vielleicht ein Fahrzeug käme. Sie erwischten jedoch nur einen Radfahrer und baten ihn, die Polizei zu verständigen und einen Arzt anzufordern. Wer sind die Leute? fragten wir uns. Ich zog dem, der in der Pfütze gelegen hatte und dem wir inzwischen den Kopf mit einigen mitgeführten Verbandpäckchen verbunden hatten, die Brieftasche heraus. Er hatte ziemlich viel Geld bei sich und einige Bescheinigungen und Visitenkarten. Er hieß Müller, ein ganz seltener Name. Wir ließen ihn ruhig liegen, denn er war nicht nur schwer verletzt, sondern auch völlig betrunken.

Bald darauf kam ein Überfallwagen der Naumburger Polizei. Der Anführer dieser kleinen Truppe, ein junger Mensch, wollte sich erst vor uns aufspielen. Wir sagten ihm kurz, daß wir das Auto und die beiden Insassen gefunden hätten und alles getan hatten, was uns möglich war. Seine Aufgabe sei es nun, nicht viel zu reden, sondern die Verletzten sofort abtransportieren zu lassen. Außerdem rieten wir ihm, sich einen andern, höflicheren Ton anzugewöhnen, sonst könnten wir auch grob, vielleicht auch sehr grob werden!

Erst am nächsten Morgen erfuhren wir von der Leitung des Gutes, wen wir vor dem Verbluten bewahrt hatten. Der

Verletzte war von einer seiner vielen Wahlversammlungen gekommen, die er überall in Thüringen und Sachsen veranstaltete – in Berlin hatten wir noch nichts von ihm gehört. Er hatte die nötige Anzahl Unterschriften für seinen Antrag als Reichspräsidenten-Kandidat schnell erhalten und zog nun ziemlich siegesgewiß in den Wahlkampf. Bei einem Teil der Bevölkerung fand er großen Anklang, und seine Versammlungen waren überfüllt, weil er versprach, die alten rotgestempelten Tausendmarkbanknoten in neue im gleichen Wert umzutauschen. Natürlich fand er viele Dumme, die ihm auf den Leim gingen. Das war eigentlich sogar verständlich, denn in Notzeiten wird solchen Gaunern schnell Glauben geschenkt. Hatten wir erst über seine Anhänger gelacht, so waren wir jetzt über solche Gaunerei empört.

Endlich konnte ich mir meinen lang gehegten Wunsch erfüllen! Das hatte es in unserer Straße noch nicht gegeben! Verstimmt und wütend sahen es die Mitglieder des »Haus- und Grundbesitzer-Vereins« und die fanatischen Anhänger der Deutschnationalen und die Stahlhelmer. Bei Piochs hing am 1. Mai 1931 eine schöne lange und breite rote Fahne, mit dem Hammer und der Sichel.

Ein mit uns sympathisierender Schneider hatte sie für mich und auch für mehrere andere Jugendgenossen und für Mitglieder der Kommunistischen Partei genäht, aber nicht viel dafür verlangt. Über diese rote Fahne war ich sehr stolz, schon lange hatte ich mir vorgenommen, der Reaktion ein Gegengewicht zu setzen. Warum Verstecken spielen? Die Kapitalisten und ihre Anhänger taten das auch nicht, auch nicht in unserem Ort, noch viel weniger mein Lehrherr, der uns Arbeiter für dumm hielt und nur unsere Arbeitskraft sah.

Mut gehörte schon dazu, sich öffentlich so demonstrativ zur Kommunistischen Partei Deutschlands zu bekennen. Und das zu einer Zeit, da die Nazis bei reaktionären Kreisen volle Unterstützung fanden und die Unternehmer jede Gelegenheit nutzten, Kommunisten auf die Straße zu setzen. Ich stand aber nicht allein, und wir bemühten uns auch um Verbündete. Sonntags gingen wir häufig zur Landagitation auf die Dörfer. Das war ein hartes Brot, gegen den Großgrundbesitzer, den Dorfpfarrer, den Lehrer und all die Ortsgewaltigen unsere Argumente ins Feld zu führen. Wieviel Vorbehalte gab es, wieviel Rückständigkeit im Denken! Wieviel Hetze gegen die Sowjetunion und den Kommunismus wurde geglaubt! In Falkenrehde, einem Dorf bei Ketzin, rief einmal eine Frau, als ich den kleinen Hof betrat: »Großvater, hol die Zicke 'rin, die Kommunisten kommen!«

Das war aber noch das Harmloseste. Es kam auch zu Überfällen auf unsere Agitatoren. Überfälle und Morde häuften sich, und ganz selten faßte die Polizei einen der faschistischen Banditen. Dagegen wurde der RFB verboten und konnte nur illegal arbeiten.

Über verschiedene Genossen erhielt ich Kontakt zu einem Funktionär des verbotenen RFB. Ich meinte, es sei fast unmöglich, sich nur mit bloßen Fäusten den faschistischen Mordbuben entgegenzustellen. Ältere Genossen erinnerten mich daran, welche Gefahr von Döberitz ausging und daß schon einmal Putschisten auf dem Weg nach Berlin durch unseren Ort gezogen waren. Kurzum: Ich brauchte eine Waffe, war mir aber klar, welche Verantwortung ich damit gegenüber der Partei übernahm. Jeder leichtsinnige Umgang, jede Prahlerei damit würde sofort gegen die Partei ausgenutzt werden. Nun lernte ich die Funktion von alten einfachen Trommelrevolvern und neuen Armeepistolen kennen, auf die zum besseren Zielen ein kurzer Holzschaft aufgesteckt werden konnte.

Ostern 1931. In Berlin sollte der Reichsjugendtag des KJVD stattfinden. Er wurde von den reaktionären Behörden kurzerhand verboten. Aus vielen weit entfernten Teilen Deutschlands befanden sich die Jugendgenossen schon auf der Fahrt nach Berlin.

Am Mittwoch vor Ostern erhielt ich den Auftrag, in der Nähe des heutigen Ostbahnhofs ein großes rotes, nicht sehr breites, aber langes Transparent an den Halteklammern der Dachrinne des Eckhauses zum Küstriner Platz anzubringen. Die Genossen waren auf mich gekommen, weil sie mich als Zimmermann für schwindelfrei hielten. Und ich mußte nachts auf einem stark abfallenden Dach herumkriechen.

Aus dem Dachfenster des Nachbarhauses wurde mir das

etwa fünf Meter lange Transparent herausgereicht. Es war stockdunkel. Von unten funzelten trübe die Gaslampen des Küstriner Platzes herauf. Trotzdem erkannte ich eine Streife von zwei Schutzpolizisten, die mir die Rücken zudrehten. Auf den schmalen Schornsteinfegerbohlen tastete ich mich vorsichtig bis zum Eckhaus vor, ab und zu mußte ich das Transparent niederlegen, um die nächsten Schritte zu kontrollieren. Langsam ließ ich mich auf den Dachsteinen bis an die Dachrinne hinunter. Ich konnte von hier den ganzen Küstriner Platz beobachten. Zuerst befestigte ich provisorisch die rechte Seite, dann die linke Seite des Transparents an den Haltern der Dachrinne und zog dann, als alles richtig hing, die Drahtenden straff.

Als wir alle wieder heil unten waren, konnten wir es uns nicht verkneifen, in kleinen Gruppen über den Küstriner Platz zu gehen und uns unser Transparent anzuschauen. Wir konnten zufrieden sein. Trotz der Dunkelheit waren die schönen großen Buchstaben deutlich zu erkennen:

»Die Jugend ist die reinste Flamme der Revolution!
Karl Liebknecht.«

Überall in Berlin fanden zu Ostern 1931 illegale Demonstrationen des KJV statt. Schon am Gründonnerstag wurde ich bei einer dieser Demonstrationen mit einigen anderen Jugendgenossen, darunter der Sohn einer Milchhändlerin in der Friedrichsfelder Straße, in Treptow festgenommen. Die Polizisten kamen von beiden Straßenseiten und schossen. Wir wurden in das Polizeipräsidium am Alexanderplatz geschafft und in eine große Sammelzelle gesteckt, in der wir bereits Jugendfreunde aus Bayern trafen, die man gleich nach ihrer Ankunft auf dem Bahnhof festgenommen hatte. Mit dem Sohn der Milchhändlerin sprach ich genau ab, wie wir uns beim Verhör verhalten wollten: Wir beide seien Arbeitersportler und wollten uns in Treptow gemeinsam ein Fußballspiel ansehen. Auf dem Weg dahin seien wir irrtümlich trotz unseres sofortigen Protestes festgenommen worden. Das alles sagten wir auch dem Vernehmer. Am Dienstag nach Ostern wurden wir entlassen, und ich dachte schon, damit wäre alles erledigt. Aber des Gerichtes Mühlen mahlten langsam:

Nach einem Dreivierteljahr wurde ich vom Amtsgericht Spandau wegen versuchten Landfriedensbruchs vorgeladen. Gegen mich trat ein Polizeileutnant auf, den ich zwar erkannte, aber der mich nicht wiedererkannte. Da mir niemand etwas beweisen konnte, mußte ich freigesprochen werden.

Mein Vater sprach mit mir ein ernstes Wort, wie er es nannte. Von ehemaligen Kollegen war ihm zugetragen worden, daß ich, sein ältester Sohn, zu den Kommunisten gegangen sei und jetzt eine aufrührerische Rolle spiele. Was er denn davon halte?

Auf seine Fragen entgegnete ich, daß außerdem auch meine beiden jüngeren Brüder Mitglieder des Kommunistischen Jugendverbandes geworden seien und viele unserer Freunde aus dem Arbeitersport. Die Abwartepolitik der SPD-Führung gefalle uns gar nicht. Es sei an der Zeit, sich gegen die immer stärker werdenden Faschisten zu wehren. Ich habe ihm noch mehr erzählt, über die Revolution, über den Sozialismus, über die Sowjetunion. Ich weiß nicht, ob er mich ganz verstanden hat. Gewiß habe ich ihm von Dingen berichtet, die ich eben begreifen lernte. Allerdings ärgerte ich mich, daß ihm andere erst von meinem Schritt zum KJVD erzählen mußten. Ich agitierte auf den Dörfern und machte um den eigenen Vater einen Bogen. Was war ich für ein Kommunist! Dabei hatte ich doch Vertrauen zu ihm, und er hatte Verständnis für seine Jungen. Oft war er Gast von Veranstaltungen gewesen, zu denen wir als Sportler eingeladen hatten. Hatte ich das nötig?

Mein Vater interessierte sich auch jetzt dafür, was sein Ältester trieb, und besuchte öffentliche Versammlungen der KPD. Die Diskussionen zwischen uns dauerten noch einige Zeit, aber bald freute ich mich doch sehr: Vater war Mitglied der KPD geworden. Nach kurzer Zeit schon arbeitete er, weil er ein Motorrad besaß, als Kurier zum Unterbezirk Berlin-Spandau der KPD, und er war recht stolz darüber! Auch einige seiner alten Kollegen, die er schon lange kannte, kamen zur Partei. Meine Mutter wählte jetzt ebenfalls bei den Reichstags- und Landtagswahlen die Liste der Kommunistischen Partei. Sie wurde Mitglied der Roten Hilfe, und sie nahm ebenfalls an öffentlichen Versammlungen teil.

Sonntags fuhren Kurt und ich häufig mit unseren Fahrrädern über Spandau, die Heerstraße hinunter, nach Charlottenburg in die Wallstraße. Im Lokal Werner erhielten wir einen dicken Packen unseres Zentralorgans »Die Junge Garde«, nicht nur für Falkensee, sondern auch für die neuaufgebaute Gruppe Brieselang.

So war es auch an diesem Sonntag. Ich packte gerade die Zeitungen in meinen Militärtornister, als mehrere junge Freunde hereinkamen. Sie riefen auch uns beide zu sich. Wir stimmten sofort zu, als sie fragten, ob wir an einer nichtgenehmigten Gegendemonstration teilnehmen würden. Die SA versammle sich am Knie, einem Platz, von dem mehrere große Straßen abgehen. Die Nazis wollten durch Charlottenburg demonstrieren. Von überallher würden wir noch Zustrom erhalten, aber wir hätten noch etwas Zeit und würden rechtzeitig informiert werden.

»Karl, stimm an!« sagte mein Bekannter, der schräg gegenüber vom Lokal Werner in einem Mietshaus wohnte. Er hatte einen Sprachfehler, konnte aber fehlerfrei singen. Wir setzten uns alle zusammen, etwa 35 junge Leute vom Kommunistischen Jugendverband und von der Roten Jungfront.

In Charlottenburg war der SA-Sturm 33 besonders berüchtigt. In Arbeiterkreisen hieß er nur »Mordsturm 33«. Sturmführer war ein gewisser Hahn. Hahn hatte unter anderem befohlen, am 22. November 1930 ein Tanzvergnügen des Arbeiter-Wandervereins »Wanderfalke« im Eden-Palast zu überfallen. Die SA-Verbrecher schossen auf die überraschten Tanzenden, und drei junge Arbeiter wurden dabei schwer verletzt.

Kurz darauf folgte die blutige Silvesternacht 1930/31. Unter dem Kommando Hahns wurden die Brüder Erich und Robert Riemenschneider von der SA überfallen und mit Dolchen niedergestochen. Beide brachen blutüberströmt auf der Straße zusammen, Robert Riemenschneider wurde zum Krüppel.

In der Nacht zum 29. Januar 1931 verblutete der Genosse Max Schirmer vor dem Nazilokal in der Hebbelstraße unter den Dolchstichen der SA-Banditen vom Sturm 33. Sie waren so unmenschlich, daß sie dem Toten mit ihren Stiefeln noch ins Gesicht traten! Drei Tage später überfielen SA-Leute dieses Sturms unseren Genossen Otto Grüneberg. Er starb, von mehreren Pistolenkugeln getroffen. Hahn mußte flüchten, obwohl man ihn wahrscheinlich gar nicht belangt hätte. An seine Stelle trat der Sturmführer Maikowski.

Jetzt sangen wir im Lokal Werner. Zuerst von der Roten Reiterarmee, der von Budjonny geführten. Nach fünf Strophen rief einer: »Etwas Schnelleres! Das Lied der Roten Flieger!« Und schon stimmten wir das Lied an, das die Zörgiebelpolizei verboten hatte und erbittert verfolgte.

Zuerst gingen wir in kleinen Gruppen hinunter zum Knie, bis an die U-Bahn-Station. Wir stellten fest, daß sich dort etwa dreihundert Nazis versammelt hatten, aber es rückten noch mehr an. Diese SA-Leute trugen zu meinem Erstaunen weiße Sporthemden, hatten die Ärmel aufgekrempelt. Viele hatten statt ihres Parteiabzeichens mit dem Hakenkreuz einen roten Gummiring vom Verschluß einer Bierflasche am Knopf der Brusttasche befestigt. Sie rollten gerade ihre Fahnen auf, als wir uns näherten. Ich staunte wieder: Die Fahnen waren alle gleich, aus weißem Tuch, in der Mitte prangte ein großer roter Adler, das Wappentier der Mark Brandenburg!

Einer unserer Genossen, der schon mehrmals bei uns in Falkensee war, klärte mich auf. »Die SA ist hier vorläufig verboten, und so tarnen sie sich. Ihre Demonstration wurde trotz des Verbots erlaubt. Du siehst, wieviel Schutzpolizisten bereitstehen. Die werden gegen uns eingesetzt, und das werden wir bald merken!«

Es kam ganz so, wie er gesagt hatte.

Die Nazis setzten sich in Bewegung, flankiert von Polizisten. Wir erhielten den Auftrag, in der Bismarckstraße ebenfalls zu demonstrieren und dann den Platz zu besetzen, auf dem die Nazis ihre Demonstration beenden wollten. Auf dem Platz hatten sich schließlich etwa dreihundert Genossen versammelt, als plötzlich Überfallwagen der Polizei auftauchten. Wir hörten von weitem schon das Grölen der heranrückenden Nazis. Die Polizei sprang ab und versuchte mit Gummiknüppeln den ganzen Platz zu räumen. An einigen Stellen schlugen Genossen zurück. Überall ertönten starke Sprechchöre. »Nieder mit euch Zörgiebelkosaken!« – »Nazis 'raus aus

Charlottenburg!« – »Fort mit Hitler, dem Gendarmen, und mit Hauptmann Röhm, dem Warmen!«

Mit etwa zwanzig Mann, meist Kameraden aus dem Lokal Werner in der Wallstraße, wurden wir von der Polizei in eine kleine Seitenstraße abgedrängt. Hinter einer Kurve verschwanden wir aus dem Blickfeld der Polizisten, und sie kehrten wieder auf den Platz zurück.

Plötzlich kam uns von vorn ein etwa dreißig Mann starker Radfahrertrupp der SA entgegen. Zurück konnten wir nicht mehr. Deshalb sagte ich: »Wir müssen durch. Die Straße ist sehr schmal, sie können nicht wenden. Schnell, reißt sie von den Rädern!«

Wir liefen beide als erste drauflos. Einer der ersten fing sich von mir eine saftige Ohrfeige ein. Ich trat in sein Vorderrad, und er schoß über die Straße. Andere fuhren auf ihn auf und stürzten ebenfalls, aber da waren meine Kameraden schon über ihnen, und bei den Nazis brach Panik aus. Im Nu hatten wir ihnen den Rückweg abgeschnitten. Sie ließen ihre Räder liegen und versuchten in die Hauseingänge zu entkommen.

Vor mir kniete ein SA-Mann, dem die Nase blutete, auf dem Straßenpflaster. Im Mund hatte er vorn einige Goldzähne, damals ein Zeichen von Wohlstand. »Lieber Mann!« rief er. »Ich habe eine Frau und zwei kleine Kinder, tu mir nichts!«

»Von welchem Sturm seid ihr?« fragte ich wütend, legte sein Fahrrad schräg auf die Bordsteinkante und sprang mit beiden Füßen auf das Vorder- und Hinterrad. Fahren konnte man mit dieser Karre nicht mehr!

»Wir sind vom Sturm 33«, sagte er. »Ich bin nur drin, weil ich als Kaufmann meine Stellung halten möchte, die ich nicht verlieren will!«

Der Mann sah so erbärmlich und so feige aus, daß ich mich schämte, ihn zu schlagen. Das wollte einer von den »nordischen Recken« sein! Pfui Teufel! Nur in großer Übermacht fühlten sie sich stark.

Alles dauerte nur wenige Minuten. Wir kamen zum Lokal zurück. »Fahrt ab!« sagten die Genossen. »Gleich wird die Polizei herkommen und alles durchsuchen, das machen sie immer so!«

Wir nahmen unsere Räder mit den Zeitungsbündeln und

fuhren den langen Weg zurück. Das war unser erster Zusammenstoß mit den SA-Faschisten vom Charlottenburger Sturm 33.

Der Vorstand des »Freien Sportvereins 1894« hatte uns zu einer außerordentlichen Versammlung in das Lokal »Zur alten Linde« eingeladen. Ich dachte: Irgend etwas ist da los! Der SPD-freundliche Vorstand hat bestimmt was gegen uns vor. Wahrscheinlich haben sie gemerkt, daß wir fast alle aktiven Sportler zu uns in den KJV geholt haben!

Wir waren alle neugierig, was da so passieren würde. Der Sprecher schwätzte zuerst etwas über unsere Erfolge bei Meisterschaften. Dann kam er aber zum eigentlichen Anliegen der Versammlung und wetterte gegen Kräfte, die den guten Zusammenhalt störten, so daß sich der Vorstand gezwungen sähe, die beiden Mitglieder Kurt Perl und Jochen Pahlke aus dem Verein und somit auch aus dem »Arbeiter-Turn-und-Sportbund« auszuschließen. Wahrscheinlich werde es noch einigen anderen Störenfrieden so gehen. Das alles sei schon »oben« beschlossen!

Wir protestierten sofort laut. »Wenn der Beschluß nicht sofort rückgängig gemacht wird, dann fühlen wir uns alle davon betroffen. Wir lassen unsere beiden Sportfreunde nicht allein. Wir gehen alle!«

Einer rief: »Seht mal zu, woher ihr eure Sportler nehmt! Wir haben jetzt die Nase voll! Glaubt nicht, daß wir vor euch zu Kreuze kriechen werden!«

Die Leute vom Vorstand guckten dumm. War das ein Sieg? Wir standen auf und verließen die jetzt mächtig zusammengeschrumpfte Versammlung. Einige wenige Sportler blieben dort, Söhne und Töchter von SPD-Funktionären. Aber selbst sie waren mit dem Vorstand nicht einverstanden, wie sie uns später sagten.

Die Schulturnhalle in der Kruppstraße bekamen wir natürlich nicht, dafür sorgten schon die sozialdemokratischen Gemeindevertreter. Wir übten im »Krug zum grünen Kranze« und bildeten uns auf großen Matten im Kampfsport aus. Außer den Sportlern kamen auch junge und ältere Genossen zu uns, die sich im »Kampfbund gegen den Faschismus«

organisiert hatten. Ein Teil schloß sich der Jiu-Jitsu-Sparte an, ein anderer, größerer Teil der Schützensparte des ASV »Fichte«. Unsere Gymnastik- und Leichtathletik- und die beiden erwähnten Sparten waren bald viel, viel stärker als der »Freie Sportverein 1894«. Wir boten eben mehr, gingen besser auf die Interessen der Jugendlichen ein und gängelten sie nicht. In kurzer Zeit entstand auch eine Kindergruppe.

Der Vater eines Sportfreundes besorgte uns in Döberitz eine alte Reichswehrbaracke. Für den Arbeitersportverein »Fichte« hätten wir sie natürlich nicht erhalten! Die Barakkenteile kosteten 1300 Mark und waren – wie wir als Fachleute feststellen konnten – noch recht gut erhalten. Vater Böttcher übernahm etwa die Hälfte und baute sich daraus ein Holzhaus. Der andere Teil, den der ehemalige Jugendleiter Werner Marschel bezahlte, wurde auf ein unbebautes Grundstück in der Ecke Garten- und Nachtigallenstraße gefahren. Wir hatten unter uns viele Bauspezialisten und Helfer. Von den Maurern wurde zuerst ein solides Fundament gelegt, auf das unsere Zimmerleute die Holzwände stellten. Das Ganze erhielt ein Satteldach aus Schalbrettern und wurde mit Dachpappe gedeckt. So hatten wir einen großen Raum für verschiedene Sportarten, ein Sitzungszimmer und einen kleinen Schlafraum für die Wache.

Aus dieser Zeit sind mir zwei Fotos erhalten geblieben. Als wir alles fertig hatten, waren wir sehr stolz, denn jetzt hatten wir ein eigenes Heim und konnten auch trotz aller Schikanen rechter SPD-Führer unseren Sport ausüben und uns jederzeit zusammenfinden!

In dieser Zeit überschlugen sich die Ereignisse und auch die Aufgaben. Vom Leiter der KPD-Ortsgruppe in Neu-Seegefeld, Oskar Sander, wurde ich auf Grund meiner Kenntnisse der SPD-Organisationen als Verbindungsmann zum Reichsbanner Schwarz-Rot-Gold eingesetzt und berichtete nur ihm persönlich darüber. Wir führten viele gemeinsame Aktionen durch zum Schutz unserer Wahlveranstaltungen gegen die Stahlhelmer, gegen die SA und die in Falkensee verhältnismäßig starke SS. Damit praktizierten wir ein Stück Aktionsgemeinschaft.

Anfang 1932 traten Charlottenburger Funktionäre des verbotenen RFB und der Roten Jungfront an mich heran und gaben mir den Auftrag, in Falkensee und in der nächsten Umgebung eine Gruppe von sehr zuverlässigen Genossen aufzubauen und ihnen besonders über Aktionen der Nazis und der Reichswehr in Döberitz sowie über Vorkommnisse im Lokal des SA-Standartenführers Carl Rotter in Finkenkrug zu berichten. Hier fand ich einen SA-Mann, der unzufrieden war und mit uns zusammenarbeitete. Später kam er ganz zu uns und sprach über seine Gründe auf Wahlversammlungen.

An vielen Aktionen in Charlottenburg und in Spandau nahm ich teil. Die Faschisten wurden immer brutaler gegen revolutionäre Arbeiter. So legte sich am 9. Dezember 1931 der berüchtigte »Mordsturm 33« in der Lohmeierstraße in einen Hinterhalt. Als Arbeiter, die von einer Versammlung kamen, die Straße passierten, schoß die SA. Der Jungarbeiter Walter Lange wurde tödlich getroffen, mehrere andere Arbeiter wurden erheblich verletzt. Der Sturmführer Maikowski suchte schnell das Weite, kehrte aber mit seinem Vorgänger nach der Amnestie ungeschoren nach Charlottenburg zurück. Die Lage spitzte sich immer mehr zu. Die Unzufriedenheit wuchs, aber auch die Entschlossenheit, Provokationen nicht mehr hinzunehmen.

Mein Lehrherr baute in diesen Jahren besonders viel in Berlin. Wir errichteten große Blocks von Mietshäusern am Bahnhof Botanischer Garten, in Lichtenrade, Mariendorf und Marienfelde, in Steglitz ein für damalige Zeiten hohes Haus mit sechs Stockwerken, in Hennigsdorf und in Falkensee.

In den Wintermonaten, wenn auf den Baustellen weniger zu tun war, führte ich die Geschäftsbücher, weil der Lehrherr und seine Frau merkten, daß ich gut rechnen konnte. Dabei kam ich hinter einen üblen Trick des Unternehmers und merkte, weshalb das Handwerk einen goldenen Boden hat. Schröder zahlte uns Lehrlingen für die schwere körperliche Arbeit einen schlechten Lohn, berechnete uns aber als Gesellen, also als Facharbeiter mit einem weitaus höheren Stundensatz. So verdiente er ohne einen Handschlag jährlich nur an uns Lehrlingen einige tausend Mark!

Zum erstenmal schützte ich mit meinem Vater gemeinsam zu den Reichstagswahlen am 31. Juli 1932 unser Wahllokal, den »Krug zum grünen Kranze«. Auch Reichsbannerleute waren dabei.

Es war ein herrlicher Sommertag, und für uns waren auch die Wahlergebnisse sehr befriedigend. Viele Arbeiter, Mitglieder oder Sympathisierende der SPD oder der KPD, saßen an den Tischen, unterhielten sich oder spielten Karten, auch in dem kleinen Garten neben dem alten Gasthaus. Ich stand mit einigen meiner Freunde auf der Straße, und wir unterhielten uns. Bisher war in unserem Ort alles ruhig verlaufen. Doch dann war es mit der Ruhe vorbei.

Vom Bahnhof her sahen wir einen Radfahrer kommen und erkannten einen unserer Kameraden, der in Berlin-Kreuzberg in einer RFB-Schalmeienkapelle spielte und dessen Verlobte in Falkensee wohnte. Er strampelte wie wild, denn ein ganzer Schwarm schwarzuniformierter SS-Leute verfolgte ihn auf Fahrrädern. Damals trugen sie noch die hohen schwarzen Mützen, die aus einem Zwerg einen Riesen machten. Etwa fünfzig Mann jagten unseren Genossen. Auf unseren Alarmruf stürmten unsere Genossen und die Reichsbannerleute sofort auf die Straße. Einige SS-Leute zogen Gummiknüppel aus ihren Stiefelschäften. Das hätten sie nicht tun dürfen, denn nun hielt sie nichts mehr auf den Rädern. Die ersten lagen schon auf der Straße. Aber da waren noch ihre Gummiknüppel! Im Garten der Gastwirtschaft stand eine uralte Fachwerkscheune. Die einzelnen Fächer waren mit senkrecht stehenden Kiefernknüppeln ausgefüllt, an die Lehm geworfen war, der aber stellenweise bereits abgefallen war. Das ganze Bauwerk sah schon recht mitgenommen aus, es bot im Augenblick die besten Waffen.

Wir traten die dicken Kiefernknüppel aus der Halterung und sprangen zurück auf die Straße. In Sekundenschnelle hatten wir den Faschisten den Rückzug verlegt. Gewiß saß noch Verstärkung in ihrem Lokal »Reichsadler«, aber dort wußte man nichts. Die ersten SS-Leute lagen schon am Boden, und den anderen tanzten unsere Knüppel über die Schädel. Die schwarzen Mützen lagen im Straßenstaub. Einige sammelten sogar böse Erfahrungen mit ihren eigenen Gummiknüppeln.

So etwas hatten die Falkenseer Faschisten noch nicht erlebt! Sie waren an kräftige Arbeiterfäuste geraten, hatten nicht mit der Kraft beider Parteien gerechnet.

Nach kurzer Zeit schon tauchte ein Rettungswagen auf. Die SS hatte zahlreiche Verletzte und wurde erst durch ein motorisiertes Sonderkommando der Potsdamer Polizei aus der schimpflichen Lage befreit. Dieses Kommando blieb bis zum Jahre 1933 in Falkensee. Es war feldmarschmäßig ausgerüstet, mit Karabinern bewaffnet. An jenem Sommersonntag näherten sich uns die Polizisten nur sehr vorsichtig. Einige von uns sammelten die Trophäen, die schwarzen SS-Mützen, von der Straße auf und verschwanden damit im Gasthaus, wo sie alles versteckten. Die Polizisten machten den kümmerlichen Versuch, uns auf der Straße zu durchsuchen. Wer von der SS noch laufen konnte, war getürmt.

Eine halbe Stunde darauf demonstrierten wir gemeinsam mit Reichsbannerleuten auf Lieferwagen, Personenautos und Krafträdern durch Finkenkrug. Vor dem SA-Lokal Rotter stiegen wir ab und drohten den überraschten SA-Wachen, daß wir hier alles kurz und klein schlagen würden, wenn sie noch einmal provozierten.

Einige Tage darauf bekam ich eine Vorladung vom Gendarmerieangehörigen Wuchert, der auf dem Platz gegenüber dem Gasthof »Krug zum grünen Kranze« wohnte. Sein Sohn war einer der SA-Führer im Ort, und mich hatte jemand beschuldigt, am Wahlsonntag gerade ihn verprügelt zu haben. Eigentlich hätte mich der Vater gar nicht verhören dürfen, weil er ja befangen sein mußte.

Beim Verhör verwies ich darauf, daß wir von den SS-Leuten angegriffen worden seien, denn wer lasse sich schon mit Gummiknüppeln verprügeln! Es widerspreche unserer Politik, den Frieden des Wahlsonntags durch Prügeleien zu stören. Wir hatten nur in Notwehr gehandelt. Ich bin wegen dieser Sache nie vor Gericht gestellt worden. Der Vater-Gendarm hatte wohl selbst ein schlechtes Gewissen.

Diesmal war ich ungeschoren davongekommen. Dafür stimmte mich eine andere Sache nachdenklich. In jener Zeit suchte ein Berliner, der sich als Roter Pfadfinder ausgab, besonders auffällig Kontakt zu mir. Er fragte öfter im Fichteheim nach mir. Wir hatten ihm den Spitznamen »Kullerchen« oder »Kulak« gegeben. Er fuhr einen Geländewagen der Reichswehr, den er billig erstanden haben wollte, mit einer Berliner Privatnummer. Uns stimmte das nachdenklich.

Ich bin öfter mit ihm unterwegs gewesen. Er interessierte sich auch für die SA-Kaserne von Carl Rotter und wollte uns überreden, sie mit Äxten und Brechstangen zu überfallen. Mich verwunderte der Vorschlag, und wir lehnten ihn eindeutig ab. Auch über die Reichswehr im nahen Lager Döberitz wollte er von uns etwas wissen, doch auch hier zeigte ich ihm die kalte Schulter. Noch wußten wir nicht, wo wir ihn hinstecken oder was wir von ihm halten sollten.

Erst später erfuhr ich von Berliner Genossen, daß er Agent einer Abteilung der Politischen Polizei sei, die die Reichswehr nach außen abschirmte. Ich sollte bald mehr von ihm wissen!

Eines Tages suchte ich gegenüber der Gutsbrennerei das weißgekalkte ebenerdige Gesindehaus auf, in dem ehemalige Gutsarbeiter mit ihren Familien wohnten. Ein Mädel hatte mir ihre Monatskarte der Reichsbahn für meine Fahrten nach Berlin angeboten. Wir brauchten nur das Paßbild auszutauschen. Da ich immer knapp bei Kasse war, ließ ich mir das natürlich nicht zweimal sagen. Der Jugendverband konnte uns nur selten Auslagen erstatten.

Plötzlich klopfte es hart und fordernd an die Tür zu dem niedrigen Raum. Gleich darauf traten zwei Männer in mittleren Jahren ein und taten so, als wären sie hier zu Hause. Sie schauten auch in den Nebenraum, ob noch weitere Personen anwesend waren.

Einer sagte barsch zu mir: »Sie sind doch Fritz Krüger. Sie kommen sofort mit uns. Wir sind von der Kriminalpolizei aus Berlin. Und leisten Sie keinen Widerstand! Wir wissen, daß Sie ein gefährlicher Bursche sind!«

Er zog aus seinem Achselhalfter eine 7,65-mm-Pistole.

»Ich bin nicht der, den Sie suchen!« entgegnete ich höflich. »Ich bin nur zu Besuch bei meiner Bekannten.«

»Reden Sie nicht lange! Wir wissen genau, daß Sie Fritz Krüger sind!«

Sie suchten also den Bruder des Mädchens! Ich war gespannt, wie sie sich weiter verhalten würden, und wollte auch Zeit gewinnen, falls Fritz tatsächlich heute nach Hause kommen sollte. Man suchte ihn wegen »Zersetzung« der Reichswehr. Durch Verrat wurde er später allerdings ergriffen. Gegen ihn fand dann ein Prozeß vor dem Reichsgericht in Leipzig statt. Die faschistischen Folterknechte richteten ihn, einen starken, kräftigen Menschen, so zu, daß er kurz darauf an den Folgen der Haft verstarb.

Doch zurück zu meinen beiden Kriminalbeamten. Sie hatten wahrlich nicht das Schießpulver erfunden. An meinen breiten schwarzen Zimmermannshosen hätten sie sehen müssen, daß ich nicht der Gesuchte sein konnte. Trotzdem schoben sie mich in ihr Auto und fuhren bis zur Polizeiwache im Rathauskeller. Dann wollten sie von mir wissen, was ich so oft in Döberitz mache und mit wem ich zusammenarbeite.

»Sie kennen doch einige Mädchen, die immer mit Offizieren und Soldaten im ›Gardestern‹ und in anderen Lokalen tanzen. Seltsamerweise werden dort immer wieder Flugblätter entdeckt, die von den Kommunisten für Angehörige der Reichswehr herausgegeben worden sind. Ja, wir haben unsere Leute bei Ihnen, wir wissen alles! Machen Sie nicht erst noch lange Ausflüchte! Wir legen Ihnen alles auf den Tisch!«

Inzwischen war noch ein dritter Polizist hinzugekommen, der fürchterlich nach Alkohol roch. Vielleicht hatte er schon eine Vorfeier veranstaltet.

»Na, spuckt der aus oder nicht?« fragte er drohend.

Wenn Fritz nach Hause gekommen war, mußte er inzwischen gewarnt und verschwunden sein. Ich konnte mich also an der Unterhaltung beteiligen.

»Sie sind leider auf den Falschen gestoßen!« wiederholte ich höflich. »Ich bin nicht Fritz Krüger. Den kenne ich zwar von früher, aber wir haben nichts miteinander zu tun. Er ist doch wesentlich älter. Ich war dort zu Besuch, weil Erwin Krüger ein ehemaliger Klassenkamerad ist. Ich bin Karl Pioch aus der Hamannstraße Nummer zwei, und das müßte sich ja hier bei der Polizei feststellen lassen.«

Heute weiß kaum noch jemand, daß es damals noch keine

Personalausweise gab. Auf der Polizeiwache kam ich aber auf den Gedanken, mir möglichst schnell einen Reisepaß zu besorgen. Nach diesem Reinfall der Polizei hatte ich sogar einen triftigen Grund vor den Beamten.

Die drei wollten mir das alles noch nicht glauben. Sie schauten nicht gerade geistreich drein, als sich herausstellte, daß meine Angaben stimmten.

Nun wollten sie die »Friedenspfeife« rauchen und boten mir Zigaretten an. Ich lehnte ab, ich sei Sportler und Nichtraucher. Der mit der Schnapsfahne zauberte aus einem Schreibtisch eine Flasche Kognak und goß mit zittriger Hand vier Gläser ein, doch ich trank nicht mit, weil Sportler eben keinen Alkohol trinken. Schließlich ließen sie die Katze aus dem Sack und fragten, ob ich nicht Leute kenne, die bei den Kommunisten seien und sich mit der Reichswehr befaßten.

Ich verneinte wieder. Und nun erst ließen sie mich laufen. Niemand verfolgte mich, ich hätte ihn auf der Hauptstraße sehen müssen. Offensichtlich hing die Festnahme mit den Besuchen des Herrn im Geländewagen zusammen. Wir mußten noch vorsichtiger werden.

Wie war inzwischen meine Lehre verlaufen? Ich habe ja nicht nur agitiert und Sport getrieben. Viel gibt es darüber nicht zu berichten. Interessant sind nur die letzten Tage.

Es ging alles sehr schnell. Zu meinem großen Erstaunen hielt mir mein Vater aber keine Standpauke.

»Das war ganz richtig, du brauchst dir so etwas nicht bieten zu lassen!«

Es geschah wenige Tage vor meiner Gesellenprüfung im September 1932. Die Prüfung sollte in Brandenburg an der Havel stattfinden.

Mein Lehrherr war an diesem schönen Septembermorgen ziemlich aufgeregt. Er lief auf und ab. Sein Riesenlastwagen, ein Versuchsmuster der Firma Daimler-Benz, stand noch immer auf dem Hof und sollte doch mit den Balken, auf die die Zimmerleute warteten, schon längst in Richtung Berlin abgefahren sein.

Ich arbeitete als Lademeister, was ich schon oft gemacht hatte, und notierte mit meinem dicken Zimmermannsbleistift auf einem Stück Brett die Stärke, die Anzahl und die Länge der Balken, die aus dem Sägewerk auf Feldbahnloren zur Ladekolonne heruntergeschoben wurden.

Der Alte blieb wieder bei mir stehen. »Was ist denn heute bloß los!« brüllte er. »Es müßte doch alles längst fertig sein!«

Ich erwiderte, daß wir nur so viele Balken aufladen könnten, wie von der Gattersäge kämen.

Er lief zu den Gatterschneidern. Die verwiesen ihn wieder darauf, daß erst vor kurzem die Fuhrleute das Holz aus dem Walde angefahren hätten.

Der Alte blieb wieder bei mir stehen. Ich sah auf mein Brett und sagte ihm, daß noch eine ganze Menge des bestellten Holzes fehle.

In diesem Augenblick schlug er mir mit seiner fleischigen Hand ins Gesicht. Ich merkte es kaum. Aber hier ging es um das Prinzip, denn ich war noch nie von einem Fremden geschlagen worden. Ich war immerhin volljährig, kein Sklave und kein Kriecher. Und einige der Kollegen hatten den Vorfall beobachtet.

Ich blieb ruhig, eiskalt, wie bei jedem Wettkampf, faßte Schröder sofort am Jackett, trat ihm gleichzeitig mit dem rechten Fuß in den Magen, ließ den Fuß dort und warf mich schnell nach hinten. Alles dauerte nur Sekunden.

Der dicke Unternehmer flog etwa sechs Meter weit durch die Luft – der Damm des Feldbahngleises, auf dem ich gestanden hatte, lag hoch neben dem Ausgang –, und dann machte er eine Bauchlandung zwischen Holzabfällen, die immer von der Böschung abgekippt wurden.

Schröder sah jetzt ziemlich benommen aus und konnte alles noch nicht begreifen. Das war ihm noch nicht passiert! Schließlich rappelte er sich auf, wischte mit einer Hand das Blut aus dem Gesicht und rannte los, in sein gläsernes Büro.

Ich wollte meinen schweren Spitzhammer aus dem Balken reißen, in den ich ihn geschlagen hatte, doch er klemmte, und dadurch wurde ich erst wütend. »Dich fettes Aas schlage ich tot!« rief ich und rannte mit dem schweren Hammer hinter ihm her. An den Maschinen wurde nicht gearbeitet. Die Kollegen hatten so etwas noch nicht gesehen!

Vor der Glastür, die er gerade noch hatte zuwerfen können, stand seine Frau. Sie suchte mich zu beruhigen. »Mein Mann ist in der letzten Zeit so nervös wegen der schlechten Geschäfte! Ich werde dafür sorgen, daß Sie ganz schnell Ihr Geld und die Entlassungspapiere bekommen, denn hier können Sie doch nicht mehr bleiben. Beruhigen Sie sich doch bitte!«

Einige Tage später fuhr ich im Morgengrauen mit dem Fahrrad und meinen Werkzeugen im Rucksack los und machte meine Gesellenprüfung in Brandenburg bei dem Prüfungsmeister Wehe. Als wir neuen Gesellen mit den Prüfungsmeistern abends etwas feierten, erzählte er mir, daß ihm Schröder geschrieben habe, ich hätte ihn angefallen.

Ich erzählte nun, was sich tatsächlich ereignet hatte. Wenn die Prüfungsmeister auch meinten, dem Schröder sei recht geschehen, konnte dieser doch erreichen, daß ich vom Arbeitsamt Falkensee keine Arbeitslosenunterstützung erhielt, obwohl ich jahrelang die Beiträge gezahlt hatte. Ich wurde sofort als »Wohlfahrts«-Empfänger eingestuft und hätte nun von 3,50 Mark wöchentlich leben sollen!

Aber ein Bekannter mußte Arbeitsstunden für den Bau seines kleinen Hauses ableisten, das in der neuen großen »Stadtrandsiedlung« in Finkenkrug gebaut wurde. Der Mann hatte zwar noch Arbeit, doch konnte er mir natürlich keinen Tariflohn zahlen. So bekam ich das Essen und ein Taschengeld. Als diese Stunden abgeleistet waren – einige Wochen war ich beschäftigt –, erhielt ich eine ähnliche Arbeit. Ich baute einem Reichsbannerfunktionär im Dachgeschoß ein Zimmer aus. Damit war ich wieder beschäftigt und verdiente mir etwas Geld.

Die nächste Zeit verging schnell mit dem Schutz von Versammlungen und Kundgebungen in Falkensee und in Berlin – einmal sogar im Sportpalast, in dem unser Genosse Ernst Thälmann sprach. Nachteinsätze folgten in Spandau beim Verkehrsarbeiterstreik, junge Sportlerinnen und Sportler begleiteten wir nach den Übungsstunden in ihre Wohngegend, Wachen und Bereitschaften verbrachte ich im Fichteheim. Bei der Gelegenheit lernte ich auch Skat- und Schachspielen.

Anfang Januar 1933 holten wir Fahrräder zurück, die SA-

und SS-Leute am Sonntag vorher einer unserer Gruppen bei Staaken gestohlen hatten. Die Nazis übten auf dem Truppenübungsplatz zwischen Döberitz und Kartzow unter der Tarnbezeichnung »Deutscher Volkssport-Verband«. Die Spandauer Kameraden waren jetzt überhaupt noch schlechter auf die Nazis zu sprechen: Kurz zuvor hatten wir zwei gute Genossen, Bechlin und Grothe, auf dem Waldfriedhof beigesetzt. Beide waren bei einem Feuerüberfall des SA-Sturms 33 in Siemensstadt ermordet worden. Bei der großen Trauerfeier gelobten wir alle, diesen feigen Mord nicht zu vergessen.

Wir legten also den Nazis einen Hinterhalt, und sie marschierten ahnungslos auf uns zu. Über 130 Mann waren in die Falle getappt. Alle standen nun ganz erbärmlich mit erhobenen Händen da, und wir durchsuchten sie nach Schußwaffen. Einige wenige, die sich wehren wollten oder denen die Nerven durchgegangen waren, bereuten das. Ihren Meldern nahmen wir die Fahrräder ab. Damit wäre eigentlich alles erledigt gewesen, aber dann taten wir noch ein gutes Werk. Trotz der starken Kälte hatten einige unserer Kameraden keine Mäntel. Wir kleideten sie mit den feldgrauen Militärmänteln der Nazis ein.

Am 22. Januar 1933 wollten die Faschisten in Berlin provozieren und fanden die Unterstützung der Polizeichefs. Man hatte 14000 Polizisten zusammengezogen! In Berlin sollten die Nazikolonnen durch die Arbeiterviertel marschieren und sich gegenüber dem »Karl-Liebknecht-Haus« versammeln.

Wir erhielten den Auftrag, alle Zugänge und die Tunnel des Bahnhofs Falkensee zu besetzen, um zu verhindern, daß die Nazis der Umgebung nach Berlin gelangten. Sollte uns das nicht gelingen, hatten wir auf jeden Fall ihre Abfahrt zu verzögern. Bald trafen die ersten uniformierten SS-Leute ein, die wir nach Waffen durchsuchten. Sie beugten sich der Übermacht – wir hatten sie einfach überrascht. Schließlich hatten sich fast fünfzig Mann unter unserer Obhut versammelt.

Ich sprach gerade mit dem Leiter der inzwischen am Bahnhof eingetroffenen Polizisten, Bönicke, der sich uns gegenüber immer korrekt benommen hatte und später auch einige unserer Genossen warnte, als die Meldung kam, daß sich am anderen Tunneleingang ein SS-Mann mit seiner Pistole den Zutritt zum Bahnsteig erzwingen wollte. Wir rannten durch den Tunnel und wollten ihn noch erwischen – sonst hätten die anderen Nazis Oberwasser erhalten. Als er uns sah, verzog er sich schnell.

Inzwischen war es fast Mittag geworden. Die SS-Leute würden sowieso zu spät nach Berlin kommen. Wir mußten auch damit rechnen, daß sie Verstärkung erhielten, also ließen wir sie auf den Bahnsteig. Bald darauf traf mit dem Zug aus Berlin eine Gruppe bewaffneter Bahnpolizisten ein, die den Bahnhof besetzte.

Natürlich hatten wir Genossen ausgesandt, die uns informieren sollten, falls die SS Entsatz oder Verstärkung erhielte. Die würden eine solche Schlappe nicht hinnehmen. Und ich hatte mir das auch überlegt: Wenn du die SS fahren läßt, kannst du dich den nächsten Nazis um so aufmerksamer widmen. Einige Radfahrer meldeten, daß von Finkenkrug etwa siebzig SA-Leute zu Fuß unter dem Kommando des Sturmführers Schiefelbein anrückten. Wir verteilten uns dem Bahnhofstunnel gegenüber auf den breiten Treppenaufgängen des neuen Bankgebäudes und standen auch hinter den alten, dicken Linden der Bahnhofstraße.

Die Faschistentruppe kam an. Alles meist »feine« Leute. Sehr kriegerisch sahen sie nicht gerade aus, als sie uns erblickten. Schiefelbein, ein etwas kurz geratener Riese, meldete dem Polizisten Bönicke ganz militärisch, daß er »zum Entsatz der SS« mit seinen Leuten angerückt sei. Ich stand in nächster Nähe. Wir hatten alles abgeriegelt.

Die SA-Leute saßen nun direkt in einer Mausefalle, und hätten sie sich gemuckst, wären wir von drei Seiten über sie hergefallen. Sie waren offensichtlich heilfroh, als Bönicke den Sturmführer aufforderte, mit seinen Leuten sofort abzuziehen.

Inzwischen hatten wir erfahren, auch mein Vater war als Kurier eingesetzt, daß wir in Berlin bei Zusammenstößen mit den Faschisten Schwerverletzte zu beklagen hatten. Würden sich die Nazis bei der Rückkehr für ihre Niederlage vom Vormittag rächen? Noch war die ganze Umgebung des Bahnhofs von der Polizei abgeriegelt. Sie hatte alle Ansammlungen verboten. Reichsbannerleute, Sportler und Angehörige des Kampfbundes gegen den Faschismus hatten unsere Reihen verstärkt, so daß wir praktisch einen zweiten Sperrkreis bilden konnten.

Zu jedem von Berlin eintreffenden Zug schickten wir einen Kundschafter, den Sohn eines Genossen, da auch der Bahnsteig selbst von der Polizei besetzt war. Gegen Abend erfuhren wir, daß sich die SS-Leute nicht offen nach Falkensee gewagt, sondern kurz vor dem Bahnhof Finkenkrug die Notbremse gezogen und den Zug verlassen hatten. Auf Schleichwegen kehrten sie nach Hause zurück.

Wir hatten ihnen wieder einmal die vereinte Kraft der Arbeiterklasse demonstriert. Der Erfolg gab uns Zuversicht. Um so mehr empörte mich der Verrat, den die herrschenden Kreise am 30. Januar 1933 am deutschen Volk begingen, als sie Hitler zum Reichskanzler machten.

An jenem Tag waren wir auf Wunsch eines Funktionärs des Kampfbundes gegen den Faschismus mit etwa zwanzig Genossen zum Schutz einer Versammlung des »Jungbanners« nach Brieselang gezogen. Die Nazis wagten es nicht, die Versammlung anzugreifen, obwohl sie vorher damit gedroht hatten. Im Gasthaus hörten wir über das Radio, daß Hitler Reichskanzler geworden sei.

Bei unserer Rückkehr nach Falkensee gerieten wir nachts am »Keglerheim« in Falkenhain in einen Feuerüberfall der SA-Leute, die uns dort auflauerten. Wie ich später hörte, hatten sie die Ernennung Hitlers bei Rotter gebührend mit Bier gefeiert. Wir konnten uns zwar von den Nazis lösen, aber der Kampfbundfunktionär Paul Lehmann wurde durch Pistolenschüsse am Bein verwundet. Er quälte sich noch über einen Zaun, der Hausbesitzer nahm ihn auf und sorgte für ärztliche Hilfe.

Wir mußten uns jetzt um den Schutz der besonders gefährdeten Funktionäre kümmern. Mit ihnen würden die Faschisten zuerst blutig abrechnen. Zeitweilig wurden wir zu zweit oder zu dritt als persönlicher Schutz der Leiter der Ortsgruppe Seegefeld der KPD, Genossen Oskar Sander, oder Falkenhagen, Genossen Kosbab, eingesetzt. Am 25. Februar 1933 begleiteten wir Genossen Kosbab zum Bahnhof, wo er Parteizeitungen abholen wollte. Wir warteten bis kurz vor Mitternacht, aber auch der letzte Zug aus Berlin brachte die Zeitungen nicht mit. Als wir heimgingen, begegnete uns am Bahnhof eine Gruppe uniformierter SA-Leute, die uns aber nicht anzugreifen wagte.

In der Hansastraße sah ich auf der anderen Straßenseite drei Männer in Zivil näher kommen. Ich ging hinüber und erkannte die drei Reichsbannerführer Becker, Trojahn und Urban, die zum Bahnhof wollten. Ich warnte sie vor der SA-Gruppe. Urban zeigte mir seine 9-mm-Armeepistole, und sie sagten, daß sie keine Angst hätten.

Wir waren schon vor der Haustür des Genossen Kosbab, als wir erst einzelne, dann aber ganze Salven von Pistolenschüssen aus Richtung des Bahnhofs hörten. Wir machten uns Sorgen um die Reichsbannerleute und befürchteten einen Angriff auf unser Sportheim. Noch andere Genossen wurden geweckt, und immer wieder knallten Schüsse.

Wir rechneten mit einem Großangriff der SA und sollten uns nicht geirrt haben: Ein Feuerschein, der immer heller wurde, stieg in den Nachthimmel hinauf. Als wir das Fichteheim erreichten, brannte das ganze Gebäude bereits lichterloh. Ein Löschzug der freiwilligen Feuerwehr traf auch ein, aber sie hatten kein Wasser. Später kam ein Überfallwagen mit Polizisten des »Polizeikommandos z. b. V.«, die aber nichts unternahmen.

Wie uns die aufgestörten Nachbarn berichteten, hatten die SA-Leute das Sportlerheim von zwei Seiten umstellt und hineingeschossen, weil sie vermuteten, daß sich einige Genossen dort als Wache aufhielten. Schließlich brachen sie mit Feldspaten die Fensterladen auf, schütteten Benzin über die Jiu-Jitsu-Matten und den Fußboden und setzten alles in Brand. Unser Heim brannte bis auf das Fundament nieder, ohne daß wir etwas ausrichten konnten. In wenigen Minuten war alles, was wir mit Arbeitergroschen in unserer karg bemessenen Freizeit geschaffen hatten, vernichtet.

Unsere ganze Wache, ein Genosse aus Finkenkrug, den wir

»Matrose« nannten, konnte sich durch eine Luke über das Dach retten und in den Wiesen verschwinden.

Vom Überfall auf die Reichsbannerleute berichteten wir nach unserer Ankunft in Prag.

Jene Nacht, in der wir unser Sportheim verloren, war für uns erst ein Vorspiel. Nach dem Reichstagsbrand, den die SA gelegt hatte, entfesselten die Faschisten eine Verhaftungs- und Terrorwelle und kerkerten ihre Gegner ein.

Ich wurde von mehreren Genossen gewarnt. Die Polizei und die »Hilfs«-Polizei, die aus Stahlhelmern, SS und SA bestand, suchten mich. Mit dem Fahrrad wechselte ich meine Quartiere. Viele Möglichkeiten, mich zu verbergen, hatte ich nicht. Als mein sicherstes Quartier der Polizei verraten wurde, mußte ich fort. Ich vergrub meine Pistole, und mein Vater meldete mich auf der Polizei ab. Er gab sogar einen plausiblen Grund an. Da mit dem Frühjahr wieder Arbeitsaussichten für Zimmerleute bestünden, hätte ich mich auf Wanderschaft begeben.

Das waren also meine zwanziger Jahre: Eigentlich konnte ich mit der Bilanz zufrieden sein. Ich hatte die Schule mit einem guten Zeugnis verlassen, mich in Großbetrieben umgesehen, schließlich noch eine Lehrstelle erhalten und nach Hindernissen ausgelernt. Ich hatte mir nicht die Butter vom Brot nehmen lassen, und weil ich mich gegen Ungerechtigkeit und Ausbeutung auflehnte, weil ich Gleichgesinnte fand, war ich zum Kommunistischen Jugendverband gestoßen, zwar auch über eine Ecke – wie bei der Lehre –, nicht geradlinig, aber folgerichtig. Und ebenso folgerichtig war ich zum Hitlergegner geworden.

Kein außergewöhnlicher Lebensweg bis jetzt für einen jungen Deutschen jener Jahre, aber noch lag ja das Leben vor mir. Überraschungen hatte es bis jetzt nicht gebracht, und selbst jetzt im Ausland war ich optimistisch, ich war nicht allein.

Doch zurück zu unserem Mädchenpensionat, in dem wir in Prag ein Zimmer gefunden hatten. Manch Spötter mag jetzt denken, wir hätten dort wie die Hechte im Karpfenteich gelebt. Doch wir waren nicht die einzigen ungewöhnlichen Gäste.

In einem größeren Nebenraum wohnten einige ältere Männer, die uns ins Gespräch ziehen wollten. Wir gaben uns recht freundlich, grüßten auch immer höflich, ließen uns aber in kein Gespräch ein. Noch wußten wir nicht, mit wem wir es zu tun hatten, doch allmählich kamen wir dahinter. Es waren die ganz großen Politiker, sie wußten alles besser, hätten alles ganz anders gemacht, wenn sie im ZK der KPD oder gar in Moskau gesessen hätten. Sie zogen sich an Kleinigkeiten hoch, bauschten sie auf. Uns beachteten sie bald nicht mehr, weil wir ihnen zu jung waren.

Dafür erwiesen sich Emigranten, die in den zwei anderen Zimmern wohnten, als gute Genossen, als Freunde. Sie hatten sich bereits, manche seit vielen Jahren, in den Kämpfen der Arbeiterklasse bewährt. Jeder von ihnen war in Nazideutschland gefährdet. Manchmal, wenn es sich gerade traf, erzählten sie mir, dem Jüngsten, aus ihrem Leben, aus ihrer politischen Arbeit, und dabei lernte ich viel. Sie merkten, wieviel Wissen mir noch fehlte, und gaben sich deshalb Mühe mit mir.

In unser Zimmer zog nach uns noch ein dritter Genosse. Wenn ich mich recht erinnere, stammte er aus der Lausitz. Einen Arm hatte er durch einen Unfall verloren. Obwohl er einige Jahre älter war, fanden wir guten Kontakt zueinander. Tagsüber hielt er sich viel in der Stadt auf; ich glaube, er arbeitete für eine Zeitung. Jedenfalls brachte er uns oft Zeitungen mit und lehrte mich, aufmerksamer Zeitungen zu lesen, Informationen zu analysieren und selbst bürgerliche Zeitungen als Quelle zu werten. Ich habe ihn später in Paris wiedergesehen.

Manchmal gingen wir drei abends gemeinsam aus. Wir hatten ein gemütliches Restaurant »Zum Korsaren« entdeckt. Der Sohn des Wirts spielte als Torwart in einem bekannten Fußballklub und zeigte uns Fotos von seiner Mannschaft. Noch waren wir aber immer auf jemanden angewiesen, der die tschechische Sprache beherrschte. Ich nahm mir vor, schnell Tschechisch zu lernen und die Zeit zu nutzen, die ich hier verbrachte. Andere meinten aber, es lohne nicht, lange würden wir sowieso nicht Emigranten bleiben. Wenn ich lernte, hieß das doch nicht, daß ich die Rückkehr nach Deutschland aufgegeben hatte!

Viele Genossen lernte ich in der Prager Zeit kennen, die meisten nur mit ihrem Emigrationsnamen, andere riefen wir nur mit ihrem Spitznamen, die wir jüngeren ihnen gaben. Für einen leitenden Genossen erledigte ich Botengänge. Um das Fahrgeld zu sparen, machte ich die Wege häufig auf Schusters Rappen, verlief mich auch mal, lernte aber die Stadt kennen. Ich fand auch noch Zeit für die Sehenswürdigkeiten.

Wir waren eine bunte Truppe aus vielen Gegenden Deutschlands. Über jeden ließe sich viel schreiben, jeder hatte ein bewegtes Leben, alle wurden von den Nazis gesucht, und viele traf ich später in Spanien in den Internationalen Brigaden wieder. Zu den Gästen der Pension gehörte auch ein junger Bulgare. Die Tschechoslowakei bot damals vielen Bulgaren Asyl, die ihr Land aus politischen Gründen hatten verlassen müssen. Da er vorher in Deutschland gelebt hatte, konnten wir uns mit ihm verständigen, und er gab uns manchen Tip aus seiner Emigrantenerfahrung. Um uns junge Emigranten kümmerte sich besonders die Genossin Lisa, eine Funktionärin des Kommunistischen Jugendverbandes. Sie gehörte auch zur Prager Leitung, und wir konnten mit jeder Frage zu ihr kommen. Mir hat sie zum Beispiel geraten, beim Demokratischen Flüchtlingskomitee anzufangen, als ich nicht wußte, wie ich mich zu dem Angebot verhalten sollte. Kurt Großmann suchte jemanden, der ihm unliebsame Leute – er war schon öfter bedroht worden! – vom Hals hielt. Ich hatte Lisa gefragt, weil mir schien, ich sollte ein Rausschmeißer werden, wie wir ihn von Berliner Lokalen kannten.

»Natürlich machst du das!« sagte sie. »Es kann für uns nur

gut sein, wenn dort noch jemand von uns ist. Du müßtest dich aber einmal mit Genossen unterhalten, die in diesem oder in einem anderen Komitee mitarbeiten. Es gibt da einige Regeln, die zu beachten sind, vor allem Fragen des Gastlandes und der Bündnispolitik.«

Ich ging also zum Komitee und lernte auch dort wieder interessante Menschen und Schicksale kennen. Dadurch kam ich nie in die Verlegenheit, mein eigenes Schicksal als besonders hart zu empfinden. Eines Tages tauchte ein Mann auf, um den wir uns besonders kümmerten. Über sein Schicksal berichteten bald einige Prager Zeitungen.

In den ersten Wochen der Naziherrschaft kam es auf einem Leipziger Sportplatz zu einer Schlägerei. Irgendwelche SA-Leute meinten sich einmischen zu müssen, und dabei wurde einer von ihnen von einem der Beteiligten mit der Faust erschlagen.

Unter anderen Verdächtigen wurde auch ein junger Zimmermann festgenommen. Ebenjener Emigrant, den wir später alle »Boxer« nannten. Er war nicht besonders groß, aber sehr robust und immer zu irgendwelchen Späßen aufgelegt, aber wehe, wenn man auf die Nazis zu sprechen kam!

Sie hatten ihn erst einmal in »Schutzhaft« in eines der neueingerichteten KZ-Lager gebracht, nach Sachsenburg, und dort viehisch geschlagen. Von dort flüchtete er, weil er den Tod vor Augen hatte, auf eine abenteuerliche, fast unglaubliche Weise. Er sprang, als er von einem SS-Posten zum Zahnarzt geschafft worden war, aus dem Fenster des Behandlungszimmers im ersten Stockwerk auf die Straße, kam glücklich unten auf, erreichte den nahen Wald und gelangte über die Grenze.

»Boxer« erzählte mir das alles selbst. Er konnte mich gut leiden – gewiß trug dazu bei, daß wir beide Zimmerleute waren. Einmal mußte ich sogar zu seinem Schutz eingreifen. Ich ging nachmittags nach Hause ins Pensionat, als ich auf einen kleinen Auflauf stieß, der durch einige Prager rasch größer wurde. In der Mitte des Knäuels schlug »Boxer« wütend um sich. Er wurde von vier Mann in langen braunen Hosen, Braunhemden mit Schulterstücken und Koppeln mit Schulterriemen, hart bedrängt. Den nächsten, der ihn von hinten angehen wollte, riß ich sofort nieder und griff einen zweiten an, während sich schon junge Tschechen einschalteten und von allen Seiten auf die in den Braunhemden einschlugen.

»Boxer« schimpfte laut, und mehrere Tschechen riefen uns zu: »Lauft weg, wir erledigen das schon alles!« Wir befolgten ihren Rat, denn gleich mußte die Polizei auftauchen.

»Boxer« hatte sich einen Daumen verstaucht.

»Die sehen ja so komisch aus. Wie kommen denn hier SA-Leute her, das ist doch hier gar nicht möglich!«

»Morgen werden wir wissen, was das für Knaben waren«, tröstete ich ihn.

Am nächsten Tage erhielten wir tatsächlich Aufklärung. In Prag fand ein jüdischer Weltjugendkongreß statt, auf dem alle Organisationen und Schichten vertreten waren. Ich befragte eine Gruppe jüdischer Pfadfinder, deren Uniformen ich schon vorher in Berlin gesehen hatte.

Die Leute in den Braunhemden waren also ebenfalls Kongreßteilnehmer, und zwar Zionisten, die sehr rechts standen. Die Abendzeitungen berichteten, daß die Kongreßteilnehmer beschlossen hatten, diese Gruppe nur dann noch zu den Sitzungen zuzulassen, wenn sie dort nicht mehr in ihrer braunen Uniform erscheinen würden!

Wenn wir uns Beschäftigung suchten, ging es uns nicht nur ums Geldverdienen. Wir wollten nicht untätig herumsitzen, nicht gammeln, wie man heute sagt, weil solche Atmosphäre schnell zu Streit führt.

Gegen Ende des Jahres 1933 brachte Kurt für uns beide eine Gelegenheitsarbeit, die uns aber nicht viel einbrachte. Im Deutschen Theater in Prag wurde das Stück »Goldenes Prag« geprobt, und wir übernahmen Statistenrollen. Ich trug lange schwarze Stulpenstiefel und eine dunkle Uniform mit vielen Knöpfen und Schnüren. Meinen Kopf zierte eine riesige dunkle Bärenfellmütze, und in der Hand hielt ich eine mächtige Hellebarde: Ich spielte den Chef einer Wachmannschaft, als Casanova in Prag zu Besuch eintraf. Mir bereitete das großen Spaß, außerdem brauchte ich kein Wort zu sagen. Das Stück bekam einen großen Applaus und wurde zu Silvester 1933/34 und auch später noch aufgeführt.

Gegen Weihnachten kam die Frau eines Genossen aus Spandau zu Besuch und brachte allerlei Neuigkeiten mit. Sie blieb bis über Neujahr in der Pension, dann reiste sie wieder zurück nach Deutschland. Ich begleitete sie durch die Stadt und half ihr bei ihren Einkäufen. Ich glaube, daß ich zum erstenmal im Leben verliebt war in diese junge, schöne, blonde Frau, die so gut erzählen konnte – aber sie hat davon nichts gemerkt.

Im Januar kam ich in ein anderes Kollektiv. Wir wohnten in der Nähe von Prag in einer Villa. Wir waren etwa zwanzig Genossen. Auch »Boxer« traf ich dort wieder. Unser Koch – viel Arbeit hatte er nicht, weil er wenig zu bieten hatte – stammte aus der Gegend von Cottbus. Wir nannten ihn »Punschlappe«, aber niemand wußte, wie er zu dem Namen gekommen war, und hinter den Sinn kam erst recht keiner.

Aus dieser Zeit ist eigentlich nur eine Begebenheit interessant, sie illustriert unsere Verpflegungssorgen.

Wir bevölkerten das ganze Erdgeschoß der Villa, während oben ein jüngerer Gendarm mit seiner Ehefrau wohnte. Ihm gehörte ein großer Wolfshund. Der Polizist war auf uns nicht besonders gut zu sprechen, er tat immer etwas hochnäsig.

Eines Tages hatte der Koch eine Idee. »Hör mal, Freund, junge Menschen müssen auch Fleisch essen. Friedrich Engels hat darüber schon geschrieben und ausgeführt, daß der Mensch durch Fleischnahrung überhaupt erst richtig denken kann. Von dem zugewiesenen Geld vom Komitee werden wir alle sehr, sehr mager bleiben. Wie denkst du denn über den schönen Hund des Gendarmen?«

Ich hatte wohl nicht recht gehört? Wollte »Punschlappe« etwa den Hund schlachten, und sollten wir das Fleisch essen?

Der Koch war ein Mann der Tat – ich hatte überhaupt den Eindruck, daß es nicht um seinen ersten Hund ging. Er hatte schon alles genau durchdacht.

»Zu dir habe ich Vertrauen«, sagte er. »Du gibst mir deine Axt mit dem langen Stiel und bekommst von mir ein Stück Wurst. Du lockst mir den Hund in die Küche. Das andere ist meine Sache. Bei den Buletten kannst du mir wieder helfen, denn sie müssen fertig sein, bevor der Köter vermißt wird. Du wirst sehen, wie gut sie uns schmecken!«

Unser Koch erhielt von allen ein großes Lob. Niemand ahnte, woher die vielen und guten Buletten stammten.

Wir blieben nicht lange in der Villa, und alle angeknüpften Freundschaften brachen ab, als wir in ein anderes Heim umzogen. Unsere Emigrantengruppe wurde zu Schloßherren. In der Nähe von Kladno, in Mšec, erhob sich auf einer Anhöhe unweit der Kirche ein größeres Schloß. Es war schon lange nicht mehr bewohnt gewesen und sah dementsprechend aus. Wir bezogen den linken Flügel und richteten ihn mit den wenigen Möbeln ein, die ein Lastwagen aus dem alten Heim brachte. Schon in kurzer Zeit erhielten wir viel Zuzug, darunter auch ganze Familien.

Mit einigen Kameraden aus dem alten Kollektiv und neuen Genossen, unter denen sich auch zwei Hamburger, Walter Steffens und Henry Lorenz, befanden, sowie zwei meiner alten Freunde aus Spandau, die ehemaligen RFB-Funktionäre Kurt Schön und Erich Reiß, die ich im Herbst 1933 auftragsgemäß beim Jüdischen Flüchtlingskomitee in Prag angemeldet hatte, weil sie dafür so schöne passende Namen hatten, gründeten wir eine Fußballmannschaft, um uns neben unserer Vorbereitung auf die illegale Arbeit und unsere späteren Aufgaben in Deutschland auch sportlich auf der Höhe zu halten. Bald konnten wir uns sogar richtige Fußballschuhe besorgen. Wir spielten gegen tschechische Mannschaften in der näheren und weiteren Umgebung, auch gegen die Mannschaft des Ortes Lidice, meist Bergarbeiter, von denen ich nach der Befreiung keinen mehr gefunden habe. Der Ort wurde im Juni 1942 von den Faschisten zerstört und alle Männer über fünfzehn Jahre ermordet.

Damals war es üblich, daß wir für jedes Spiel Geld erhielten – trotzdem waren wir keine Profis! Den größten Teil unserer Einnahmen gaben wir an die Heimkasse ab, damit die Verpflegung etwas aufgebessert werden konnte, den geringeren Teil verwandten wir für unsere Sportausrüstung.

Die neuzuziehenden Familien brachten auch Kinder mit, und zu den meisten von ihnen erhielt ich schnell Kontakt. Sie hatten immer ihre besonderen Wünsche, und so schnitzte ich ihnen Dolche aus Holz, bastelte aus Weidenzweigen Schalmeien oder Flöten und baute Flitzbogen und Pfeile für die Indianer.

Dann wurde aber plötzlich meine Ruhe gestört. Ein zwanzigjähriges Mädchen kam ins Schloß und erhielt ein Zimmer im Ort.

Ruth hatte mit ihren Eltern wegen der Judenverfolgungen aus Deutschland fliehen müssen. Sie hatte höhere Schulen besucht und sprach fließend mehrere Fremdsprachen, zum Beispiel Englisch, Französisch, Italienisch und Spanisch.

Sie war von Prag zu uns aufs Schloß geschickt worden, um die Kinder, manchmal waren es bis zu zwanzig, zu betreuen. Ihr Vater – ein Arzt – war von Prag aus nach China weitergereist, wo er sich in Charbin eine Arztpraxis einrichten wollte. Sein einziges Kind, eben unsere Ruth, wollte er bald nachkommen lassen.

Ruth weilte meist mit den Kindern im Schloßpark mit seinen alten, seltenen Bäumen, wo wir die schon verwachsenen Wege wiederhergerichtet hatten und wo auf einer Lichtung auch unser Fußballtraining stattfand.

Ich hatte mich bei einem Spiel etwas verletzt, und unser Heimarzt, ein Dr. Kaufmann aus Breslau (Wrocław), hatte mir Ruhe verordnet. So lag ich im Park herum und faulenzte.

Ruth sprach mich eines Morgens im Park an. »Du bist immer so einsam!« sagte sie. »Die anderen suchen Gesellschaft, wollen mit mir schwimmen gehen oder mich zu einem Spaziergang einladen. Aber du igelst dich ein!«

Sie bot mir eine gute Zigarette an. Ich bedauerte es jetzt fast, Nichtraucher zu sein.

»Morgen fahre ich nach Prag, um dort etwas zu besorgen. Vielleicht kann ich dir etwas mitbringen, hast du irgendeinen Wunsch?«

Sicher hatte ich Wünsche, aber wie sollte ich sie bezahlen? Ich lehnte also auch ihr Angebot ab.

»Was macht das?« sagte sie. »Ich habe doch Geld! Vielleicht fahren wir beide einmal gemeinsam nach Prag?«

Mir kam das alles sonderbar vor. Im Schloß wohnten inzwischen so viele Jungen, daß wir schon eine zweite Fußballmannschaft aufstellen konnten. Was wollte sie ausgerechnet von mir? Ich hatte tatsächlich eine lange Leitung.

Ruth setzte sich einfach zu mir auf die Decke.

»Hör mal«, sagte ich ihr kurz angebunden. »Es sind so viele junge Männer hier, von denen jeder gern mit dir zusammen sein oder mit dir ausgehen oder wegfahren würde.«

Ruth lachte jetzt leise. »Mir gefällst du aber!«

Dann verschwand sie schnell zu ihren Kindern.

Ich wußte nicht, was ich davon halten sollte. Bis jetzt hatte ich ein Mädchen angesprochen, wenn ich sie vielleicht zum Tanz einladen wollte. Und jetzt kam die Arzttochter zu mir, dem Zimmermann! Ich glaubte nach ihrem schnellen Aufbruch, sie würde mich nun zufriedenlassen, aber weit gefehlt! Am späten Nachmittag saß sie schon wieder bei mir. »Ich möchte gern zum See. Die andern meinen, du seist ein guter Schwimmer. Komm doch mit!«

Ein neuer Angriff auf den Zimmermann!

»Wir können ganz langsam gehen«, sagte sie und wies auf meinen verbundenen Knöchel. »Dabei läßt es sich auch unterhalten. Ich möchte alles von dir wissen!«

Ruth blieb hartnäckig. Was blieb mir übrig – ich ging mit. Sie erzählte. Sie konnte wunderbar unterhalten, und ich merkte bald, daß sie überhaupt nicht eingebildet war, obwohl sie wußte, daß wir alle sie hübsch fanden und ihr Wissen anerkannten.

Wenige Tage später schon sagten mir einige meiner Freunde: »Du bist ein Glückspilz! Du bist zu beneiden und tust, als ginge das alles dich nichts an.«

Einige Tage später lud sie mich ein. Ich kam in eine ganz andere Atmosphäre. Sie war ganz Hausfrau, hatte einige Brötchen lecker zurechtgemacht, einen guten Kaffee gekocht – im Schloß tranken wir Jungen alle Malzkaffee! –, und sie freute sich sehr, als ich ihr sagte, wie gut mir das alles gefalle, und welche Mühe ihr das doch gemacht habe.

Da saß ich nun, meilenweit von zu Hause entfernt, allein mit einem Mädchen und dachte keinen Augenblick an die Emigration, an den ungewissen Weg vor mir, ich sah wirklich nur noch sie. – Wir tanzten, und an diesem Abend blieb mein Bett im Schloß leer.

Ruth und ich verlebten noch eine lange Reihe schöner Tage. Bei einem Fußballspiel in Smečno, einem größeren Ort, das wir bei strömendem Regen gewannen, erkältete ich mich und bekam eine Lungenentzündung. Ruth pflegte mich Tag und Nacht. Sie tat alles, was Dr. Kaufmann für mich anordnete. In 14 Tagen war ich wieder auf den Beinen, und ich bemerkte auch später keinerlei Folgen.

Mit einer Gruppe unserer Freunde verbrachten wir im Sommer über zwei Wochen an dem schönen, wilden Fluß Berounka; in dem großen Bogen, den er bei der Burg Křivoklát schlägt, bauten wir unsere Zelte auf. Aber die Zeit verging so furchtbar schnell ...

Anfang August 1934, kurz vor Ruths 21. Geburtstag, fuhren wir beide nach Prag, wohnten dort noch einige Tage in einem Hotel in der Nähe des Pulverturms – und dann mußte sie fort. Wir hatten uns so sehr bemüht, nicht daran zu denken. Ich begleitete sie zum Bahnhof. Wir standen beide auf dem Bahnsteig. Ruth weinte, sprach kaum. Ich wollte ihr noch so viel sagen! Wir beide wußten, daß es ein Abschied für immer sein würde ...

Vielen jungen Emigranten ging es ähnlich. Damals glaubte ich aber, daß gerade mich das Schicksal besonders hart getroffen hätte. Wer mag mir das verübeln. Ich habe nie wieder etwas von Ruth gehört. Die Arbeit half mir weiter.

Freunde im Böhmerwald

Als ich im Spätsommer 1934 das alte Schloß Mšec verließ, war mir etwas leichter ums Herz, wenn ich auch nicht wußte, was alles jetzt an mich herantreten würde. Ich wollte nicht mehr hierbleiben, hier erschien mir alles zu ruhig. Ich wollte aber auch nicht länger an Ruth erinnert werden. Beim Schwimmen in den großen Fischteichen, die fleißige Mönche vor Jahrhunderten angelegt hatten, bei einsamen Spaziergängen, vorbei an den alten Kalksteinbrüchen im Walde, ja selbst beim Lesen eines Buches auf den Stufen der verfallenen Steintreppe des unbewohnten Seitenflügels – immer wieder kamen mir die gleichen Gedanken. Ich kam mir vor wie ein Verräter, nur weil es mir relativ gut ging, weil ich fernab von den Auseinandersetzungen in Geborgenheit lebte, sogar Post von meiner Mutter erhielt.

Wohl hatte ich gute Freunde gefunden, wohl gab es eine Abwechslung bei den Aufführungen unserer Spielgruppe oder bei den Tanzabenden mit unserer kleinen Kapelle, zu denen die Jugend des kleinen Ortes eingeladen war, aber ich war mit mir selbst nicht mehr zufrieden.

In dieser Zeit erhielten wir Besuch von unserer Prager Leitung. Die Genossen wollten sich ansehen, wie wir Schloßherren hausten, und mit Genossen der Parteileitung beraten.

Ich trug mein Anliegen vor, mich doch für irgendeine operative Tätigkeit einzusetzen. Ich sei zu allem bereit, auch wenn es noch so beschwerlich sein sollte.

Bald traf auch schon ein Bescheid ein, und so brach ich nach Prag auf. Hier hielt ich mich nur kurze Zeit auf bei zwei alten Freunden, die in der Francouzska wohnten, in der Französischen Straße.

In der Jidelna, der großen Speiseküche, in der wir uns täglich mittags trafen, hatte mich Hermann aus der Parteileitung beiseite genommen.

»Du hast einen Antrag gestellt, zu einer Arbeit, die dir liegt, herangezogen zu werden. Es ist entschieden, und du wirst bald fahren. Sprich hier mit niemandem darüber, auch dort nicht. Selbstverständlich auch kein Wort zur Polizei. Du weißt selbst, daß wir hier nicht politisch arbeiten dürfen. Du mußt dich also immer und überall so unauffällig wie möglich bewegen! Heute abend gehst du um sechs Uhr schön langsam auf dem Karlsplatz den Weg auf der Seite entlang, auf der sich die Kirche des Heiligen Ignaz befindet. In der linken Hand hältst du ein ›Prager Tagblatt‹ so, daß es der Genosse, der dich sucht, erkennt. Dich kennt er bereits vom Sehen. Er wird dich deutsch fragen: ›Können Sie mir sagen, wie ich von hier aus zum Deutschen Theater komme?‹ Du mußt erwidern: ›Ich bin auch fremd hier, aber ich kann es Ihnen zeigen!‹

Er wird dich dann genau informieren, und du mußt dich

strikt an seine Anweisungen halten, damit du die Aufgaben durchführen kannst. Viel Glück!«

Zwei Tage später brachte mich die Bahn von Prag an den für mich bestimmten Ort, wo ich mich einleben und dann mit der selbständigen Grenzarbeit beginnen sollte. In Prag hatte mir der seiner Mundart nach aus Bayern stammende Genosse alles kurz, aber verständlich erklärt. Ich sollte einen guten Kontakt zu tschechischen Genossen und anderen fortschrittlichen Menschen herstellen und mich dabei unauffällig bewegen. Nach einer gewissen Zeit würde mich ein junger deutscher Genosse aus Plzeň besuchen, der mir weitere Hinweise, eine genaue Touristenkarte und ein Fahrrad übergeben werde. Ich sollte inzwischen das Grenzgebiet mit allen seinen Bedingungen studieren, ohne dabei aufzufallen, und Kontakte zu Einwohnern herstellen.

»Mach einen Bogen um deutschsprechende Leute, denn unter ihnen gibt es viele Faschisten, die nach drüben berichten!« ermahnte er mich besonders.

Jenseits der Grenze hätte ich mich besonders für die Städte Zwiesel und Deggendorf und die umliegenden kleinen Orte zu interessieren.

Den Genossen, der dieses kurze Gespräch mit mir in Oberpfälzer Dialekt führte, habe ich nicht mehr wiedergesehen. Er kannte auch die Stadt, in der ich wohnen sollte. Nach seiner Flucht aus dem Konzentrationslager Dachau hatte er sie passiert. Knapp zwei Jahre später traf ich in Prag seine Tochter Rosel und seinen etwas jüngeren Sohn Hans. Es war der Genosse Hans Beimler ...

Der Bahnhof, auf dem ich an einem dunstigen Spätsommertag eintraf, lag etwas außerhalb der Stadt. Ich ging eine lange Straße hinauf, an deren rechter Seite eine große Fabrik lag, die Firma SOLO, die Zündhölzer produzierte. Bald gelangte ich ins Zentrum der Stadt.

Die Stadt selbst zog sich in einigen Talausläufern an den Ufern der reißenden Otava entlang. Nur eine Brücke verband die beiden Stadtteile. Wegen des kargen Baugrundes hatte man im Zentrum alle Häuser Wand an Wand eng nebeneinandergebaut und nur ein großes Rechteck, den Marktplatz, frei gelassen, in dessen Mitte ein schönes, um 1700 erbautes Rathaus mit viereckigem Turm stand.

Unsere tschechischen Genossen saßen damals weder im Rathaus noch wohnten sie in den besseren Häusern am Marktplatz. Sie lebten äußerst bescheiden und zusammengedrängt entweder in einer kleinen Siedlung oder in kleinen eigenen Häusern an holprigen, ungepflasterten Wegen am Stadtrand. Unsere Freunde und Genossen, das waren die Arbeiter aus Sušice. Zwar hatten viele von ihnen Arbeit in der großen Zündholzfabrik oder in den Lederwerkstätten, ein anderer Teil verdingte sich als Holzfäller, um das Rohmaterial für die Milliarden von kleinen Streichhölzern heranzuschaffen, aber dennoch gab es viele Arbeitslose in der Stadt. Meist waren es Arbeiter, die in der Krise wegen ihrer revolutionären Haltung als erste auf die Straße gesetzt worden waren. Trotz ihrer eigenen schlechten Lage übten sie Solidarität, und so hatten sie unter großen Schwierigkeiten Voraussetzungen geschaffen, daß schließlich zwei deutsche Antifaschisten aufgenommen und betreut werden konnten.

Und so lernte ich sie alle kennen, die aktiven Genossen und Funktionäre der KPČ. Von vielen wurde ich zum Essen eingeladen, denn eine Familie allein wäre nicht in der Lage gewesen, mich ständig zu beköstigen. So ging ich dann reihum, aß mal bei diesem, mal bei jenem. Einen großen Teil meiner Freizeit verbrachte ich bei einem jungen, aber bekannten Parteifunktionär, der noch nicht verheiratet war und bei dessen Verwandten, dem Ehepaar Kulich, ich wohnte. Dieser Genosse hieß Pepik Hozman, er war ebenfalls arbeitslos. Ein wenig Beschäftigung fand er auf dem kleinen Anwesen seiner Mutter. Das Grundstück mit einem alten Häuschen, einem kleinen Stall, einem Schuppen und einem Garten schmiegte sich an einen Berghang, der in einen Wald überging.

Durch Pepik lernte ich viele neue Dinge kennen: Stundenlang pflückten wir beide die bitteren Beeren des Schlehdorns, die »Trnky«, die überall an den Berghängen und Wegrändern wuchsen. Pepik brannte daraus einen starken Schnaps.

Riesige Baumwurzeln sprengte er hoch oben im Bergwald mit Sprengpatronen, so daß wir die Kloben nur noch hinunterschaffen mußten. Er fing manches Stück Wild, ohne daß es die Forstbeamten merkten. Pepik kannte alles in den umliegenden Bergwäldern, er bewegte sich wie ein Partisan. Von ihm habe ich viel gelernt.

Bald nach mir kam ein weiterer deutscher Emigrant in die Stadt, den ich schon vom Schloß Mšec kannte, der Hamburger Henry Lorenz, der die Gewerkschaftsarbeit unterstützen sollte.

Ich lebte mich eigentlich schnell ein. Von der Gendarmerie wurde ich schon bei der Anmeldung fast verhört, aber aus meinen Angaben konnte niemand Schlüsse ziehen. Besonders interessierten sich die Polizisten dafür, weshalb ich denn nicht in Prag geblieben sei, wo doch die Unterstützungskomitees beständen. Eigentlich eine logische Frage.

Ein Genosse machte mich mit dem Parteisekretär des Nachbarortes Dlouhá Ves bekannt, wo bereits das deutsche Sprachgebiet begann. Die Leute sprachen dort alle einen harten bayrischen Dialekt, an den ich mich erst gewöhnen mußte. In diesem Ort wohnten viele Holzfäller, die bis an die bayrische Grenze kamen. Der Parteisekretär gab mir mehrere gute Hinweise, ohne daß ihm auffallen konnte, wofür ich sie brauchte.

Meine Großmutter hatte mir oft ganz unglaubliche Geschichten von Hexen, Geistern, Zauberern und Riesen erzählt. Die gruseligsten Geschichten hörte ich aber bei der alten Mutter Hozman, wenn an grauen Herbst- und Winterabenden alte Frauen zu ihr kamen, um ihr beim Federnschleißen zu helfen. Ich verstand anfangs nicht alles, weil sie tschechisch sprachen, aber allmählich konnte ich ihnen folgen. Ich saß still dabei, legte manchmal einen neuen Kloben Holz in das prasselnde, funkenstiebende Feuer und hörte aufmerksam zu.

Sie kramten in ihren Erinnerungen, erzählten von längst verstorbenen, seltsamen Leuten, von Mördern und Spukgeistern.

Manchmal herrschte draußen ein Wetter, das an die Geister glauben machte. Wenn sich an den waldigen Berghängen die Bäume unter dem Heulen und Pfeifen des Sturms duckten, der riesige Tannen einfach wegbrach, ging niemand, der nicht unbedingt aus dem Hause mußte, vor die Tür.

An einem dieser diesigen Spätherbsttage lieh ich mir von Pepik das Fahrrad und unternahm damit meine erste größere Fahrt, immer bergauf nach Norden, in eine unwirtliche Gegend, wie ich sie im Leben noch nie zuvor gesehen hatte!

Der Weg, eine geschotterte schmale Landstraße, war zuerst ganz gut, wurde dann aber immer schlechter und steiler. Bald mußte ich vom Rad und den Drahtesel schieben, kurze, steile Serpentinen hinauf, tief unten rauschte die Vydra. Wenn der Wald einen Blick nach unten zuließ, sah ich im Flußbett riesige, abgeschliffene Steinblöcke, an deren Seiten das wildrauschende Wasser quirlte.

Ich mußte aber noch näher an die Grenze heran. Die nächsten zehn Kilometer schaffte ich noch unter großer Anstrengung und erreichte den Ort Modrava, ein Holzfällerdorf. Von hier bis zur bayrischen Grenze im Westen waren es nur noch sieben Kilometer Luftlinie. Von Modrava konnte ich ein kleines Stück einen Weg benutzen, der zu einem Bach führte und dann in einen fürchterlich ausgefahrenen Holzfuhrweg überging.

Ich versuchte hier, mich zu Fuß durch den Wald zu schlagen, aber schon nach etwa fünfzig Schritten sank ich bis zu den Knöcheln ein.

Der Weg zur bayrischen Grenze war also nur dann passierbar, wenn nach starkem Frost alle Sümpfe gefroren waren. Sonst war es lebensgefährlich, und auch die Schmuggler würden solche gefährlichen Wege nicht gehen wollen! Für Grenzübertritte war diese Gegend wenig geeignet.

Der Rückweg fiel mir bedeutend leichter. Ich wollte bis in den kleinen Ort Vchynice Tetov, dessen Häuser weit verstreut liegen. Hier konnte kaum noch Landwirtschaft betrieben werden.

In einem etwas abseits gelegenen Gehöft fragte ich einen alten Bauern, dessen Mundart ich kaum verstand, nach Loisl, nach Alois, der bei ihm in der Wirtschaft half. Ich solle ihm Grüße von einem seiner Bekannten ausrichten. Der Alte brummte irgend etwas, aber Loisl kam bereits aus einem Stall, und ich richtete ihm alles aus. Wir gingen beide einen holprigen Fuhrweg hinauf und unterhielten uns. Er freute sich über den Gruß, mein Besuch brachte ihm etwas Abwechslung.

Ja, er kenne alles hier ringsum, und früher habe er zeitweise drüben in Bayern gearbeitet, doch die Politik drüben gefalle ihm nicht. Hier habe er sein gutes Essen, seine Unterkunft, Kleidung und monatlich ein Taschengeld. Er sei noch jung und trage sich mit dem Gedanken, später weiter landeinwärts in einer Fabrik zu arbeiten. Und ausgeben könne er hier kaum etwas. An freien Tagen fahre er manchmal mit dem Autobus nach Sušice ins Kino. Er sei auch schon mehrmals mit einem Grenzpassierschein drüben gewesen.

Wir kamen überein, daß ich ihn mit einem Bekannten wieder aufsuchen würde, wahrscheinlich kämen wir mit den Fahrrädern, obwohl das ziemlich anstrengend sei.

Etwa vierzehn Tage später traf ich mich im Häuschen der Hozmans mit dem Instrukteur aus Plzeň. Er war mit der Bahn gekommen und hatte mir ein gebrauchtes Fahrrad mitgebracht. Auf einer sehr genauen Karte zeigte er mir einen kleinen Ort an der Grenze, in dem ein Mann lebe und arbeite, der schon einen flüchtigen Genossen aus Deutschland über die Grenze geholt hatte. Ich sollte mich mit ihm in Verbindung setzen. Der Instrukteur nannte mir den Namen und übergab mir einen Zeitungsfetzen als Kennzeichen.

»Das andere Stückchen hat unser Freund. Er lebt ganz unauffällig, niemand weiß, daß er zu uns gehört. Ihr seid für besondere Fälle eingesetzt, auf Abruf.«

Ich berichtete ihm über meine Vorarbeiten, meine Verbindungen zu tschechischen Freunden und Genossen, die ich allmählich geknüpft hatte, erzählte ihm auch von Alois, sagte aber auch, wie beschwerlich manche Wege seien, meist waren es die sichersten.

Es lag Ende Dezember schon hoher Schnee, als ich umziehen mußte. Wir hatten erst eine Ladenwohnung ausbauen wollen, aber der Aufwand wäre zu groß gewesen.

So zog ich zu dem tschechischen Genossen František Hájek, der in einer Lederwarenfabrik in Sušice arbeitete. Seine Ehefrau Marie Hájková besorgte den großen Haushalt sowie das Vieh und mußte sich um ihre beiden schulpflichtigen Söhne kümmern. Mich betreute sie wie eine Mutter.

Ich hatte für den Auftrag, mit dem mich die Partei an die Grenze geschickt hatte, einiges getan; darüber hatte ich dem

Instrukteur berichtet. Abgesehen davon war die Zeit an der Grenze für mich sehr lehrreich. Ich war selbständiger geworden, hatte meine Sprachkenntnisse erweitert. Vor allem war mir unter den arbeitslosen tschechischen Genossen die große Kraft der Solidarität bewußt geworden. Sie hatten mir Zuversicht und Mut gegeben.

Weihnachten 1934 hatte ich sogar ein Päckchen von meiner Mutter erhalten, und eine Genossin aus Berlin hatte mir noch andere Sachen, vor allem Kleidung, von zu Hause gebracht. Die Post meiner Eltern lief über eine zweite Anschrift, und sie wußten immer, wie es mir ging.

Ich kam von Sušice nach Rokycany. Dort wurde ich etwas kühl empfangen, und ich war etwas erstaunt, bis ich den Grund erfuhr. Man hatte kurz zuvor schlechte Erfahrungen mit einem polnischen Emigranten gemacht, der einem Genossen die Frau ausgespannt hatte. Und nun kam der nächste. So wurde ich erst einmal bei einer alten Witwe untergebracht – war das Vorsicht? –, die die »Herberge zur Heimat«, ein Obdachlosenasyl in einer Holzbaracke auf ihrem Grundstück, leitete. Doch nach einigen Wochen brauchte sie mein Zimmer, und ich stand auf der Straße.

Einige Tage schlief ich im Obdachlosenasyl, aber das ließ sich mit meiner Arbeit nicht vereinbaren. Jeden Tag tauchten neue Leute auf, und ich wußte nie, mit wem ich es zu tun hatte. Außerdem mußte ich damit rechnen, daß sich meine neue Bleibe herumsprach und mir die Kontaktaufnahme erschwerte. So wurde ich wieder nach Plzeň zurückgeschickt.

Dort wurde ich sofort bei meiner Anmeldung auf dem Polizeipräsidium – ich sollte bei einer jüdischen Familie wohnen – von der Politischen Polizei festgenommen. Vier Mann verhörten mich stundenlang, dann kam noch der Polizeipräsident dazu, den ich dabei angeblich schwer beleidigt haben soll. Er bedrohte mich wutschnaubend und bestrafte mich mit drei Tagen Arrest. Die Beamten müssen geglaubt haben, ihnen sei ein großer Fisch ins Netz gegangen.

Die Vernehmer, von denen nur einer ein wirklich gutes Deutsch sprach, gaben sich alle Mühe, aus mir etwas herauszuholen. Ich tat dumm – hatte ja meine Erfahrungen mit der Polizei gesammelt –, sprach mit ihnen nur über den

Dolmetscher und spielte Katz' und Maus. Ihre Fragen kannte ich schon von Prag und Sušice.

So erfuhren sie von mir nur, daß ich seit früher Kindheit Mitglied eines »Freien Sportvereins«, der unter sozialdemokratischer Führung stand, gewesen sei.

Warum mich die Kommunisten unterstützen? Mich unterstützten auch parteilose Menschen. In Prag gebe es viele politische Emigranten, deshalb würden jüngere in andere Städte oder aufs Land geschickt. Man entlaste damit die Flüchtlingskomitees. Das sei doch sicher auch verständlich?

Trotz allen Gebrülls des erst später hinzugekommenen kleinen schwarzhaarigen Polizeipräsidenten konnten mir die Vernehmer keine politische Tätigkeit in ihrem westböhmischen Bezirk nachweisen. Aber allein der Verdacht genügte ihnen bereits für eine Ausweisung aus der ČSR.

Jahrzehnte später übergaben mir tschechische Genossen ein Dokument des Polizeichefs von Sušice, das er seiner vorgesetzten Dienststelle, dem Landesamt in Prag, geschickt hatte. Schon vor seinem Kollegen in Plzeň hatte er vorgeschlagen, mich auszuweisen.

Unter Bewachung wurde ich drei Tage später in einem Personenzug an die tschechoslowakisch-österreichische Grenze nach České Velenice gebracht und unter Umgehung der Zollkontrolle in den Nachtschnellzug nach Wien gesteckt, ohne Fahrkarte natürlich. In Deutschland hatte die Amtssprache dafür sogar einen besonderen Begriff, den Vorgang nannte man Schubieren.

Der Zug fuhr gleich danach an. Draußen herrschte Schneetreiben. Kurz darauf hielt er bereits wieder. Durch das Wagenfenster konnte ich nichts erkennen. Ein Mann in mittleren Jahren, der einen grünen Hut mit Federbusch trug, stieg ein, wünschte höflich »Grüß Gott!«, und der Zug fuhr wieder an.

»Entschuldigen S'«, sagte ich. »Wo sind wir hier?«

»In Gmünd, in Österreich, der Grenzstation. Der Schnellzug fährt jetzt durch bis Wien!«

Ich bedankte mich, wünschte höflich »Grüß Gott!«, riß schnell die Tür auf, warf meinen kleinen Koffer hinaus, dann den Rucksack und sprang hinterher. Kurz vor meiner Landung in dem tiefen Schnee machte ich eine Rolle vorwärts und fühlte, daß ich noch beieinander war. Rucksack und Koffer fand ich wieder, und dann machte ich mich auf den Weg über die Gleise in die Stadt Gmünd.

Gleich am Ortsanfang betrat ich einen Gasthof. Ich sagte dem Wirt, daß ich reichsdeutscher Tourist sei, einen Reisepaß habe, morgen zur Gendarmeriestation möchte, um dort etwas zu regeln, und dann nach Wien weiterführe.

Plötzlich strömten viele junge Leute herein, laut und lachend, mit dunkelgrünen Hüten, Hahnenfedern an den Seiten. Über dreißig »Heimwehr«-Leute, Angehörige reaktionärer Freiwilligenverbände. Sie machten sich sofort an allen Tischen breit. Zwei Mann nahmen bei mir Platz und begannen mich auszufragen. Ich mußte in den sauren Apfel beißen. Über Deutschland wollten sie mehr wissen. Ich mußte vorsichtig sein. »Ja«, sagte ich, »die Menschen haben wieder Arbeit, besonders am Autobahnbau, wo sie zwar nicht den Tariflohn erhalten – aber doch mehr als die Arbeitslosenunterstützung.«

Bald darauf suchte ich mein Zimmer auf und streckte mich wohlig in dem weichen Bett aus. Drei Tage lang hatte ich im Polizeigefängnis nur auf einer harten Holzpritsche ohne Decke schlafen müssen.

Am nächsten Vormittag schrieb ich meinem Vater und Kurt Perl Ansichtskarten, tauschte das wenige Bargeld gegen österreichische Schillinge ein, begab mich aber keineswegs zur Gendarmeriestation, sondern kaufte mir in einer Buchhandlung eine gute Wanderkarte, aß im Gasthaus zwei Portionen Gulasch und fühlte mich gestärkt. Ich wollte nicht in Österreich bleiben und konnte es auch nicht, weil nach dem Februar 1934 reaktionäre Kreise mit der Entwicklung in Deutschland sympathisierten und Antifaschisten verfolgten.

Draußen begann gerade wieder ein Schneesturm, und bis zur Grenze hatte ich einen Weg von mehreren Stunden vor mir. Was tun? Ich mußte mein Gepäck loswerden. In einer Gaststätte riskierte ich es – ich hatte ja auch nicht mehr viel Zeit – und fragte einen jungen Mann, ob er meinen Koffer aufbewahren und später nachsenden würde. Ich habe ihm sogar gesagt, daß ich Emigrant sei und in Hitlerdeutschland gesucht werde. Habe ich damit die Konspiration verletzt? Ich meine auch heute, daß es richtig war, ihm reinen Wein einzuschenken. Er sollte nicht annehmen, er verberge etwa Dinge, die aus einem Diebstahl stammten. – Meine Offenheit wurde belohnt, ich erhielt den Koffer tatsächlich. Nur bedanken konnte ich mich nach der Befreiung nicht mehr, Ludwig Ableidinger ist im Krieg gefallen.

Mit dem Rucksack allein ging es trotz Sturms und Schneetreibens besser vorwärts, immer bergauf, bis in den Grenzort Höhenberg, wo ich in der Dämmerung eintraf. Ich wandte mich an den Bürgermeister, dem ich einredete, ich hätte mich verlaufen. Er hatte auch Zeit für einen Schwatz und wollte wissen, was alles in Deutschland geschah. Seine hübsche Tochter lud mich ein, einige Tage länger zu bleiben. Wir könnten doch im Ort zusammen das Fastnachtsfest feiern! Es tat mir sehr leid, daß ich ihre Einladung nicht annehmen konnte.

Der Vater besorgte mir ein Nachtquartier bei einer Bauernfamilie. Am nächsten Morgen – der Schnee lag inzwischen über einen Meter hoch, und es stürmte noch immer – wagte ich den sechzig Kilometer langen Weg über die Grenze bis nach České Budějovice.

Nach meiner illegalen Rückkehr über die verschneiten Berge haben mich tschechische Freunde, Frau Marie Hájková und Ladislav Pfeifer, vor der Polizei verborgen, bis mich Pepik Hozman bei einem sympathisierenden Schneidermeister unterbrachte. Hier konnte ich meine wundgelaufenen Füße auskurieren.

In Prag traf ich mich mit Genossen der Prager Leitung, denn ich brauchte einen neuen Paß. Mein alter Reisepaß aus Falkensee war bei einer Ausweisung durch einen Stempel verunziert worden. Ein neuer Paß allein tat es nicht, ich brauchte auch einen neuen Namen, also eine neue Legende mit allem, was dazu gehört.

In Prag traf ich meinen Kumpel »Boxer« wieder. Er hatte in der Karpatoukraine, dem Armenhaus der bürgerlichen Tschechoslowakei, gelebt. Wir hatten uns viel zu erzählen.

Seine Rückkehr nach Prag war auch nicht ganz freiwillig gewesen.

In dem kleinen Ort in den Bergen erging es ihm, dem Großstädter, nicht gerade gut. Ständig wurde er von dem Gendarmeriewachtmeister schikaniert, der nach dem ersten Weltkrieg als Angehöriger der Tschechischen Legion gegen die junge Sowjetmacht in Rußland gekämpft hatte und mit einer Ordensspange heimgekehrt war. Für diesen Polizisten, der sich unter den Kleinbauern und Holzfällern wie ein kleiner Herrgott vorkam, war der deutsche Antifaschist ein rotes Tuch, und er machte ihm das Leben schwer, wo er nur konnte.

»Boxer« wurde bei seinem Bericht immer zorniger. »Weißt du, das Leben dort war zu ertragen, und die armen Leute sorgten für mich, so gut es ging, ich bin auch vorher nicht verwöhnt worden. Aber vorgestern ist trotz aller guten Vorsätze mein Temperament mit mir durchgegangen. Auf einer schmalen Holzbrücke, die über einen zwar nicht breiten, aber reißenden Bergfluß führt, traf ich auf diesen Polizisten. Ich merkte schon nach einigen Worten, daß er einen Streit mit mir vom Zaun brechen wollte. Er verlangte von mir, ich solle zurückgehen und ihn zuerst über die Brücke lassen. Ich sah nicht ein, weshalb ich nachgeben sollte. Da wurde er frech, beschimpfte mich, nannte mich einen elenden Landstreicher, der sich hier in der ČSR durchbetteln müsse, weil er in seiner Heimat sicher etwas Kriminelles ausgefressen habe. Ich ließ mich auf keine Diskussion mit ihm ein, packte ihn schnell an Genick und Hosenbund und hielt ihn eine Zeitlang über das Geländer. Als er aber noch zappelte und weiterschimpfte, verlor ich die Geduld und ließ ihn einige Meter tief in das gurgelnde und schäumende Wasser purzeln. Bis zur nächsten Flußbiegung konnte ich ihn noch plätschern sehen, und erst dann wurde mir klar, was ich angerichtet hatte. Nun stand das Fahrrad allein auf der Brücke. Ich bin damit bis in den nächsten Ort zu einem fortschrittlichen Pfarrer gefahren, der mich schon oft unterstützt hatte und dem ich vertraute. Er gab mir das Geld für meine Reise. Nun sitze ich wieder in Prag.«

Wir berieten beide noch bis in die tiefe Nacht, wie wir uns bei der Polizei verhalten wollten, doch dann schliefen wir ein.

Die Polizei nahm uns alle Sorgen ab und warf uns früh schon aus den Betten unseres neuen Heims.

Angehörige der Prager Politischen Polizei führten wieder einmal eine Kontrolle durch. Bei uns beiden fingen sie an, fragten nach den Personaldokumenten und der polizeilichen Anmeldung. Dann kontrollierten sie alle Gepäckstücke. Mit »Boxer« und und mir hatten sie nicht viel Arbeit, hatten wir doch weder Gepäck noch Personalpapiere noch eine polizeiliche Anmeldung.

»Sie gehen nachher mit uns. Sie sind vorläufig festgenommen. Wir bringen Sie in das Polizeipräsidium Prag. Da sparen Sie noch das Geld für die Tramway!« sagte in schlechtem Deutsch und ziemlich höhnisch zu mir der jüngste dieser Beamten.

Während in den oberen Räumen noch kontrolliert wurde, sperrte man »Boxer« und mich in die Küche im Parterre.

Der eingebildete junge Polizist übernahm die Aufsicht. Er kam sich furchtbar wichtig vor, zeigte mir seine Pistole und ermahnte mich, nicht zu fliehen, denn er sei ein guter Schütze!

Bald wurde es ihm aber zu langweilig; wir nahmen auch keine Notiz von ihm, er war für uns Luft und kam sich selbst wohl auch überflüssig vor. Er ging in den Tagesraum und interessierte sich dort für die Kontrolle.

Ich mußte weg, noch gefährlicher war jedoch »Boxers« Lage. Wenn er ausgeliefert wurde, drohte ihm der Tod. Aber selbst in der ČSR mußte er mit einer Haft rechnen. Nichts war vorbereitet, die Polizei hatte uns überrascht. Ich mußte für meinen Genossen mit entscheiden, jedes weitere Zögern bedeutete Gefahr.

Von der Küche zum Tagesraum war erst vor wenigen Tagen eine Durchreiche fertig geworden. Ich zog die Klappe hoch und winkte heimlich einen Genossen aus der Heimleitung heran.

Auch im Tagesraum herrschte ein reger Betrieb. Gepäckstücke und Papiere von etwa zwanzig Kameraden lagen auf den Tischen. Die Beamten ließen sich alles zeigen und wühlten selbst darin herum. Es war ziemlich laut im Raum, und das war für uns nur gut.

»›Boxer‹ und ich müssen weg. Wir werden gesucht.« Ich bat den Genossen, doch für etwas Lärm im Tagesraum zu sorgen, damit unser Bewacher abgelenkt wurde. Er nickte mir zu, ich war zuversichtlich. So hatten wir uns in verzwickten Situationen schon oft Mut gemacht.

Das Stimmengewirr im großen Nebenraum schwoll hörbar an. Ich beobachtete unseren Posten, der noch einmal durch die Küchentür blickte und uns beide noch sah. Wir verhielten uns sittsam, und er schöpfte keinen Verdacht. So kümmerte er sich um den Lärm im Tagesraum. Eigentlich war das eine alte, fast zu primitive Finte, die nur mit einem jüngeren Polizisten klappen konnte.

Er hatte die Küche kaum verlassen, als ich einen Genossen, der einen gegenüberliegenden Schlafraum säuberte, bat, beide Fensterflügel weit zu öffnen, denn gleich komme ein Kamerad, der von hier wegmüsse.

»Komm!« sagte ich leise zu »Boxer«, der wie erschlagen auf seinem Stuhl saß. »Wir hauen ab. Spring drüben aus dem Fenster! Mach's gut!«

Unser Posten war nicht zu sehen. Ich zeigte »Boxer« die offene Tür zum Schlafraum auf der anderen Flurseite und gab ihm einen leichten Stoß als Startschuß. Und schon war er weg.

Nun war ich an der Reihe. Ich konnte nicht denselben Weg gehen.

Wenige Sekunden später machte ich zwei große leise Schritte und stand an den Treppenstufen, die abwärts führten. Draußen stieß ich auf einen Schuppen, wollte ihn umgehen, stand aber nach etwa vier Metern vor einem Drahtzaun, der den kleinen Hof zum Garten hin abschloß. Ohne Zeit zu verlieren, schwang ich mich neben dem Zaunpfahl hoch, sprang hinüber und stand vor dem nächsten Zaun, bedeutend höher, dahinter lag der Fußballplatz des Ortes. Obwohl er für mich kein ernstes Hindernis war, kostete er mich doch Zeit. Hinter dem Fußballplatz erstreckte sich eine lange, flache Mulde inmitten der Felder.

Die Häuser eines anderen Vorortes, der Straßenbahnanschluß hatte, sah ich etwa eineinhalb Kilometer links seitlich von mir.

Jetzt erst fiel mir ein Mann auf, der auch über die Felder hetzte. Das konnte nur »Boxer« sein, der etwa dreihundert Meter vor mir hügelauf lief. Ich näherte mich ihm und rief ihn mehrmals an, doch er drehte sich nicht um. Vielleicht hielt er mich für einen Verfolger? Als er außer Atem geriet, blieb er stehen.

Gemeinsam ging es dann besser. Eine knappe Stunde später waren wir im Zentrum von Prag. Dort konnten sie ruhig nach uns suchen!

Ich berichtete von meiner Odyssee, und es wurde entschieden, daß ich vorerst wieder untertauchen solle. Wenn etwas Gras über die Sache gewachsen war, sollte ich eine andere Aufgabe erhalten.

Nur wenig später verließ ich Prag und fuhr zurück nach Mšec in unser altes Schloß. Eigentlich war das kein Untertauchen, denn ich war aus meiner Fußballzeit im Dorf und in der Umgebung bekannt wie ein bunter Hund.

Ein großer Teil meiner Genossen, die ich im Herbst des Vorjahrs verlassen hatte, lebte noch in diesem Heim, andere waren aber auch in die Sowjetunion weitergereist. Zu denen, die ich wiederfand, gehörten die jüngeren Freunde, unter ihnen auch Kurt Lohberger. Ausgereist war dagegen auch unser Arzt. Das bedauerten nicht nur wir Emigranten, sondern auch ärmere Einwohner des Ortes, denen er sehr geholfen hatte.

Zwei Genossen will ich noch erwähnen: den Hamburger Seemann Walter Steffens, der zur Heimleitung gehörte, und Heinz Hamann, der in unserer Mannschaft als Torwart spielte. Er war sehr groß und sehr schlank, darum hatten wir ihn auch »Latte« getauft.

Ich fühlte mich im Kreise meiner Kameraden sehr wohl und konnte mich von den Strapazen des letzten Winters auch etwas erholen. Aber leider hatte ich jetzt überhaupt kein Personaldokument mehr, womit ich mich hätte ausweisen können. So lebte ich also immer auf dem Sprung; wenn Polizisten ins Schloß kamen, mußte ich verschwinden. Gerade nach meiner überstürzten Flucht aus dem Heim bei Prag hatte ich mir vorgenommen, mich immer nach einer Rückzugsmöglichkeit umzusehen. So überhastet wollte ich nicht noch einmal solch Risiko auf mich nehmen. Natürlich informierte ich die Mitglieder der Leitung, und sie verstanden mich gut. Vom ziemlich hoch gelegenen ersten Stockwerk unseres Seitenflügels wollte ich über eine ausgetretene Steintreppe in die Küche laufen, die sich in einer Art Zwischenstock befand. Sie war nur schmal, hatte keine Fenster und war tagsüber halbdunkel. In einer Ecke stand ein riesiges Wasserfaß. Ein wenig Licht bekam die Küche nur durch die obere verglaste Hälfte einer alten Tür. Hinter dieser Tür führte eine wacklige Holztreppe hinunter in den Gemüsegarten, den man schnell durchqueren konnte. Eine uralte Kalksteinmauer schloß den Garten zu einem sandigen Feldweg hin ab. Ich brach mir einige Stufen oder Tritte hinein, so daß ich sie leichter überwinden konnte. Der Wald war dann nicht mehr weit.

Ein Genosse aus Thüringen, der in der Küche arbeitete, holte mich meist vom Waldrand wieder ab, wenn die Polizisten das Schloß verlassen hatten. Doch wieder kam alles anders ...

Mittwoch vor Ostern 1935. Am Vormittag hatten wir alle unsere Arbeiten erledigt. Dazu gehörte auch das Wasserholen für alle Schloßbewohner vom Dorfbrunnen. In hölzernen Tragebottichen schleppten wir das Wasser auf unseren Rücken von dem kleinen Platz bei der Kirche zum Schloß, schönes, klares Quellwasser. Oben in der Schloßküche stand ein großes Faß. Viele Male zogen wir im Gänsemarsch zum Heim, bis das Faß gefüllt war.

Wir bewohnten nur den linken Seitenflügel des Schlosses, der rechte Flügel stand leer und war verschlossen.

Leider merkte ich zu spät, daß ich diesmal das Opfer meiner eigenen Schnelligkeit geworden war.

Nach dem Fußballtraining waren fast alle nach oben gegangen. Ich saß noch mit »Latte« und Walter auf der Steintreppe, die vom rechten Seitenflügel in den Park führte. Die Tür war aber schon seit langer Zeit zugemauert. Wir kosteten noch die letzten Sonnenstrahlen aus, während es im Park schon wieder kühl wurde. Schließlich waren auch »Latte« und Walter gegangen, und ich las noch etwas. Dann wurde es selbst mir zu kühl. Ich klappte das Buch zusammen, wunderte mich allerdings etwas, daß alles so still war und selbst die Parkwege leer blieben. Ich flitzte los, rannte über den Hof, stürzte im Haus die Steintreppe hinauf, bis ich plötzlich im Zwischenstock vor der Küche laut auf tschechisch angerufen wurde. Vor mir stand im Halbdunkel ein Polizist, den ich noch nie im Ort gesehen hatte, in kriegsmäßiger Ausrüstung. Seine rechte Hand hielt oben am Lauf ein Infanteriegewehr fest, das Seitengewehr aufgepflanzt.

»Wo waren Sie?« fragte er laut.

»Ich habe draußen gelesen«, antwortete ich höflich.

Dann schickte er mich auf mein Zimmer im ersten Stock, ohne zu sagen, was eigentlich gespielt wurde.

Ich ging langsam, bedächtig und leise weiter. Ich war in meiner Hast in die Falle geflitzt.

Oben bemerkte ich auf dem langen Flur einen weiteren Polizisten. Da er mir den Rücken zudrehte, ging ich gar nicht erst diesen Flur entlang, sondern stieg rasch die hölzerne Treppe zum Dachboden hinauf, um mich dort zu verbergen. Die »Streitmacht« mußte ja bald wieder abziehen, und ich nahm an, daß sie den Boden bereits durchsucht hatten.

Ich erkannte den Dachboden fast nicht wieder! Noch im letzten Sommer hatte es hier Kammern und Verschläge gegeben, und ich hatte mir hier oben eine kleine Werkstatt als »Schloßzimmermann« eingerichtet. Jetzt war hier oben alles leer und kahl. Gewiß war auch in dieser Gegend der Winter kalt und lang gewesen. Meine Kameraden, besonders aber die Familienväter, hatten sich zu helfen gewußt und die Zwischenwände abgerissen, zerschnitten und dann verheizt.

Der Dachboden bot jetzt überhaupt kein Versteck und war leicht zu überschauen. Ich lief unter dem Dach von einem Boden zum andern, aber überall sah es ähnlich aus. An einer Stelle gähnte sogar ein Loch im Fußboden. Hier hatte man versucht, auch die breiten Fußbodenbretter zu verfeuern, aber die ersten wärmeren Tage waren wohl dazwischengekommen. Sollte ich in dieses Loch kriechen? Mit einer kleinen Taschenlampe hätte man mich jedoch entdeckt.

Als einzige Möglichkeit blieb mir noch, durch eines der kleinen Dachfenster zu kriechen. Das tat ich auch, mühselig zwängte ich meine Schultern hindurch, drehte mich auf der Brüstung halb herum und zog den übrigen Körper nach.

Kurz unter mir verlief die Dachrinne. Ich zog mich hoch und saß dann rittlings über dem Fenster.

Trotz angestrengten Lauschens konnte ich in meiner luftigen Höhe nichts bemerken, weder Motorengeräusch noch Stimmen. Inzwischen brach die Dämmerung herein, und es wurde kühler. So mochte vielleicht eine halbe Stunde vergangen sein. Ich wollte wieder in den Bodenraum zurückkriechen und versuchen, von der Treppe aus etwas zu hören. Leise und behutsam verließ ich meinen luftigen Sitz und gelangte auch gut an das kleine Fenster.

Als ich die Beine schon hindurchgesteckt hatte, zog mich plötzlich jemand ganz ins Innere des schon dunklen Bodens. Ein Polizist hatte mich geangelt, und ein zweiter stand gleich daneben.

Sie waren sehr stolz auf ihren Fang, wie ich ihren Worten entnahm. Auf ihre Fragen antwortete ich, ich verstünde sie nicht. Sie wollten wissen, ob in dem Loch im Fußboden noch mehr Leute versteckt seien. Aber ich verstand sie doch nicht ...

Dann erschien ein Offizier auf dem Boden, der mich fragte, weshalb ich auf dem Dach gewesen sei. Ich versuchte ihm zu erklären, daß mich in meiner Heimat Polizisten geschlagen hätten und ich seit der Zeit ängstlich wäre. Er glaubte mir tatsächlich.

»Sie befinden sich doch hier aber in einem demokratischen Staat! Meine Polizisten prügeln nicht.« Er wollte mich beruhigen, aber ich wies auf die aufgepflanzten Seitengewehre.

»Wie lange wohnen Sie schon im Schloß?« – »Wer hat Sie auf das Dach geschickt?« – »Wo steht Ihr Funkgerät?«

Dann befahl er einem Polizisten, auf das Dach zu klettern und nachzusehen, ob er eine Antenne entdecken könne. Und der fand natürlich einen Blitzableiter, den ich vorher auch schon gesehen hatte. Sein Chef gab ihm eine Taschenlampe, damit er sich genauer über die »Sendeanlage« informieren konnte.

Nun redeten alle auf mich ein. Ich hatte bisher noch nie mit einem Tschechen über Funken gesprochen. Mir fehlten einfach viele Begriffe, so daß ich die Polizisten gar nicht verstand. – Vielleicht war das gut so. – Inzwischen war es Nacht geworden, und ich fror in meinem Sportzeug wie ein Schneider.

Die Polizisten meinten wohl, so schneller ein Geständnis zu erreichen, und die Fragerei auf dem kalten Boden ging weiter.

»Wie kommt der Draht auf das Dach?« – »Haben Sie an der Antenne gearbeitet?«

Ich machte ihnen ein Gewitter vor, schleuderte mit den Fäusten Blitze wie der alte Zeus, ließ es donnern, aber die Polizisten lachten nur, hielten es vielleicht sogar für ein raffiniertes Ablenkungsmanöver.

Endlich wurde ich nach unten in ein Zimmer gebracht. Die Durchsuchung war noch nicht abgeschlossen. Während »mein« Offizier sich über den Gang der Aktion erkundigte, verschwand ich.

Ich fand Walter Steffens, dem ich leise mein ganzes Mißgeschick erzählte.

»Aus dem Schloß kommst du nicht mehr heraus. Sie haben alle Eingänge besetzt. Verschwinde in dem kleinen Nebenzimmer, wo die drei Köche wohnen. Sie sind schon kontrolliert worden und machen jetzt das Abendbrot zurecht. Hinten ist ein Bett frei.«

Alles ging für mich gut ab. Vielleicht waren die Polizisten schon zufrieden, weil sie bei drei Kameraden aus der Spielgruppe gedrucktes Material gefunden hatten. Sie wurden in das Gefängnis der nächsten Stadt gebracht.

Am Abend beschlossen die Genossen der Heimleitung, daß ich schnell verschwinden müsse.

Ich brauchte nicht viel einzupacken, mein Koffer stand ja noch in Österreich. Die Zahnbürste kam in die rechte Brusttasche meiner Lederjacke, ein Notizblock und ein paar Briefmarken in die linke – Pioch war reisefertig. An Bargeld besaß ich nur einige wenige Kronen, aber daran hatte ich mich schon gewöhnt.

Neben mir marschierte ein Genosse, der noch nicht lange im Schloß lebte. Er stammte aus Sachsen und war von den

Faschisten ins KZ Hohnstein geschleppt worden. Jetzt reiste er als Kurier und sollte der Leitung in Prag über die Polizeiaktion und die Festnahme der drei Genossen berichten.

Wir waren in der Morgenkühle aufgebrochen und aus Sicherheitsgründen nicht von Mšec abgefahren. In Kladno schlug ich meinem Reisegefährten vor, uns hier zu trennen, um an der Bushaltestelle nach Prag nicht aufzufallen. Aber der Kurier hielt mich für überängstlich. Gebranntes Kind scheut nun mal das Feuer, und mir reichten meine Erfahrungen mit der Polizei aus den letzten Wochen.

Prompt hielten uns auch zwei Männer in Zivil an, fragten, woher wir kämen und wohin wir wollten, und mein Kamerad antwortete sofort deutsch. Schlimmer hätte es gar nicht kommen können. Die beiden Herren einigten sich darauf in tschechisch, daß wir aus Mšec kämen, und brachten uns, wie sie sagten, »zur Erledigung einiger kleiner Formalitäten« in das Polizeipräsidium Kladno, wo wir nun auf der Wache bei einem älteren Schutzmann einsaßen.

In der Toilette einigten wir uns wenigstens, daß wir bei einem Verhör aussagen wollten, die Leitung des Heims habe uns heute sehr früh zum Šalda-Komitee nach Prag geschickt, um Medikamente für unsere kranken und alten Kameraden zu holen.

Wie groß war mein Erstaunen, als plötzlich vor der Auffahrt ein offener, grüner Wagen mit einem breiten roten Streifen anhielt und der kleine Polizeioffizier von gestern mit zwei Polizisten ausstieg. Heute ging alles schief! Er erkannte mich natürlich sofort, tat sehr erstaunt, blieb aber immer noch freundlich, obwohl er seinen Leuten befahl, uns, besonders aber mich, peinlich genau zu durchsuchen. Meine Lederjacke mußte ich ausziehen, und der eine Polizist knickte das Leder Zentimeter für Zentimeter, um irgendein verstecktes Papierchen zu finden. Er konnte nur vor seinem Chef ausbreiten, was ich morgens eilig eingepackt hatte. Es war unterwegs nichts dazugekommen.

Natürlich fragte er sofort nach meinen Personalpapieren. Ich sagte ihm, daß ich heute früh nach den Aufregungen des gestrigen Abends beim Aufbruch noch verschlafen gewesen sei, und erzählte ihm dann die abgesprochene Geschichte.

»Sie kennen gewiß dem Namen nach Herrn Professor Šalda, den Leiter des bekannten Flüchtlingskomitees. Wenn Sie die Gendarmerie in Mšec anrufen, werden Sie erfahren, daß ich dort seit März vorigen Jahres gemeldet bin und daß ich einen deutschen Reisepaß habe sowie einen gültigen Ausweis des Flüchtlingskomitees.«

Er zweifelte weiter an meinen Aussagen, und das Dach ließ ihm keine Ruhe. Er kam immer wieder darauf zurück.

»Irgend etwas stimmt bei Ihnen nicht! Warum haben Sie keine Papiere bei sich bei solch einer Reise?« Er blieb hartnäckig und ließ uns im Wagen nach Slaný schaffen. Mein Kamerad wurde im Nebenzimmer verhört, während sich der Chef weiter mit mir befaßte. Als die Mittagsglocken läuteten, sagte er plötzlich: »Sie sind verhaftet! Wir bringen Sie zur weiteren Untersuchung in Gerichtsgefängnis. Bei Ihnen kann etwas nicht stimmen!«

Allein sein Verdacht genügte, mich in dem »demokratischen Land«, wie er es gestern genannt hatte, festzusetzen! Und das vor Ostern.

Ein alter Schließer mit langem, grauem Vollbart nahm uns in Empfang, trug unsere Namen in ein dickes Buch ein und sperrte uns in eine Zelle, in der drei Holzpritschen standen.

Teilnahmslos lag mein Reisegefährte auf seiner Pritsche. Es hatte jetzt keinen Zweck, ihm Vorwürfe zu machen. Wäre jeder allein nach Prag gefahren, säßen wir jetzt hier nicht in der Tinte.

Außerdem waren wir beide hungrig. Wenn wir von der mageren Zuteilung im Schloß auch nicht hatten satt werden können, wir erhielten doch unser Essen regelmäßig! Wir mußten hier heraus! Dazu mußte der Kumpel die Gleichgültigkeit überwinden.

»Die Brüder lassen uns hier erst einige Tage schmoren. Dir kann ja nicht viel passieren. Aber heute ist Gründonnerstag, morgen Karfreitag, sonnabends arbeitet das Gericht nicht, weil es nicht lohnt. Dann kommen die Osterfeiertage, und wir können frühestens am Dienstag vernommen werden. Wenn wir hier erst einige Tage im Gefängnis gesessen haben, müssen die Richter einfach einen Grund finden, um uns etwas aufzubrummen. Und wenn sie dafür nur den Verdacht einer politischen Tätigkeit heranziehen, die uns Emigranten ja hier untersagt ist.«

Ich entwickelte einen Plan, aber der Zellengenosse war noch immer sehr pessimistisch. Dann klingelte ich lange, um den Schließer heranzuholen. Nach einiger Zeit rasselte auch der Riesenschlüssel im Schloß. Ich bat den Schließer höflich, mir doch Papier und Bleistift zu bringen, wir möchten ein Telegramm an einen Professor in Prag aufgeben, der dort bereits auf uns warte.

Der Alte brummelte erst etwas in seinen Bart, brachte dann aber ein Stück Einwickelpapier und einen Bleistiftstummel. Wir sollten wieder klingeln, wenn wir das Telegramm aufgesetzt hätten.

Gemeinsam entwarfen wir den Text, kürzten ihn immer wieder, prüften, ob er trotzdem noch verständlich war. Endlich waren wir zufrieden.

»Herrn Professor Šalda
Prag, Wenzelsplatz
Heute früh auf dem Weg zu Ihnen in Kladno grundlos verhaftet. Jetzt im Gerichtsgefängnis in Slaný. Erbitten dringend Ihre Hilfe. Zwei deutsche Emigranten.«

Wieder drückte ich auf den Klingelknopf. Nach einer Weile rasselte der Schlüssel. Mißtrauisch musterte der Alte unseren Zettel, weil er nichts verstand. Ich übersetzte ihm den Text ins Tschechische. Er schüttelte den Kopf, als ich sagte, das Telegramm müsse bald aufgegeben werden, denn sonst sei der Herr Professor nicht mehr zu erreichen, und man würde nach uns suchen.

Über eine Stunde lang geschah nun überhaupt nichts. Endlich hörten wir Schritte. Der alte Schließer öffnete die Tür und ließ ehrerbietig dem forschen Polizeichef den Vortritt, der mit dem Blatt Papier herumfuchtelte. Alles lief so, wie ich es erwartet hatte. Er redete auf uns ein, wobei er sich meist an mich wandte, weil ich den Text geschrieben hatte.

»Warum wollen Sie denn den Herrn Professor mit einem Telegramm belästigen, jetzt, kurz vor den Feiertagen? Haben Sie denn nicht Zeit, die Untersuchung abzuwarten?«

»Nein«, erwiderte ich. »Unsere Kameraden wissen nicht, wo wir sind, und wir möchten deshalb dem Herrn Professor diese Nachricht übermitteln. Er ist doch ein sehr bekannter tschechischer Demokrat, der unsere ohnehin schlechte Lage kennt und der uns auch, daran glauben wir ganz fest, schnell helfen wird.«

Nach längerem Wortwechsel forderte er uns beide auf, ihm zu folgen.

Der Schließer händigte uns unsere wenigen Sachen wieder aus. Und dann – ich konnte es kaum glauben – führte er uns zum Tor. Der Offizier selbst zeigte uns den Weg zum Bahnhof. Ich fand keine Erklärung für seinen Gesinnungswandel. Das war jetzt auch nicht nötig – nur fort.

Die fünfzehn Kilometer bis zum Schloß legten wir, nachdem wir uns im Konsum gestärkt hatten, verhältnismäßig schnell zurück, unser Erscheinen löste im Heim natürlich große Freude aus. Wir waren zufrieden, daß wir mit einem blauen Auge davongekommen waren.

Bald nach diesen Ereignissen vollzog sich ein Wechsel in der Heimleitung. Der Genosse Paul Grasse erschien im Schloß und übernahm das Heim.

Seine Aufgabe war nicht leicht, denn im Schloß wohnten jetzt viele Emigranten, und sie vertraten trotz mancher Gemeinsamkeit auch verschiedene politische Meinungen. Sie unter einen Hut zu bringen war nicht einfach. Paul Grasse mußte oft kleine Streitigkeiten schlichten. Es gelang ihm fast immer, weil alle seine Lebenserfahrungen anerkannten.

Mich behandelte er immer freundlich und wie ein Vater. Er sprach oft mit mir. Dabei kamen wir auch auf meine letzten Erlebnisse, und ihn interessierte, wie ich mir die Zukunft eigentlich vorstellte. Ich sagte ihm, daß ich gern wieder einen Auftrag übernehmen würde, auch wenn er mit einem Risiko verknüpft sein sollte. Hier lebte ich, wie man mir in Prag gesagt hatte, nur auf Abruf. Das Warten zehre aber. Ich würde alles tun, was unsere Partei von mir verlange, wenn ich auch nur Mitglied des Kommunistischen Jugendverbandes sei.

»Hör mal!« sagte er darauf zu mir. »Jungen aus dem Jugendverband bilden die Kaderreserve unserer Partei. Du bist

Arbeiter und hast mir erzählt, wie du ausgebeutet worden bist. Du hast dich früher schon freiwillig zu besonderen Aufgaben gemeldet und hast einige nicht schlecht ausgeführt, obwohl du meist auf dich allein gestellt warst. Wie denkst du über den Vorschlag, Mitglied unserer Partei zu werden?«

Diese Frage kam plötzlich und unerwartet, wußte ich doch von Freunden, daß die KPD jetzt keine Mitglieder aufnahm. Wie kam Paul Grasse, ein früherer Landtagsabgeordneter, dazu, gerade mit mir darüber zu sprechen und mich für die Partei vorzuschlagen, noch dazu in dieser Zeit! Er mußte mir meine Gedanken vom Gesicht abgelesen haben, denn er lächelte.

Gewiß war das ein entscheidender Schritt in meinem Leben. Ich hatte mich doch aber lange darauf vorbereitet, und als ich den Vorschlag überlegte und prüfte, zog ich eine gute Bilanz. Ich wollte mich des Vertrauens würdig erweisen und mir war klar, daß kein leichter Weg vor mir lag, daß die Genossen mein Handeln und Verhalten kritischer sehen und mehr von mir verlangen würden. Das hielt ich für ihr gutes Recht. In Prag erhielt ich neue Personalpapiere und einen neuen Beruf. Walter Steffens, der Seemann, hatte mich theoretisch als »Schiffsheizer« umgeschult. Wir hatten uns für diese Dreckarbeit entschieden, weil wir meinten, ein tschechischer Polizist als Binnenländer könnte uns nur schwer auf die Schliche kommen und lästige Fangfragen nach Arbeitsbedingungen stellen.

Anfang Juni 1935 sprachen die Genossen Hermann und »Kupferbart« aus der Prager Leitung mit mir und überbrachten mir die Nachricht, daß ich von jetzt an Mitglied der Kommunistischen Partei Deutschlands sei und damit das Recht habe, an allen Veranstaltungen und Versammlungen der Partei teilzunehmen. Der Beschluß war einstimmig gefaßt worden.

Kaum zwei Jahre später trug ich in der Brusttasche meiner Uniform das Mitgliedsbuch der Kommunistischen Partei Spaniens. Meinem Bürgen und väterlichen Freund, dem Genossen Paul Grasse, habe ich keine Schande gemacht. Ich sah ihn nur noch einmal wieder. In einem kleinen Speisesaal in Paris, nach meiner Rückkehr aus Spanien. Später fiel er in

Frankreich der Gestapo in die Hände. Durch die Hilfe der Genossen überlebte er zwar die Hölle von Buchenwald, starb aber bald nach der Befreiung im Januar 1946.

Kämpfer in den Bergen Spaniens

Ein klarer, trockener Januartag 1938. Die Temperatur lag ein wenig unter dem Gefrierpunkt, nur nachts hatten wir in dieser Höhe Frost von 15 bis 20 Grad, so daß uns der Kaffee in den Zweiliterfeldflaschen zu einem einzigen großen Klumpen gefror und auch tagsüber nicht mehr auftaute. Wir schliefen auf nackten Steinen, mit dem Stahlhelm auf dem Kopf, zugedeckt mit allem, was wir hatten, und schüttelten uns morgens den Rauhreif von der Zeltbahn. In dunklen, schattigen Schluchten lag der Schnee stellenweise über einen Meter hoch. Ringsum nackte Felsen, ohne jeden Baum und Strauch, alles wegelos, einsam und gewaltig ...

Wir kämpften in der Umgebung der Provinzhauptstadt Teruel. Bei Ausbruch des Francoputsches am 18. Juli 1936 hatten sich die Faschisten auch in dieser Stadt festgesetzt und bis Dezember 1937 halten können. Für die Republik war das eine gefährliche Lage: Etwa 140 Kilometer von der Hafenstadt Valencia entfernt konnte Teruel für die Faschisten zur Ausgangsbasis einer Offensive werden, weil die Entfernung bis zum Mittelmeer in der Luftlinie nur 100 Kilometer betrug. Bei einem Durchbruch der Francosöldner zum Meer wäre Katalonien vom übrigen Spanien abgeschnitten und die Volksarmee aufgespalten worden.

Schon im Dezember 1936 versuchte unsere neuaufgestellte XIII. Internationale Brigade, zu der Angehörige von 26 Nationen gehörten, diesen strategisch wichtigen Punkt den Söldnern zu entreißen und ihnen die Verbindungswege, besonders aber die Eisenbahnlinie Teruel–Zaragoza, abzuschneiden. Unsere Angriffe wurden bis in den Februar 1937 hinein geführt. Die Faschisten führten alle ihre Reserven heran. Im Dezember 1937 befreite die spanische Volksarmee in einer erneuten Offensive die Stadt. Und nun setzten die Gegenangriffe der Faschisten ein. Sie scheuten keine Verluste, weder an Menschen noch an Material. Von beiden Seiten wurde um jede Handbreit Boden erbittert gekämpft.

Unsere Maschinengewehrkompanie bestand fast nur aus jungen Freiwilligen, meist Österreichern. Ich war mit einigen Kameraden nach Absolvierung einer Spezialschule, in der wir als Gruppen- und Zugführer am schweren Maschinengewehr ausgebildet worden waren, zur Kompanie gestoßen, als sie einige Monate vorher in Torralba an der Aragonfront aufgestellt wurde. Wir waren eine Sondereinheit, die keinem unserer vier Bataillone »Edgar André«, »Hans Beimler«, »Ernst Thälmann« oder »12. Februar« unterstand, sondern direkt dem Stab der XI. Internationalen Brigade.

Wenn die Faschisten plötzlich an einem Abschnitt stärkere Angriffe eröffneten, wurden wir zur Verstärkung der Feuerkraft in die bedrohte Richtung verlegt. Auch jetzt mußte wieder etwas Ähnliches im Gange sein, meinten wir, als wir auseinandergezogen auf der zerfahrenen Landstraße nach vorn zogen. Unsere Kompanie war zwar zahlenmäßig nicht stark, aber wir verfügten über sechs sowjetische schwere Maschinengewehre »Maxim«. Wir hätten davon mehr gebrauchen können, auch mehr Munition. Doch die Küste der spanischen Republik wurde von den »Nichteinmischungsmächten« blockiert.

Unser erster Kompaniechef war der Capitán Richard Knaak. Es war ein junger Berliner, groß, schlank, mit rotblonden Haaren. Er hatte die Kompanie aufgestellt, sie eine Zeit geführt – ich war damals Melder bei ihm und gleichzeitig Gruppenführer der Melder der einzelnen Züge – und übernahm dann die Maschinengewehrkompanie des Thälmannbataillons. Leider fiel er im Sommer 1938 bei den Rückzugskämpfen vor Gandesa.

Unser jetziger Capitán stammte aus Wien und hatte sich bereits bei den Kämpfen des Wiener Proletariats im Februar 1934 gegen die Truppen der reaktionären österreichischen Regierung ausgezeichnet. Auch sein Stellvertreter, Leutnant Rudi, Kommandeur eines unserer drei Züge, gehörte dem

»Schutzbund« an und hatte sich mit einer größeren Gruppe seiner Kameraden bewaffnet bis an die Grenze der damaligen ČSR durchgeschlagen.

Ihnen zur Seite stand Fernando, ein junger spanischer Politkommissar aus Malaga, der uns die ersten spanischen Lieder lehrte. Einige Monate später, als er beim Rückzug seiner anderen Einheit in einer unwegsamen Schlucht von Moros eingeschlossen wurde, nahm er sich mit seiner letzten Handgranate das Leben. Unser Gruppenführer hieß Antonio Igual und stammte aus Granada in Südspanien. Seine Heimat war ebenso wie die Fernandos bereits von den faschistischen Söldnern besetzt.

Unser sMG pflegten wir beiden Schützen, der österreichische Jugendgenosse Franz Chladek und ich, wie etwas ganz Kostbares, ertrugen ebenso wie die anderen Kameraden alle Strapazen des heißen Sommers, jetzt des strengen Winters, der nicht ausreichenden Verpflegung und schleppten die schwere Waffe geduldig und beharrlich. Auch unsere Munitionsträger waren optimistisch und diszipliniert: Theo, ein katholischer Jungarbeiter aus Hamburg, der zusammen mit seinem Freund Albert aus dem Geschwader »Richthofen« in Döberitz bei Berlin desertiert war, als er hörte, daß sie für Franco fliegen sollten, ebenso wie Pedro, Manuelo und Joaquín, Söhne armer spanischer Bauern, die erst hier bei uns Lesen und Schreiben gelernt hatten. Sie vermißten nur die Zigaretten, die bei uns trotz der Solidaritätssendungen der Werktätigen anderer Länder sehr knapp waren. Oft konnte ich ihnen eine kleine Freude machen. In die Briefe, die ich von tschechischen Freunden aus Prag bekam, waren oft bis zu 25 Stück Zigaretten Marke »Vlasta« eingelegt, ich selbst war ja Nichtraucher. Durst und Hunger ertrugen sie weitaus besser.

Ramon Garcia, der Fourier unserer Kompanie, den im folgenden Sommer mehrere Kugeln einer Maschinengewehrgarbe trafen, gab sich alle Mühe, etwas für uns heranzuschaffen, aber ich hätte nicht mit ihm tauschen mögen.

An den Berghängen des von Söldnern besetzten Ortes Concud, in unmittelbarer Nähe Teruels, wehrten wir Feuerüberfälle der uns gegenüberliegenden Infanterie und Artillerie ab, zwangen auch einige Schlachtflugzeuge, die unsere Stellungen mehrmals täglich mit Bordwaffen beschossen, zum Abdrehen und störten auch empfindlich die jetzt nur noch nachts fahrenden Lastwagenkolonnen des Gegners auf der unter unseren Stellungen verlaufenden Straße.

Eines Nachts löste uns die Spezialkompanie der englisch-amerikanischen XV. Internationalen Brigade ab, wir sollten etwas Ruhe haben. Doch inzwischen hatten die Faschisten starke Verbände herangeführt, um Teruel zurückzuerobern. Mehrere Armeekorps wurden gegen uns aufgeboten, unterstützt von über 400 Geschützen.

Wir hatten uns in einer kleinen, von einem Rinnsal durchflossenen Schlucht gerade etwas eingelebt, als der Befehl kam, eine Einheit auf dem Berg Santa Bárbara abzulösen, von dessen Höhe aus wir tief unten einen Teil der Häuser von Teruel sehen konnten.

Aufregend und interessant waren hier besonders die Luftkämpfe, die wir aus nächster Nähe beobachteten. Francos Luftwaffe wurde durch Hitler und Mussolini mit deutschen und italienischen Flugzeugen und Piloten ständig unterstützt.

Noch heute habe ich vor Augen, wie eines Vormittags Teruel wieder durch eine größere Anzahl Bomber angegriffen werden sollte und plötzlich mit hartem Knattern Jagdmaschinen sowjetischer Konstruktion durch die unter uns liegende Schlucht flogen und sich dann unerwartet auf die Bomber stürzten. Oft hatten wir sie herbeigesehnt, hatten geflucht, wenn wir uns nicht wehren konnten, und jetzt prasselten ihre Maschinengewehrgarben in die Bomber, die völlig überrascht waren. Rauchfackeln kündeten von brennenden Francomaschinen. Detonationen zeigten, wo Bomber aufgeschlagen waren. Der Rest des Verbandes warf seine Bomben im Notwurf über dem eigenen Gebiet ab, teilweise sogar in die Francostellungen.

So schnell, wie sie gekommen, waren unsere Jagdflugzeuge wieder verschwunden. Unser Jubel kannte keine Grenzen und flammte noch einmal auf, als wir einige Tage später beim Stellungswechsel an den Trümmern der abgeschossenen Maschinen vorbeikletterten.

Trotz der Kälte wurde es für uns ein heißer Tag. Der Gegner wollte unsere Reserven nicht nach vorn lassen und deckte uns mit Artilleriefeuer ein. Wenn wir Flugzeuge hörten, zerstreuten wir uns im Gelände längs der Straße. Neben einer Brücke, die über einen ausgetrockneten Flußlauf führte, verließen wir die Straße, nahmen unsere Maschinengewehre auseinander und stiegen in die Berge.

Die Faschisten hatten es auf den 1086 Meter hohen Gebirgskamm des El Muletón abgesehen, und die spanischen Carabineros, eine gutbewaffnete Polizeitruppe, konnten dem tagelangen Trommelfeuer und den Angriffen der Infanterie nicht länger standhalten. Sie hatten bereits große Verluste erlitten und räumten teilweise die nur aus Steinblöcken aufgeschichteten Schutzwälle und Stellungen. Eines unserer Bataillone war bereits an der Front eingetroffen, und wir sollten es unterstützen. Die Granateinschläge hagelten fast ununterbrochen, einige Geschosse flogen über den Kamm und unsere Köpfe hinweg und detonierten unter uns.

Gegen Mittag begegneten wir Kameraden einer anderen Kompanie unter dem Kommando des Genossen Walter Schewe, der auch in der ČSR in Emigration gewesen war und den wir alle von weitem an seiner langen, abgetragenen Lederjacke erkannten.

Drohend starrten die Läufe der gutgetarnten Maschinengewehre in den kalten Himmel. Diese Waffen waren durch unsere Waffenmeisterei besonders hergerichtet worden, und diese Sonderkompanie hatte die Aufgabe, feindliche Flugzeuge zu bekämpfen, und dabei schon einige Erfolge erzielt. Unser Freund aus Döberitz, der eigentlich als Condorpilot unsere Stellungen angreifen sollte, hatte bereits ein Naziflugzeug abgeschossen und war zum Leutnant und Zugführer befördert worden.

Gegen Abend erreichten wir so steile Hänge, daß wir unsere Lasten von Mann zu Mann höher reichen mußten. Jeden Schritt mußten wir vorsichtig setzen, denn oft lösten sich große Steine und polterten in die Tiefe, kleine Steinlawinen auslösend.

Vor Hunger kauten wir Bacalao, einen salzigen Stockfisch, den wir in den letzten Tagen als Verpflegung empfangen hatten. Gern hätten wir wieder eine warme Mahlzeit gegessen, aber selbst einem Esel oder einem Maultier hätte man den Weg zu uns herauf nicht zumuten können. Das Tier wäre abgestürzt!

Endlich, die Sonne stand schon ganz tief, sahen wir den Rand des Kammes, und wir mußten uns noch vorsichtiger bewegen. Zwar konnte uns der Gegner noch nicht beobachten, aber seine Granaten waren gefährlich. Granatsplitter und Steinstücke pfiffen durch die Luft.

Als erster wurde ausgerechnet unser Sanitäter verwundet, der Österreicher Georg Nürnberger, den wir wie seine Landsleute »Schurl« nannten. Er war wegen seiner Hilfsbereitschaft und seiner Tapferkeit bei allen Genossen beliebt. Granatsplitter hatten ihn in beide Schenkel getroffen. Er stöhnte nur leise, als wir uns von ihm verabschiedeten und er weggetragen wurde.

Bei Anbruch der Dunkelheit hatten wir endlich die Stellung, wenn man sie so nennen kann, erreicht. Wir besserten die an vielen Stellen zerstörten Steinwälle etwas aus und machten die sechs Maschinengewehre, die auf etwa 300 Meter auseinandergezogen wurden, feuerbereit. Ablösen konnten wir niemanden, denn wir fanden nur tote Kämpfer vor.

In einem kleinen, herrenlosen Sack fand ich einige harte Halbkilobrote, mit denen wir unsere Verpflegung aufbesserten. An der linken Begrenzung unseres Abschnitts stießen wir auf eine kleine Höhle. Ein schmaler Gang führte schräg in die Tiefe und war mit alten Wolldecken abgedeckt. Dieses Loch bot für etwa sechs Genossen Platz.

Während wir bereits Verbindung zum linken Nachbarn hatten, sollte ich nach rechts den Anschluß herstellen. Irgendwo sollte sich eine kleine zerfallene Schutzhütte für Hirten befinden, auf die ich nach längerem Suchen in der Dunkelheit auch stieß, das heißt, ich fand die zerschossenen Außenmauern. In ihrer Nähe fand ich den Holländer-Piet, der dort auch wartete. Wir kannten uns aus der Zeit, da er bei uns in der Kompanie kämpfte. Jetzt war er Melder beim Bataillon. Vor uns senkte sich die Hochebene ein wenig. Sie war mit kleineren und größeren Gesteinsbrocken übersät.

Vor uns lagen Moros. So nannten wir die nordafrikanischen

Söldner Francos. Ihr Gesang hörte sich schauerlich an. Vielleicht verstärkte das Alleinsein noch das Gefühl einer gewissen Ohnmacht. Als Junge hatte ich abends immer gepfiffen, wenn ich allein unterwegs war.

Über die Moros hatte ich schon von Genossen, die einige Zeit vor mir nach Spanien gegangen waren, vielerlei und nichts Gutes erfahren. Sie waren als gute Schützen bekannt und verhielten sich äußerst grausam gegenüber Gefangenen.

»Bleib immer schön links, wenn du auf der kleinen Anhöhe neben uns bist«, sagte Piet. »Wir haben hier schon böse Sachen erlebt. Einige junge Spanier haben sich geweigert, als Horchposten ins Niemandsland zu ziehen. Die Moros hatten nachts einige Kameraden mit ihren Messern zerstückelt. In solchem Gelände fühlen sie sich sicher.«

Ich war nicht gerade ängstlich, aber ich lief und kroch fast lautlos zurück und horchte dabei auch auf das kleinste Geräusch. Wenn ein Stein vor Frost knackte, blieb ich liegen, bis ich Gewißheit hatte.

Meine Eierhandgranaten warf ich lieber nicht, ich hätte von beiden Seiten nur eine mächtige Schießerei provoziert. Was blieb mir bei einem Überfall? Ich konnte zwar mit einem schnellen Griff den kurzen, an beiden Seiten angeschliffenen Militärspaten ziehen und hatte außerdem noch mein langes Dolchmesser, das mir ein spanischer Waffenschmied in Madrigueras, unserem Ausbildungszentrum, aus einem Stück Eisenbahnpuffer angefertigt hatte. Alles ein schwacher Trost, falls mehrere Söldner über mich herfielen. Ich atmete erst wieder auf, als ich auf einen unserer Posten traf und zu Hause war.

Die Nacht über schliefen wir nach den großen Anstrengungen des Tages wie Tote. Wachablösungen weckten uns hin und wieder. Im Morgengrauen ging der Tanz los. Artillerie deckte uns ein, daß ringsum der Fels bebte. Vor Kälte zitternd wünschte ich mir einen recht heißen, kräftigen Glühwein, aber dieser Gedanke verließ mich sofort wieder. Ich konnte mich daran auch nicht erwärmen, denn schon wogte die erste Angriffswelle heran, nachdem vorher Schlachtflugzeuge kleine Bomben abgeladen und alles mit ihren Maschinengewehren beschossen hatten, was sich bewegte oder was anders aussah als die graubraunen Steine.

Kugeln pfiffen über unseren Steinschutz, der Gegner ging ohne Geheul vor. Einzelne Gestalten konnte man erkennen, wenn sie zum nächsten größeren Stein krochen und ein Ziel für unsere Gewehre boten.

Im Verlauf des Gefechts wurde der Wassermantel unseres Maschinengewehrs zerschossen, und dann kamen von links Kameraden des Bataillons zurückgesprungen und berichteten, der Gegner rolle unsere Flanke auf. Gleichzeitig verstärkte die feindliche Infanterie ihr Feuer.

Unser österreichischer Zugführer rief uns zu, bis zum nächsten Maschinengewehr zurückzugehen. Gleich darauf erhielt er einen Bauchschuß. Ich kroch über einige Tote etwa sechzig Meter nach rechts und stieß dort auf den Zugführer Franz Stenitzer aus der Steiermark, auf den Gewehrführer Otmar Fenzl aus Tirol und auf den Schützen Hans Wöginger aus Wien.

Otmar wies mich ein. »Leg dich gleich hier hin. Nimm einen der Karabiner. Die ersten sind nicht mehr weit ab. In der kleinen Kiste sind Handgranaten. Laß deinen Kopf unten!«

Franz Stenitzer lag hinter einem Stein und schoß mit einem Karabiner. Weit vor mir sah ich ungedeckt einen faschistischen Offizier mit einem langen Stab, wie ihn hier in den Bergen die Hirten tragen, herumfuchteln und seine Söldner zum Angriff treiben. Ich zielte genau, schoß und traf, während ich noch dachte, wie kann der sich nur so dumm bewegen!

»Endlich hab' ich dich!« schrie im selben Augenblick Franz Stenitzer. Er mußte ebenfalls auf den Offizier geschossen haben.

Gleich kommt die nächste Welle! dachte ich und zog meinen sowjetischen Wollpudel ab, der außer dem Gesicht den ganzen Kopf, Hals und Nacken bedeckte und wärmte. Mir war inzwischen so warm geworden, daß der französische Stahlhelm genügte.

Granaten heulten wieder über unsere Köpfe hinweg, die Artillerie legte Sperrfeuer auf die Straße, von der wir weit unten ein kleines Stück erkennen konnten. Weiß und zart wie ein Spinnwebfaden erschien sie uns.

Auch das Infanteriefeuer wurde wieder stärker. Die Angreifer hatten trotz ihrer großen Übermacht wenig Aussicht, den Kamm, der wie der riesige Panzer einer Schildkröte aussah, zu erobern, denn die leichte Steigung, die zu ihm heraufführte, bot kaum Deckung.

Einige Söldner trafen wir, mußten uns aber selbst sehr vorsehen, weil Querschläger verdächtig nahe zirpten. Außerdem schossen die Banditen auch mit Explosivgeschossen. Die Moros waren bis auf Handgranatenweite herangekommen. Dreißig bis vierzig Meter vor uns lagen sie, als Hans Wöginger, ein Linkshänder, eine Handgranate warf. Er muß sich dabei hinter seinem Stein zu weit aufgerichtet haben, denn plötzlich sank er zusammen. Ich kroch zu ihm. Sein Gesicht war verzerrt. Kurz über seinem Herzen sah ich einen kleinen blutigen Fleck, der sich schnell vergrößerte. Franz und ich krochen mit dem Schwerverwundeten langsam nach hinten, bis wir besser gedeckt waren. Otmar schoß oben weiter. Auch von rechts her, wo ich abends den Holländer-Piet gesprochen hatte, tackten mehrere Maschinengewehre des Bataillons und hielten die Faschisten nieder.

Etwa vierzig Meter links unter uns feuerte ein leichtes Maschinengewehr. Es deckte unsere linke Flanke, in die der Gegner eingedrungen war, aber nicht vorankam. Junge Spanier verteidigten sich hier. Zwei von ihnen kümmerten sich um unseren verwundeten Genossen, der das Bewußtsein verloren hatte. In einem Tal unter uns lagen Sanitäter.

Franz Stenitzer und ich krochen wieder in unsere Stellung zurück, als ich plötzlich einen starken Schlag gegen die linke Seite meines Stahlhelms erhielt.

Ein Stein, dachte ich unwillkürlich, und ich fühlte, wie mir etwas Warmes über das Gesicht rann. Als ich hinfaßte, war sofort die ganze Handfläche voller Blut. Ich wollte Franz rufen, brachte aber kein Wort Wort mehr heraus. Auch die Knie wurden mir eigenartig schwer. Ich wischte noch einmal das Blut ab und richtete mich mühselig etwas auf.

Der Rest ist schnell erzählt: Zwei der jungen spanischen Genossen fanden mich und zogen mich unter großen Anstrengungen fort. Vorher hatten sie mir meinen Helm abgenommen und mir einen Notverband angelegt.

Die beiden hatten ihre Last mit mir. Tiefer unten detonierten in nächster Nähe Granaten. Nach jedem Einschlag nahmen sie mich wieder auf. Am Hang schimpften sie laut mit Sanitätern, bis mich zwei auf eine Trage legten.

Die beiden Jungen beugten sich über mich und wünschten mir alles Gute. »Salud y suerte, rubio!« (Gesundheit und Glück, Blonder!) Dann krochen sie trotz des starken Beschusses wieder zu ihren Kameraden auf den Kamm.

Der weitere Abstieg dauerte noch eine ganze Weile, endlich schoben mich Sanitäter in einen kleinen Ambulanzwagen. Im nächsten Ort befand sich die Brigadesanitätsstelle in großen alten Weinkellern, die in eine hohe, senkrecht aufragende Felswand gehauen waren. Generationen hatten daran gearbeitet.

Nach einer Operation in einem Feldlazarett kam ich in das tschechoslowakische Lazarett »Jan Ámos Komenský« nach Benicasím, einem kleinen Badeort am Mittelmeer. Ich habe es der großen Kunst und Erfahrung des Chefarztes Dr. Bedřich Kisch zu verdanken, daß ich noch am Leben bin.

Dort besuchte mich auch unser erster Kompaniechef, Richard Knaak, dem die Zehen erfroren waren. Etwas später traf ich den Zugführer Franz Stenitzer, der wie Otmar Fenzl kurz nach mir auf dem Kamm verwundet worden war. Wie er mir erzählte, war Hans Wöginger noch vor meinem Abtransport seiner schweren Verwundung erlegen.

Unsere Kompanie hatte schwere Verluste erlitten. Die Überlebenden wurden deshalb anderen Einheiten zugeteilt. Die Stellungen am El Muletón und die Stadt Teruel konnten unter großen Verlusten noch eine gewisse Zeit gehalten werden, dann aber mußten unsere Kämpfer der feindlichen Übermacht weichen.

Auf den Zwischenstationen war ich versorgt worden, so gut es ging. Ich dämmerte vor mich hin, kann mich aber noch gut an ein Feldlazarett in einer größeren Schule erinnern. Hier wurde ich operiert.

Zwei spanische Sanitäter kümmerten sich sofort um mich. Ich weiß nicht mehr, was sie alles für mich getan haben, kann mich aber an die verdünnte Kondensmilch erinnern, die sie mir in einer kleinen Konservenbüchse gaben. Manchmal sind es Kleinigkeiten, die man sich merkt!

Nach einiger Zeit weckte mich der größere der beiden Sanitäter, führte mich zu einem Tisch, und beide setzten mich hinauf. Sie redeten dabei dauernd auf mich ein, daß sie mir die Haare schneiden und meinen Kopf rasieren müßten, aber sie wollten es sehr behutsam tun. Als er den Verband abwickelte, mußte ich mich zusammenreißen. Es war eine Tortur, weil mit dem Blut Haare festgeklebt waren. Während einer rasierte, hielt mich der andere fest. Endlich waren sie fertig und legten mich wieder ins Bett. Trotz der Schmerzen in Kopf und Nacken schlief ich ein, vielleicht sogar ihretwegen.

Als ich erwachte, war es schon hell. Im Operationszimmer hantierten ein Arzt und seine Helfer, alles Katalanen, noch jung und sehr freundlich. Sie wollten mir Mut machen. Ich solle nur ruhig bleiben, eine Narkose wollten sie mir geben.

Ich erwachte wieder in meinem Bett. Mich quälte ein starker Schmerz im rechten Oberschenkel.

Langsam begann ich wieder zu denken, ganz langsam. Ich nahm mir vor, mich um meinen Oberschenkel zu kümmern. Mit der Hand tastete ich unter der Decke an meinem Mantel entlang, den man mir nicht ausgezogen hatte. Und da fühlte ich die Bescherung: Ich lag auf der Manteltasche. Drei Patronenrahmen mit fünfzehn Schuß und zwei Eierhandgranaten sind nun wahrlich kein sanftes Ruhekissen.

Ich wollte dem Sanitäter mein Arsenal übergeben und hatte alles auf der Decke ausgebreitet. Wahrscheinlich verstand er mich nicht, erinnerte sich aber meiner Kopfverwundung und ahnte Böses. Rückwärts gehend entfernte er sich aus dem Zimmer, sagte auch den anderen Verwundeten nichts. Vielleicht wollte er sogar eine Panik verhüten. Eigentlich alles begreiflich. Sein Genosse war mutiger, blickte mich fest an, lächelte, als wollte er sagen: »Mach doch keinen Unfug, Deutscher!« Er sammelte alles ein, nickte mir zu und verschwand. Beide Seiten waren erlöst!

Gegen Abend wurde ich zum Bahnhof geschafft und in einen Lazarettzug verladen. Die Betten in meinem Wagen waren alle belegt. So lag ich auf der Trage im Gang und ließ mir eine köstliche Fischsuppe munden. Einen Krankenpfleger, der einige Schüsseln davon auf einem großen Tablett vorbeitrug, hatte ich einfach, weil ich nicht sprechen konnte, am Hosenbein festgehalten. Er kam gleich darauf mit einem anderen Sanitäter wieder, und sie fütterten mich wie ein kleines Kind, bis ich nicht mehr weiteressen konnte.

Ich weiß nicht, wie lange der Lazarettzug unterwegs war, wie oft er hielt – ich habe viel geschlafen. Auf einem kleinen Bahnhof, der in der hellen Morgensonne lag, wurden außer mir noch einige andere Kameraden, der Sprache und dem Aussehen nach Spanier, hinausgetragen oder hinausgeführt. Es war angenehm warm.

Das Pflegepersonal sprach kurz mit den Verwundeten oder schaute sie sich an. Bei mir war wohl alles klar: Ich wurde in einen kleinen Krankenwagen geschoben, und schon nach ganz kurzer Fahrt hielten wir wieder. Der Wagen stand vor dem Eingang einer großen Villa. Als mich die Träger hineintrugen, erkannte ich eine große Dattelpalme im Vorgarten und konnte einen Blick auf den Strand und das Meer werfen. Doch wußte ich nicht, wo ich nun gelandet war.

Ich glaubte zu träumen. Der krasse Gegensatz zwischen den kahlen, unfreundlichen Bergen mit etwa zehn bis zwanzig Grad Kälte in den Nächten, den vielen Strapazen, dem verbissenen Kampf um den Kamm und dieser wohltuenden Ruhe, den Palmen und der leichten Brise – alles war für mich schwer faßbar und kaum zu glauben.

Ich wurde erst einmal in eine große Diele gebracht und auf ein Bett gelegt. Der Raum war in dämmriges Licht gehüllt, weil die Fenster mit ihren Glasmalereien die Sonne brachen. Ich hatte jeden Zeitbegriff verloren und kann heute nicht mehr sagen, wie lange ich hier – heute würde man sagen, in der Aufnahme – gelegen habe.

Eine kleine, etwas rundliche Frau trat an mein Bett, etwa vierzig Jahre alt. Wenn ich das noch schätzte, war sicher nicht alle Hoffnung verloren. Sie betrachtete mich mütterlich, versuchte den Zettel an meinem Kopfverband zu lesen und sprach mich dann deutsch mit dem Akzent einer Tschechin an.

Ich konnte ihr nicht antworten, sie merkte aber, daß ich sie verstand. Auf ihre Frage, ob ich gern Kakao trinke, nickte ich, und sie brachte bald einen Steingutnapf mit diesem für Kriegszeiten köstlichen Getränk. Dabei erzählte sie, daß sie aus Mähren stamme, erst vor ganz kurzer Zeit nach Spanien gekommen sei und hier in einem tschechoslowakischen Hospital arbeite. Sie sei für die Verpflegung verantwortlich. Alle Genossen seien hier überlastet, weil nur besonders schwere Fälle eingeliefert würden. Ich solle versuchen, etwas zu schlafen. Der Chefarzt werde bald kommen.

Doch vor ihm erschien eine junge, kräftige spanische Krankenschwester. Sie musterte mich und machte mir klar, daß ich ausgekleidet und gewaschen werden müsse. Mir war das peinlich, hatte ich doch noch nie in einem Krankenhaus gelegen und kam nun direkt von der Front. Was sollte die Schwester von mir denken? Meine Hände waren dunkel geworden von Waffenöl, Pulverrauch, Schmutz. Die Fingernägel hatten schwarze Ränder und waren abgebrochen. Richtig gewaschen hatte ich mich schon lange nicht mehr. Nur gut, daß ich nicht protestieren konnte.

Sie zog mir alles aus, vom Mantel angefangen, den ich für den besten der Brigade hielt und deshalb nicht weggeben wollte, bis zu den drei Paar dicken Socken, die ich übereinandertrug. Sie schaffte gleich alles weg, zur Reinigung und Desinfektion, wie sie sagte. Die vielen Läuse lebten ihren letzten Tag. Dann wusch sie mich lange und gründlich, holte mehrmals warmes Wasser. Ich bekam ein langes Krankenhaushemd und war nun ein richtiger Patient.

Der Chefarzt hatte noch zu tun. Dafür setzte sich ein großes blondes Mädchen an mein Bett, stellte sich als Erika Glaser vor und begrüßte mich als ihren Landsmann. Der Vater sei Arzt, sie selbst helfe im Krankenhaus. Sie redete und redete, und es schien ihr nichts auszumachen, daß ich gar nicht antworten konnte. Es ging gewiß nur darum, die Zeit zu überbrücken und mir meine Lage nicht deutlich werden zu lassen. Ein Bettnachbar, ein Mann von etwa 45 Jahren, löste sie ab und machte sich mit mir bekannt. Er sprach mich erst gebrochen spanisch und dann russisch an. Ich verstand nur soviel, daß er einen unserer Panzer gefahren hatte und dabei

Dieses Zeugnis ist sorgfältig aufzubewahren!

Schulentlassungs-Zeugnis.

Karl Prieß, Sohn ~~Tochter Mündel~~

des Arbeiters Emil P.

zu Seegefeld, geboren am 9 ten Februar 1911

zu Berlin, Kreis

ev. Konfession, ist in die hiesige siebenstufige Gemeindeschule

aufgenommen Ostern 1917, nachdem d... selbe vorher

die Schule ... zu ... besucht hat.

Der genannte Schüler, dessen Schulpflicht mit dem heutigen Tage beendet ist,

wird mit folgendem Zeugnis aus Kl. I ~~der~~ Schule entlassen:

Schulbesuch: sehr regelmäßig **Fleiß:** zl. gut **Betragen:** recht gut

Kenntnisse und Fertigkeiten:

Religion:

Deutsch: a) **Lesen** zl. gut

b) **Rechtschreibung:** recht gut

c) **Aufsatz:** recht gut

Rechnen: gut

Raumlehre: gut

Geschichte: gut

Erdkunde! gut

Naturbeschreibung: zl. gut

Naturlehre: genügend

Chemie: gut

Schreiben: genügend

Zeichnen: zl. gut

Singen: zl. gut

Turnen: ungenügend

Nadelarbeiten:

Bemerkungen:

Seegefeld, den 31 ten März 1925

Der Schulleiter: H.

Die Lehrer: [illegible]

Die Schwarzkopfstraße in Falkensee, eine Straße, wie sie in Berlins Randgebieten häufig war

Arbeiterdemonstration in Falkensee (1929/30) in Begleitung der Ortspolizei

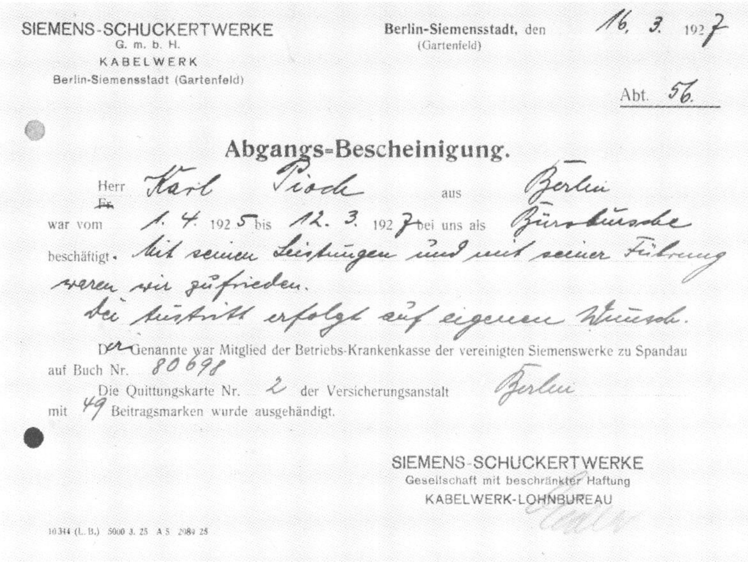

SIEMENS-SCHUCKERTWERKE
G. m. b. H.
KABELWERK
Berlin-Siemensstadt (Gartenfeld)

Berlin-Siemensstadt, den 16. 3. 1927
(Gartenfeld)

Abt. 56.

Abgangs-Bescheinigung.

Herr ~~Fr.~~ Karl Pioch aus Berlin

war vom 1. 4. 1925 bis 12. 3. 1927 bei uns als Bürobursche

beschäftigt. Mit seinen Leistungen und mit seiner Führung waren wir zufrieden.

Der Austritt erfolgt auf eigenen Wunsch.

Der Genannte war Mitglied der Betriebs-Krankenkasse der vereinigten Siemenswerke zu Spandau auf Buch Nr. 80698

Die Quittungskarte Nr. 2 der Versicherungsanstalt Berlin mit 49 Beitragsmarken wurde ausgehändigt.

SIEMENS-SCHUCKERTWERKE
Gesellschaft mit beschränkter Haftung
KABELWERK-LOHNBUREAU

10344 (L. B.) 5000 3. 25 A S 2084 25

Entlassungsschein der Siemens-Schuckertwerke 1927

Als Roter Pfadfinder 1931

Das Sportlerheim

Abzeichen der Woroschilowschützen, überreicht im Jahr 1930

Als Lehrling auf dem Bau (oben, sitzend)

Rückseite des Emigrantenheimes Schloß Mšec

Karikatur über die Wasserholer des Heimes

Freizeit auf der Treppe zum Garten, an der der Zahn der Zeit genagt hat (dritter von links der Autor)

Karikatur »Direkt auf den Mann«

»Latte« (Heinz Hamann) im Tor der Emigrantenmannschaft

Fußballmannschaft des Dorfes Lidice

Ruth

Blick von Sušice in die Berge

Die »Maxims« der MG-Kompanie

Grabstein Hans Beimlers auf dem Bergfriedhof Montjuich in Barcelona

»Latte« vor der Ebrooffensive

Ärztinnen aus dem tschechoslowakischen Hospital

Verwundete vor dem Hospital (mit dem Kopfverband der Autor)

Vor dem Kulturhaus »Maxim Gorki« in Benicasim

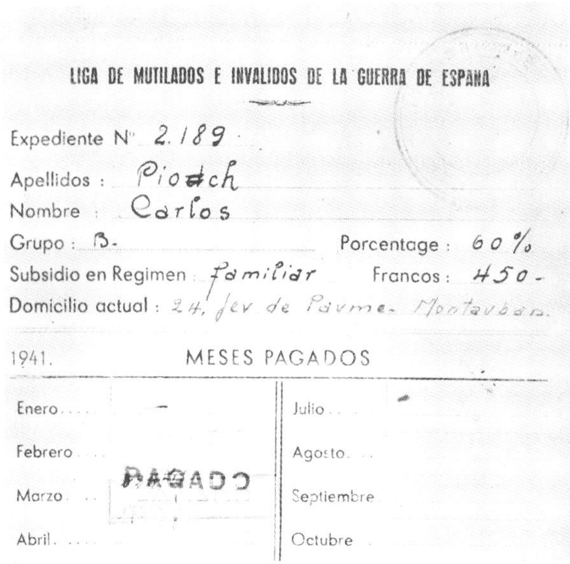
LIGA DE MUTILADOS E INVALIDOS DE LA GUERRA DE ESPAÑA

Expediente N° 2.189

Apellidos : Pioch

Nombre : Carlos

Grupo : B. Porcentage : 60 %

Subsidio en Regimen : familiar Francos : 450.-

Domicilio actual : 24, fev. de Parme. Montauban.

1941. MESES PAGADOS

Enero ... —	Julio ..
Febrero ...	Agosto ...
Marzo ... PAGADO	Septiembre
Abril ...	Octubre

Invalidenkarte des Autors mit den Zahlungsstempeln

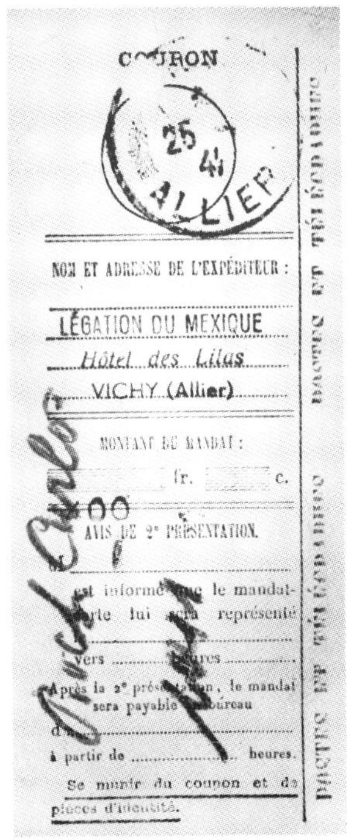
COUPON

25 4 41 ALLIER

NOM ET ADRESSE DE L'EXPÉDITEUR :

LÉGATION DU MEXIQUE

Hôtel des Lilas

VICHY (Allier)

MONTANT DU MANDAT :

fr. c.

AVIS DE 2e PRÉSENTATION.

est informé que le mandat-carte lui sera représenté

vers heures

Après la 2e présentation, le mandat sera payable au bureau

d

à partir de ... heures.

Se munir du coupon et de pièces d'identité.

Zahlungsbeleg der mexikanischen Botschaft, die die Zahlungen übernommen hatte

Kontrollbescheinigung der Präfektur in Montauban für Charles Pioch, Schiffsführer(!)

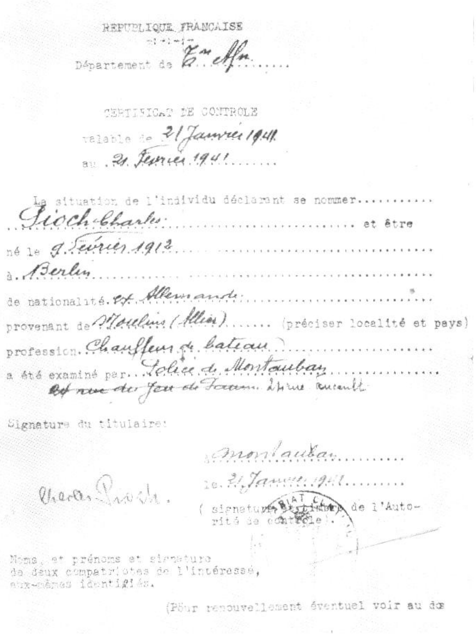

REPUBLIQUE FRANCAISE

Département de Tn et Gne.....

CERTIFICAT DE CONTROLE

valable du 21 Janvier 1941

au 21 Février 1941.......

La situation de l'individu déclarant se nommer...........

Pioch Charles .... et être

né le 9 Février 1912..........................

à Berlin...

de nationalité ex Allemande...........................

provenant de Moulins (Allier)....... (préciser localité et pays)

profession Chauffeur de bateau.........................

a été examiné par Police de Montauban.......................

Signature du titulaire:

Montauban........

le 21 Janvier 1941........

Charles Pioch.

(signature et timbre de l'Autorité de contrôle)

Noms, et prénoms et signature de deux compatriotes de l'intéressé, eux-mêmes identifiés.

(Pour renouvellement éventuel voir au dos

»Obengennante Person in Empfang genommen«, Quittung eines Gestapobeamten auf einem französischen Dienstauftrag, den die »obengenannte Person« bei der Auslieferung an sich nahm

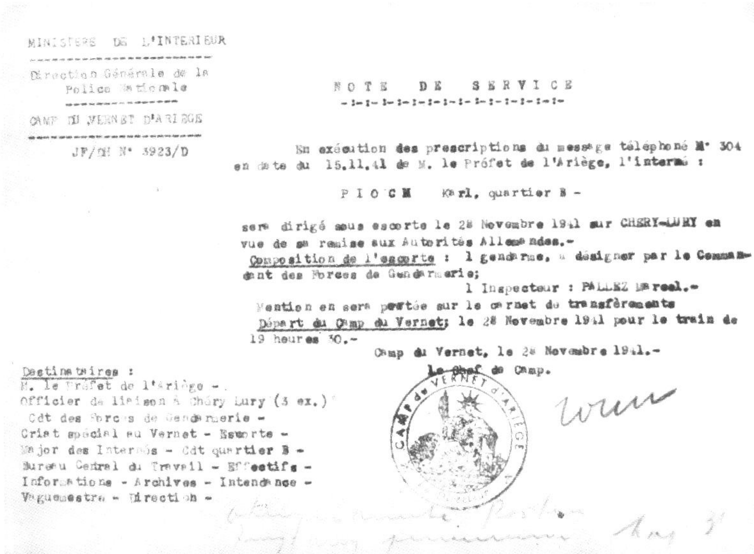

MINISTERE DE L'INTERIEUR

Direction Générale de la Police Nationale

CAMP DU VERNET D'ARIEGE

JF/DH N° 3923/D

NOTE DE SERVICE

En exécution des prescriptions du message téléphoné N° 304 en date du 15.11.41 de M. le Préfet de l'Ariège, l'interné :

PIOCH Karl, quartier B -

sera dirigé sous escorte le 28 Novembre 1941 sur CHERY-LURY en vue de sa remise aux Autorités Allemandes.-

Composition de l'escorte : 1 gendarme, à désigner par le Commandant des Forces de Gendarmerie;

1 Inspecteur : PALLEZ Marcel.-

Mention en sera portée sur le carnet de transfèrements

Départ du Camp du Vernet; le 28 Novembre 1941 pour le train de 19 heures 30.-

Camp du Vernet, le 28 Novembre 1941.-

Le Chef de Camp.

Destinataires :
M. le Préfet de l'Ariège -
Officier de liaison à Chéry Lury (3 ex.)
Cdt des Forces de Gendarmerie -
Criat spécial au Vernet - Escorte -
Major des Internés - Cdt quartier B -
Bureau Central du Travail - Effectifs -
Informations - Archives - Intendance -
Vaguemestre - Direction -

Obengenannte Person in Empfang genommen

Aufbau des KZ Sachsen-
hausen 1936

Häftlingsnummer des
Autors

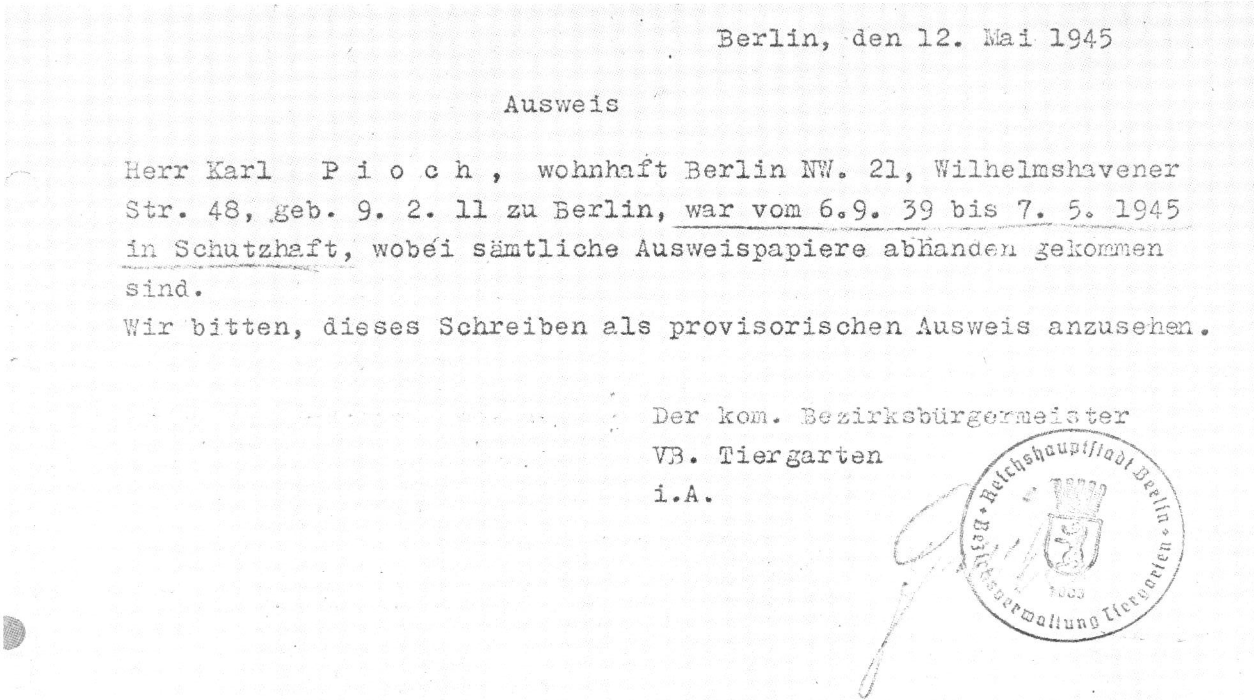

Berlin, den 12. Mai 1945

Ausweis

Herr Karl P i o c h , wohnhaft Berlin NW. 21, Wilhelmshavener Str. 48, geb. 9. 2. 11 zu Berlin, war vom 6.9. 39 bis 7. 5. 1945 in Schutzhaft, wobei sämtliche Ausweispapiere abhanden gekommen sind.

Wir bitten, dieses Schreiben als provisorischen Ausweis anzusehen.

Der kom. Bezirksbürgermeister
VB. Tiergarten
i.A.

Reichshauptstadt Berlin • Bezirksverwaltung Tiergarten

Provisorischer Ausweis nach der Befreiung

Waffenkarte

1. System Sauer u. Sohn
2. Herstellungsjahr --
3. Nummer der Waffe 33174
4. Stückzahl der scharfen Munition 6
5. Wem ausgehändigt Oberassistent Karl P i o c h
6. Dienstliche Stellung Oberassistent
7. Parteizugehörigkeit SED
8. Seit wann im Polizeidienst Mai 1945
9. Bezirk Falkensee Kreis Osthavelland
10. Nummer und Datum des Waffenscheines 1 Mai 1946 Nr.45
11. Woher stammt die Waffe Kommandantur Falkensee
12. Technischer Zustand der Waffe gut
13. Dem Waffenträger sind die Instruktionen über Waffengebrauch bekannt. Die Angaben über Waffenträger und Waffe sind richtig.

Karl Pioch

(Unterschrift des Waffenträgers)

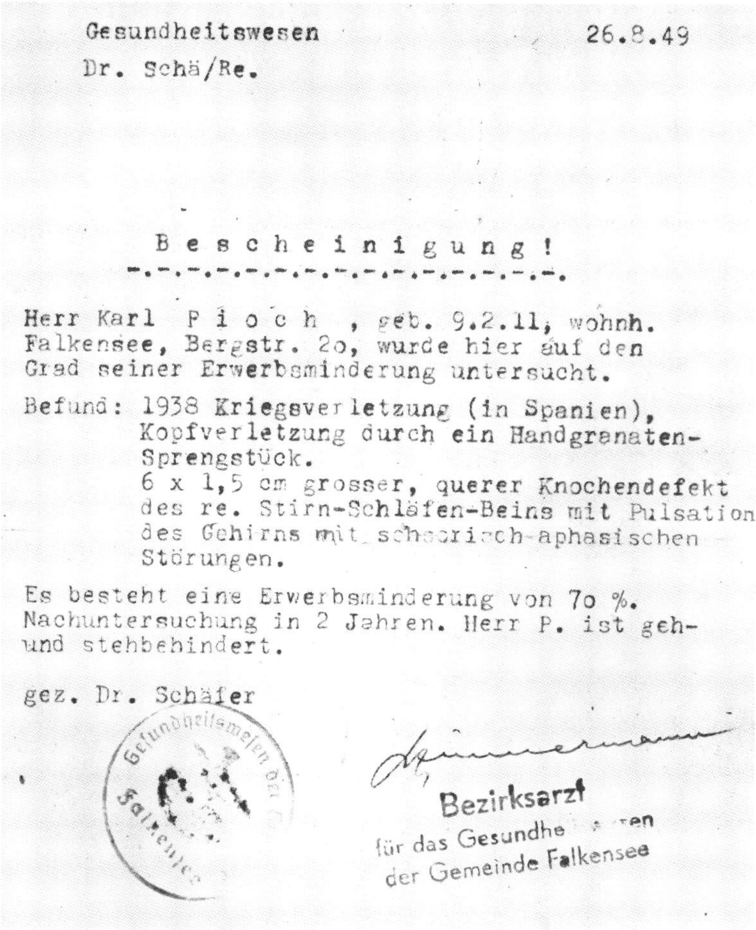
Gesundheitswesen 26.8.49

Dr. Schä/Re.

B e s c h e i n i g u n g !

Herr Karl P i o c h , geb. 9.2.11, wohnh. Falkensee, Bergstr. 2o, wurde hier auf den Grad seiner Erwerbsminderung untersucht.

Befund: 1938 Kriegsverletzung (in Spanien), Kopfverletzung durch ein Handgranaten-Sprengstück.
6 x 1,5 cm grosser, querer Knochendefekt des re. Stirn-Schläfen-Beins mit Pulsation des Gehirns mit s[illegible]isch-aphasischen Störungen.

Es besteht eine Erwerbsminderung von 7o %. Nachuntersuchung in 2 Jahren. Herr P. ist geh- und stehbehindert.

gez. Dr. Schäfer

Bezirksarzt
für das Gesundhe[illegible]en
der Gemeinde Falkensee

Ärztliche Bescheinigung von 1949

Waffenkarte für die Dienstpistole

Vor dem ersten Absprung

Im FDJ-Lager »Kernkraftwerk Nord«, Juli 1977

Begegnung mit polnischen und österreichischen Widerstandskämpfern

Wiedersehen in der Nationalen Mahn- und Gedenkstätte Sachsenhausen mit einem der jüngsten polnischen Häftlinge, Ryszard Adamski

Treffen mit italienischen Partisanen in Berlin

Bei der Auszeichnung eines lettischen Genossen mit der Ehrenmedaille des Komitees der Antifaschistischen Widerstandskämpfer der DDR

Gedenkfeier am Finnischen Meerbusen aus Anlaß des 30. Jahrestages des Durchbruchs der Blockade Leningrads

Bei der Einweihung des Denkmals für die gefallenen Interbrigadisten im September 1968

am Bein verwundet worden war. Jetzt konnte er schon wieder, wenn auch noch mühselig, mit Hilfe eines dicken Stockes laufen. Obwohl er nicht deutsch sprach und ich nur ein stiller Zuhörer sein konnte, setzte er sich während des Nachmittags noch mehrmals zu mir und erzählte etwas, um mir wohl die Zeit zu vertreiben und mich auch von meinen Schmerzen abzulenken.

Am nächsten Vormittag fühlte ich mich sehr krank und matt. Zwar hatten Krankenschwestern und eine Ärztin ständig nach mir gesehen, und ich hatte einige Schmerztabletten schlucken müssen, aber besser ging es mir davon nicht. Mein Erinnerungsvermögen ließ immer mehr nach.

Dann tauchte der Chef auf, in einer gutsitzenden Uniform, der von einer kurzen Reise zurückgekommen war. Es war der Chirurgische Leiter des Hospitals, Genosse Dr. Bedřich Kisch. Sein kluges Gesicht, nicht zu ernst, tat mir wohl.

Er sagte mir, daß er gleich nach mir sehen werde. Nach der Untersuchung der Wunde stellte er einige Fragen, ich konnte nur mit dem Kopf schütteln oder nicken, also wieder ein sehr einseitiges Gespräch. Er bereitete mich schonungsvoll darauf vor, daß ich noch einmal operiert werden müsse. Er könne mir jedoch keine Narkose geben, weil ich inzwischen schon sehr schwach geworden war.

Vom ersten Augenblick an hatte ich zu diesem Arzt großes Vertrauen, ich verspürte keine Furcht. Von medizinischen Dingen verstand ich nichts. Wenn ich nickend zustimmte, griff ich im Grunde genommen nur nach dem Strohhalm. Jetzt ging alles furchtbar schnell. Ein tschechischer Krankenpfleger hob mich zu meinem Erstaunen ganz allein aus dem Bett und trug mich wie ein Kind durch die schon geöffnete mittlere Tür in den hellen Operationsraum, durch dessen große Fenster man das nahe Meer erblickte.

Dr. Kisch, nun im weißen Arztmantel, beugte sich tröstend über mich: Die Operation sei notwendig, müsse schnell durchgeführt werden, und ich solle nur zuversichtlich sein, es werde alles gut.

Bevor mir ein weißes Leinentuch über das Gesicht gelegt wurde, erkannte ich noch zwei Ärztinnen und eine Operationsschwester. Dr. Kisch gab kurz seine Anweisungen. Mit den beiden Ärztinnen sprach er nur wenig und dann tschechisch.

Starker Schmerz packte mich, als mir die Kopfhaut hochgezogen und irgendwie festgeklammert wurde. Ich krallte mich mit der rechten Hand an der neben mir stehenden Ärztin fest und ließ sie nicht mehr los. Ich wollte nur stillhalten, nicht stöhnen und nicht schreien.

Dann setzte Dr. Kisch irgendeinen Bohrer an. Ein lautes Knirschen und Dröhnen ging, wie es mir schien, nicht nur durch meinen Kopf, sondern auch durch Nacken und Rücken, ich befürchtete, die Trommelfelle würden platzen, und alles schien kein Ende zu nehmen.

Plötzlich war alles still. Ich hörte, wie neben mir der Chirurg in tschechisch den beiden Ärztinnen etwas erläuterte.

»Podívejte se, ted' je tady odkryt mozek!« Schauen Sie, hier liegt jetzt das Gehirn frei! – »Vypadá to s ním špatně, je hodně slabý, asi to nepřežije ...« Es sieht schlecht mit ihm aus, er ist schwach und wird es kaum überleben!

Er äußerte sich noch etwas über diesen Fall, ich hörte einigemal »Trepanation« und »Hirnabszeß«.

»Kannst du noch sehen?« war die erste Frage, die Dr. Kisch an mich selbst richtete, als man mir das von Blut durchtränkte Tuch vom Gesicht nahm. Ich nickte. Dann wurde ich durch eine Seitentür in ein anderes Zimmer mit etwa acht Betten getragen.

Ich aber blickte in übergroße, weitaufgerissene Augen und schmerzverzerrte Gesichter junger spanischer Schwerverwundeter, hörte das bittende Wort »medico« (Arzt), das »madre mía, que dolor tengo«, die Sehnsucht nach ihren Müttern, denen sie ihre großen Schmerzen klagten.

Dr. Kisch ahnte nicht, als er seinen beiden jüngeren Mitarbeiterinnen im Verlauf der Operation alles zeigte und erläuterte, daß ich als damaliger »Reichsdeutscher«, wie man uns nannte, ausreichend Tschechisch verstand und sprach.

Mir fiel jedes seiner Worte wie ein glühender Tropfen ins Herz. Aber sollte ich als junger Mensch, noch dazu in einer Umgebung, die mir so gut gefiel, daß ich sie gern richtig kennengelernt hätte, aus dem Leben gehen? War ich nicht fast erblindet? Warum konnte ich nicht sprechen, warum so langsam denken, warum konnte ich mich kaum noch erinnern? Fragen über Fragen, und sie ließen mir keine Ruhe.

Ein einziges Mal hörte ich die stille, blasse, aber resolute Ärztin Vlasta Veselá laut schimpfen. Sie hatte recht, und ich hatte ihr den Anlaß gegeben.

Uns betreute eine Krankenschwester, die so kräftig war, daß sie einen Verwundeten aus dem Bett heben und wegtragen konnte. Sie war auch sehr fleißig und nur nachmittags nicht in der Villa, weil sie in ihrer Freizeit zu ihrem Verlobten gehen durfte, der irgendwo in der Nähe als Sanitäter arbeitete. Am Tag nach meiner Operation hatte sie über das Fußende meines Bettes eine saubere Drillichhose gelegt, bevor sie ging.

Für dich kann sie die Hosen doch nicht hingehängt haben, dachte ich – aber sie würden passen! Mich verließ der Gedanke nicht wieder: Wenn ich schon sterben sollte, wollte ich mir draußen noch alles ansehen, die Zitronenbäume im Garten, die Dattelpalme, die Blumen, den Strand und das Meer. Und ich wollte mich langsam an den schmiedeeisernen Zäunen entlangtasten, um Halt zu haben, wenn ich schwach werden sollte.

Nur unter großer Anstrengung konnte ich mein Vorhaben ausführen. Schon das Aufstehen bereitete mir Schwierigkeiten, aber erst die Hose und die Alpargatas, die Stoffkletterschuhe mit den dicken Sohlen aus geflochtenem Hanf! Leise öffnete ich die Tür. In der Diele war niemand zu sehen. An der Hauswand entlang kam ich bis an den Vorgarten. Ich sah mir alles an und wagte dann die paar Meter bis an das Tor. Dort setzte ich mich hin, weil mir die Knie weich wurden, schaute auf den Strand und das Meer, in dessen kleinen Wellen sich die Sonne spiegelte. Ich war mit mir zufrieden. Nach und nach kam ich an den Zäunen entlang noch bis an die Nachbarvillen »Ernst Thälmann« und »Marcel Cachin«, und dort setzte ich mich auf den Sockel eines Zaunes und freute mich über die Sonne, die milde Brise und über die vielen Leichtverwundeten, die einen Spaziergang machten und fröhlich miteinander sprachen.

Nach meiner Ansicht war ich etwa zwei Stunden unterwegs. Die Brise wurde etwas kühler, und ich machte mich auf den Rückweg. Alles ging gut. Aber schon in der Diele, noch vor unserem Zimmer, hörte ich die Ärztin Vlasta Veselá, die laut mit der Krankenschwester schimpfte. Als ich die Tür öffnete, überfiel sie mich gleich. »Du bist wohl verrückt geworden! Wer hat dir denn gesagt, daß du aufstehen darfst? Das dauert, wenn alles gut geht, noch mindestens sechs Wochen! Seht euch nur diesen Menschen an!«

Beide zogen mich sofort aus und legten mich ins Bett.

An Ausflüge war nun nicht mehr zu denken. Meine Zimmerkameraden erlagen ihren schweren Verwundungen, einer nach dem anderen. Träger legten die Toten auf die Bahren, deckten Laken darüber und trugen sie an meinem Fußende vorbei. Neue kamen ins Zimmer und starben auch bald.

Die Ärztin Vlasta kümmerte sich sehr um mich, sprach mit mir, um mir Mut zu machen, suchte schmerzstillende Tabletten heraus, gab mir täglich mehrmals die damals noch neuen Vitaminspritzen. Sie freute sich mit mir, als ich wieder, wenn auch ganz leise und abgehackt, sprechen lernte.

Öfter hatte ich schon eine andere freundliche schlanke Frau im Zimmer gesehen. Sie blieb immer in der Nähe meines Bettes stehen, schaute mich an und ging dann wieder, leise, wie sie gekommen war. Später erzählte sie mir, ich hätte nur geschlafen – aber ich hatte sie doch gesehen. Es muß schlimm um mich gestanden haben. Dann kam sie täglich, brachte mir Mandarinen, erzählte mir von sich, von ihrem Mann, der sie schließlich auch begleitete und spaßige Geschichten erzählte, die er entweder selbst erlebt oder erfunden hatte. Ich konnte doch nicht lachen, weil die Schmerzen sofort stärker wurden.

Er sprach oft über Berlin, wo er am Breitenbachplatz gewohnt hatte, von seiner Vaterstadt Prag, von vielen Leuten und Begebenheiten. Ich sagte ihm stockend und langsam, daß ich ihn seit meiner Emigration kannte, aber vorher schon einen Teil seiner Reportagen gelesen hatte.

Es war Egon Erwin Kisch, der »Rasende Reporter«, der ebenfalls in Benicasím weilte, der Bruder unseres Chefarztes. Er unterhielt sich nicht nur mit mir, sondern machte auch anderen Mut. Später saßen wir oft bei Fliegeralarm im Splittergraben im Garten oder standen auf dem breiten flachen Dach der Villa, die nach dem sowjetischen Gelehrten Pawlow hieß, wenn faschistische Kriegsschiffe die nahe Hafenstadt Castellón de la Plana oder die weiter südlich liegende Stadt Sagunto beschossen.

Er schrieb in Benicasím einige schöne Geschichten und Reportagen, darunter »Die drei Kühe« über einen jungen Tiroler Bauern, der seine drei Kühe verkauft hatte, um als Freiwilliger in Spanien am Kampf teilnehmen zu können. Der Held dieser Geschichte lebte unter uns und lag in unserem Lazarett.

Zwei Jahre bewahrte ich das in Spanien in deutscher Sprache gedruckte Büchlein, das mir Egon Erwin Kisch mit seinem Namenszug und einer Widmung zur Erinnerung schenkte. »Dem tapferen Kameraden Karl Pioch mit dem Wunsche, daß er bald wieder lachen könne, ohne Schmerzen zu haben!«

Dr. Bedřich Kisch war gleich nach meiner Operation nach Madrid gefahren, um dort wichtige Apparate und Medikamente zu beschaffen. Ich sah ihn erst wieder, als er mit der Ärztin Vlasta an mein Bett trat und sie ihm von meinem »Spaziergang« erzählte. Es erschien mir, als ob er verwundert sei, mich noch lebend anzutreffen. Aber er freute sich mit mir und kam gleich meiner Bitte nach, in ein anderes Zimmer verlegt zu werden. So kam ich in ein kleines Zweibettzimmer im ersten Stock. Hier hatte ich mehr Ruhe und kam schnell wieder zu Kräften und feierte im Februar inmitten meiner neuen Freunde meinen Geburtstag. Ich hatte Grund zu feiern, war ich doch, wie man so sagt, dem Tod von der Schippe gesprungen. Solche Leute sollen steinalt werden.

Bald brauchte ich nicht mehr in das Operationszimmer getragen zu werden, sprach wieder besser, erinnerte mich an manches, und die Kopfschmerzen ließen nach. Die Wunde schloß sich allmählich. Dr. Vlasta sah sie jeden zweiten Tag an, aber sie lehnte es lange ab, daß ich sie mit einem Taschenspiegel beim Verbandwechsel betrachtete. Als sie es dann doch einmal zuließ, brachte sie mir schnell ein Glas Wasser. Mein Schädel sah nicht gut aus.

Es ging aufwärts, langsam, aber sicher. Ich half schon der Operationsschwester Carmen beim Sterilisieren der ärztlichen Bestecke. Sie erzählte mir aus ihrem Leben. Dr. Kisch fragte einmal, ob ich mit ihm und dem Hospital nach China mitgehen würde, denn an die Front würde ich nicht mehr kommen. Ich sagte natürlich sofort zu und sah mich schon auf die weite Reise gehen.

Der Chirurg war recht stolz auf meine Genesung und gleichzeitig auf seine gute Arbeit. Mehrmals wurde ich geröntgt, und er hielt Vorträge über diesen seltenen Fall vor ausländischen Ärzten in Benicasím, die wie er hier eine große Arbeit leisteten.

In Spanien begegnete ich Dr. Kisch zuletzt im Mai 1938 in der kleinen Hafenstadt Mataró nördlich von Barcelona, in dem hochliegenden, gewaltigen Komplex einer ehemaligen Klosterschule, die als Lazarett diente. Die Faschisten waren inzwischen zum Meer durchgestoßen und hatten es in der Nähe von Tarragona erreicht. Das kostete uns viele Tote und noch mehr Verwundete.

Hier erfüllte ich noch eine Freundespflicht an der Operationsschwester Carmen. Bei dem Unfall eines Krankenwagens war sie schwer verletzt worden und konnte lange nicht laufen. Ich trug sie, bis es ihr wieder besser ging.

Nie werde ich dieses Arbeitermädel vergessen, das mit seinem Bruder im heldenhaften 5. Regiment in Madrid kämpfte, bis die reguläre Volksarmee aufgestellt wurde. Bei diesen Kämpfen wurde ihr Bruder verwundet. Carmen pflegte ihn, und so wurde sie Krankenschwester, später sogar Operationsschwester.

Zum Abschied schenkte ich ihr meine Uhr mit dem schwarzen Leuchtzifferblatt, die ich auch schon zu meinen Kurierfahrten und bei den illegalen Grenzübertritten getragen hatte. Carmen hatte mir soviel Mut und Zuversicht gegeben ...

Im Mai 1938 wurde das Jan-Ámos-Komenský-Hospital aus Mataró in die kleine Stadt Vich verlegt. Dr. Bedřich Kisch, die Ärztinnen Maria und Vlasta und die übrigen Mitarbeiter verabschiedeten sich von den Verwundeten, die noch nicht wieder an die Front gehen konnten.

Hier sei mir ein Vorgriff gestattet. In der Regel geht es für den Patienten nicht gut aus, wenn sich sein Arzt irrt. Über mich hatte Dr. Kisch gesagt: »Er wird es kaum überleben.« Das war ein Irrtum, wie er gern hingenommen wird. Ich habe nach meinem Einsatz in Spanien einen harten Weg gehen müssen, und mir wurde nichts geschenkt. Im Konzentrationslager habe ich überleben wollen, um unseren Sieg über den Faschismus zu erleben und meinen Anteil an der Neugestaltung des Lebens zu leisten. Überlebenwollen bedeutete Kampf. Gewissermaßen ein Nebenprodukt war mein Nachweis für Dr. Kisch, daß der Pioch noch dabei war.

Tschechoslowakische Genossen, Genossen, die ihren schweren Weg durch das SS-Konzentrationslager Sachsenhausen hatten gehen müssen, vermittelten mir nach der Befreiung seine Anschrift in Prag. In den ersten Jahren hatten wir beide mehr zu tun. Er fand keine Zeit für einen Hausbesuch bei seinem Patienten in Berlin, und ich fühlte mich so gut, daß ich nicht einen Arzt in Prag aufsuchen mußte.

Am 15. September 1965 weilte Genosse Dr. Kisch in Begleitung seiner Gattin in unserer Hauptstadt. Er war Gast des Fernsehens der DDR, das »Die Himmelfahrt der Galgen-Toni«, ein Stück seines verstorbenen Bruders, sendete.

So fand ich an meiner Wohnungstür seine Visitenkarte mit dem Vermerk, er habe uns leider nicht angetroffen, wohne aber im Hotel »Adlon«.

Noch am selben Abend trafen wir uns im Presseklub. Ich erkannte ihn sofort wieder, er hatte sich kaum verändert, nur sein noch volles Haar war weiß geworden. Was soll ich viel über unser Wiedersehen schreiben? Wir umarmten uns ...

Vor einigen Jahren ist er in hohem Alter gestorben. Er hatte sich nie geschont.

Zwischenspiel Frankreich

Vor mir liegt ein Buch Hans Marchwitzas mit einer Widmung für mich. Er hat es mir einmal geschickt, weil wir ein Stück Weges gemeinsam gegangen sind. Er hatte einen kleinen Zettel eingelegt mit den Worten:

»Lieber Karl! Entschuldige bitte, daß ich Deinen Gruß so spät beantworte, aber ich bin fortwährend in Trab, auch hatte ich keines der Bücher mehr im Haus, nichtsdestoweniger – herzliches Glückauf! Dein Hans Marchwitza.«

Warum ich über Hans Marchwitza schreibe? Ich habe in meinem Leben niemandem so interessiert und so lange zugehört, wie dem Hannes. Zeit hatten wir genügend, wenn sie uns auch andere gegeben hatten.

Wir waren als ehemalige Interbrigadisten im Spätherbst 1938, unmittelbar nach dem Abkommen von München, auf Anweisung der Präfektur Paris mit vielen anderen Genossen eingesammelt worden, mit Reisegepäck, und wurden nachts mit der Bahn unter Bewachung verschickt, ohne zu wissen, wohin. Nachdem schon verschiedene Gruppen ausgeladen worden waren, kamen auch wir gegen Morgen an die Reihe, während andere Genossen noch weiterfahren mußten.

Beamte der Präfektur Moulins teilten unsere Gruppe weiter auf. So waren wir weniger gefährlich und konnten als antifaschistische deutsche Emigranten nicht so massiv gegen den Verrat von München auftreten. Unsere kleine Gruppe bestand nun noch aus Hans Marchwitza, Max Schatzmann – einem alten, schwerhörigen und kranken Kameraden –, den beiden italienischen Genossen Dario und Gregorio und mir.

Während die beiden italienischen Genossen bei einem kleinen Bauunternehmer Arbeit fanden, gingen wir drei Deutsche leer aus, obwohl uns gleich nach unserer Ankunft Arbeitsstellen versprochen worden waren. Jede Woche mußten wir uns einmal auf dem Polizeirevier melden, und jedesmal drohte uns ein anderer Polizist, uns in ein Internierungslager sperren zu lassen, wenn wir irgendwelche Kontakte zu den zahlreich in der Stadt weilenden spanischen Flüchtlingen aufnehmen würden. Die Stadt durften wir natürlich nicht verlassen. Schikanen über Schikanen.

Trotzdem gelang es mir, ohne meine beiden Freunde zu gefährden, Verbindung zu spanischen Genossen und auch zur Leitung des Kommunistischen Jugendverbandes Frankreichs herzustellen. Über die Leitung der CGT, der französischen

Gewerkschaft, fand ich Arbeit als Landarbeiter in der Nähe der Stadt.

Der gute Kontakt zum Vorsitzenden der CGT-Leitung machte es mir auch möglich, Hans Marchwitza zu helfen, der täglich fleißig an seinen Manuskripten arbeitete. Ich schrieb ihm die vielen Seiten im Sekretariat der CGT in Reinschrift ab. Hannes arbeitete in dieser Zeit an einem Bergarbeiterroman, den er dort ebenfalls beenden konnte.

Wenn man diese alte Stadt nur mit den Augen eines Touristen betrachtet, ist man entzückt von den vielen historischen Bauten. Man bewundert das alte Kloster, in dem die Heilige Jeanne de Chantal um 1640 sanft entschlief, das alte Kollegium der Jesuiten und erfreut sich in der Kathedrale an der im 13. Jahrhundert geschnitzten »Schwarzen Madonna«. Nur wenige Schritte von der Kathedrale entfernt steht ein alter viereckiger Wachturm, der oben wie abgeschnitten aussieht. Deshalb nennt ihn der Volksmund auch seit Jahrhunderten »La malcoiffée«, die Schlechtfrisierte.

Dieser Turm hat starke, aus mächtigen Steinquadern gefügte Mauern mit schmalen Schießscharten. Er muß uralt sein und stand schon, bevor die Fürsten von Bourbon die Stadt und das Land ringsum beherrschten.

Hier nun, hinter diesen starken Mauern, fanden wir drei Interbrigadisten uns wieder. Anfang September 1939, also wenige Tage nach Ausbruch des zweiten Weltkrieges, hatten uns französische Polizisten plötzlich verhaftet. Man wollte uns einen Prozeß machen. Der Präfekt war, wie damals viele andere, von einer Kommunistenfresserei befallen.

Der Fußboden aus alten Ziegelsteinen strahlte Kälte aus. Der Wind heulte schaurig um den alten Turm. Während Hans und ich uns tagsüber um den alten Max bemühten, der auf allerhand sonderbare und dumme Gedanken kam, von denen wir ihn abbringen mußten, erzählte mir Hans abends bis in die die späte Nacht hinein aus seinem Leben. Da er vor dem Spanienkrieg schon einige Jahre in Frankreich gelebt hatte, gab er mir manchen Hinweis, der mir später, als man uns getrennt hatte, viel nutzte.

Aber ebensoviel entnahm ich seinen Berichten vom harten

Leben der Bergleute, vom schweren Weg zur Schriftstellerei, über die Klassenkämpfe im Ruhrgebiet. Wenn mir Marchwitza aus seinem Leben erzählte, wollte er vor mir gewiß nicht prahlen, was er schon alles erlebt hatte. Er wollte mich einfach auf ein Leben in der Freiheit vorbereiten. Vielleicht meinte er, daß ich wegen meiner Verwundung nie wieder als Zimmermann arbeiten könnte, und wollte mir Mut machen.

Der Untersuchungsrichter wollte anfangs nicht glauben, daß ein Arbeiter überhaupt Bücher schreiben könne, und so befragte er Hans immer wieder, wie und wo er eigentlich studiert habe. Ebensowenig wollte er begreifen, daß in der Sowjetunion ebendiese Bücher, damals zum Beispiel »Die Kumiaks«, gedruckt und verlegt worden seien. Hans Marchwitza war kurz zuvor aus der Sowjetunion Honorar überwiesen worden. Er konnte dem Untersuchungsrichter sogar ein Belegexemplar in kyrillischer Schrift zeigen.

Bald darauf mußten wir aus der Untersuchungshaft entlassen werden. Die Anschuldigung, wir hätten gegen Frankreich spioniert, hatte nicht länger aufrechterhalten werden können. Obwohl aus dem Turm entlassen, hatten wir nichts von unserer Freiheit. Ein Kommando französischer Landsturmsoldaten erhielt den Auftrag, uns in ein Lager im Massif Central, in eine öde Gegend, etwa 1000 Meter über dem Meeresspiegel, zu schaffen und uns gegen Bescheinigung abzuliefern.

Aber die alten Soldaten hatten es mit uns nicht so eilig wie die Herren vom Gericht: Wir wurden erst in ihr Quartier gebracht, aber nicht wieder eingesperrt, sondern gut bewirtet, und als es spät wurde und ein feiner Schnee fiel, konnten wir dort auch noch bei ihnen übernachten. Vorher mußten Hans und ich noch viele Fragen beantworten. Dabei stellte sich heraus, daß sich unter den Landsturmsoldaten sogar ein französischer Spanienkämpfer befand. Er sagte uns, als wir noch eine Flasche roten Landwein leerten: »Ihr sollt es wenigstens bei uns gut haben, Kameraden. Wir wissen gut, wer ihr seid. Wer wird die Faschisten bekämpfen und sie besiegen? Männer wie ihr und wir! Glaubt mir, es ist nicht angenehm, euch in ein Lager zu schaffen. Wir werden euch nicht vergessen!«

Im Internierungslager Bourg-Lastic wurden wir drei sofort von Leuten des Geheimdienstes verhört, weil wir ein Vierteljahr in Untersuchungshaft verbracht hatten. Allein diese Tatsache erschien der französischen Lagerleitung besonders verdächtig.

Während Hans Marchwitza in einer der primitiven Baracken bei saarländischen Bergarbeitern blieb, nahm mich eine Gruppe von neun Spanienkämpfern unter der Leitung des Genossen Gusti Stöhr auf, der schon im Tschapajewbataillon gekämpft hatte und aus Freiburg stammte. Hier im Lager traf ich auch drei junge Genossen aus Paris wieder, unter ihnen Hans Ochs aus dem Eifelgebiet, die ich bei den Abenden der Freien Deutschen Jugend in Paris kennengelernt hatte. Wir verbrachten jetzt einen Teil unserer Freizeit gemeinsam.

Im Frühjahr 1940 wurden wir alle umquartiert in ein Schloß in Huriel in der Nähe der Industriestadt Montluçon. Hier erhielt Hans Marchwitza mit mehreren Kameraden ein anderes Quartier, während ich mit jüngeren Kameraden nach Südfrankreich weitergeschickt wurde. Hier tauchten jeden Tag Werber der Fremdenlegion im Lager auf, die sich vor allem auf junge Genossen konzentrierten. Manch einer unterschätzte damals die Legion und meinte, wenn er erst einmal in Afrika wäre, würde sich schon eine Gelegenheit zur Flucht finden. Sie ahnten nicht, wie perfektioniert deren Apparat war, wieviel Erfahrungen sie bei der Verfolgung von Flüchtlingen hatte. Um mich machten die Fänger noch einen Bogen. Meine Kopfnarbe ließ wahrscheinlich leise Zweifel an der Tauglichkeit aufkommen. Da nach der Kapitulation Frankreichs die Lebensbedingungen schlechter wurden, fiel es uns immer schwerer, manche Kameraden von der Meldung zur Fremdenlegion abzuhalten. Wir mußten uns bei Gesprächen auch vorsehen, denn wir befanden uns in einer verzwickten Lage: Der französische Geheimdienst hatte Spitzel ins Lager geschleust, Elsässer oder Saarländer, die irgendwelchen Dreck am Stecken hatten und sich nun »einkratzen« wollten.

Es war keine leichte Zeit. Frankreich war vom faschistischen Deutschland überfallen worden; französische Arbeiter hatten als Soldaten gegen die Naziwehrmacht gekämpft, andererseits hatten die herrschenden Kreise gewissermaßen einen Zweifrontenkrieg geführt: den »komischen« Krieg gegen Hitler und einen versteckten Krieg gegen die deutschen Antifaschisten im Lande. Alles war schwer durchschaubar, zumal wir wenige Informationen erhielten und damit Gerüchte und Parolen blühten.

Als Gestapohäftling wieder in Deutschland

Seit einiger Zeit befand ich mich in der Gewalt der Gestapo. Vernehmungen in Frankreich, der Transport im Gefangenenwagen über Strasbourg quer durch Deutschland über Karlsruhe, Kassel, Weimar, Magdeburg und nach fast zwei Wochen in einem großen Kellerraum des Berliner Polizeipräsidiums hatten mir gezeigt, was mich in Deutschland erwartete. Ich hatte aber trotz allem Zeit gefunden, mich auf die Verhältnisse und die Nazis einzustellen, denen ich in der nächsten Zeit begegnen würde, auf die Gestapobeamten. So baute ich mir meine Abwehr auf: Die schwere Verwundung und meine Jugend würde ich ins Feld führen, wohldosiert, nicht übertrieben, auch den Freispruch in Frankreich würde ich erwähnen.

Jetzt saß ich erst einmal im Gestapogefängnis in Potsdam, weil mein Heimatort Falkensee zum Regierungsbezirk Potsdam gehörte.

Auch hier folgten wieder Vernehmungen, und der Gestapokommissar glaubte mir meine Angaben zur Person erst, nachdem er mich bei einem der Verhöre meiner Mutter, die ich dadurch nach vielen Jahren wiedersehen konnte, gegenübergestellt hatte. Nach weiteren Wochen, am 27. Mai 1942, bekam ich als »Rotspanienkämpfer« den »Schutzhaftbefehl« zur Kenntnisnahme vorgelegt. Die Begründung lautete sinngemäß, daß ich eine Person sei, die, wenn sie in Freiheit verbliebe, die Interessen des Deutschen Reiches gefährde. Ich sah mir natürlich genau die Unterschrift an. Unterzeichnet war dieser Befehl von SS-Obergruppenführer Heydrich. Diesen Tag werde ich nie vergessen, auch nicht den Namen des Nazis, der den Befehl unterschrieben hatte. Ich empfinde noch heute eine gewisse Genugtuung, wenn ich zurückdenke, daß Heydrich gerade an dem Tag, an dem mir das Schreiben mit seiner Unterschrift ausgehändigt wurde, von tschechischen Patrioten in Prag gestellt und schwer verletzt wurde. Wenige Tage darauf starb der Mann, der Tausende auf dem Gewissen hatte. Welchen Mut und welche Zuversicht gab mir diese Tatsache aber damals! Einen Henker hatte sein Schicksal, die verdiente, gerechte Strafe, ereilt. Die anderen würden dem Urteil nicht entgehen. Das wollte ich erleben, deshalb mußte ich alles durchstehen, was mich erwartete.

Im Juni 1942 stand ich mit etwa sechzig anderen Häftlingen, meist Polen, aber auch einige Russen und Ukrainer und nur wenige Deutsche, vor dem Tor des Konzentrationslagers Sachsenhausen. Einen Vorgeschmack auf das Lager hatten wir schon auf dem kleinen Bahnhof erhalten. Die dort aufgestellten SS-Mannschaften tobten sich an uns aus, brüllten durcheinander. Einige meiner Kameraden erhielten sofort Fußtritte, Hiebe und Kolbenstöße, wodurch das Durcheinander nur noch größer wurde. Vielleicht war das sogar beabsichtigt. Dennoch kam schließlich so etwas wie Ordnung zustande, wenn auch ohne das Zutun der SS-Leute, wie es mir schien.

Ich wollte gerade einem jungen Polen helfen, der nicht laufen konnte, als mich ein kleiner, schwarzhaariger SS-Rottenführer anbrüllte: »Bist du Reichsdeutscher?«

»Jawohl«, erwiderte ich.

»Los, laß den da liegen, den sollen seine eigenen Leute schleppen. Der geht hier sowieso ein. Hast du gedient?«

»Jawohl, in Spanien!« Meine Antworten waren ihm wohl so militärisch erschienen, daß er sich gar keine Gedanken machte, *wo* ich in Spanien gedient haben könnte.

»Los, hau ab, in die erste Reihe, damit die Muselmänner von hier wegkommen!«

Wir marschierten los und hatten es nicht weit bis zum Lager. Das Lagertor von Sachsenhausen und die Inschrift »Arbeit macht frei« ist heute zum Inbegriff der Verhöhnung der Opfer der faschistischen Barbarei geworden. Ich glaube, damals hat sie nicht jeder neue Häftling wahrgenommen. Furcht vor dem Ungewissen hinter dem Tor, die Prügelei auf dem Bahnhof hatten uns abgestumpft. Auch die demagogische Bezeichnung »Schutzhaftlager« konnte nur wenige täuschen. Ich machte mir nichts vor, hatte ich doch einige Lager in Frankreich kennengelernt und wußte zum Beispiel aus »Boxers« Bericht, wie brutal es im Lager zuging.

Nun standen wir am Eingang mit dem Rücken zum Appellplatz und zu den hinter ihm liegenden vielen Baracken, den Blick nach vorn auf die Wand der Kommandantur gerichtet. Seit einigen Stunden ging Nieselregen auf uns nieder. Der junge Pole lag neben uns auf der bloßen Erde, Angst in den Augen.

In meiner nächsten Nähe stand ein anderer Pole, etwa in meinem Alter, den ich seit dem Gestapogefängnis in Potsdam kannte. Er hatte dort eine Verladekolonne geführt, die irgendwo auf dem Güterbahnhof arbeiten mußte. Von ihm hatte ich täglich etwas Tabak erhalten, ohne daß ich ihn darum gebeten hatte. Karl Duda wußte, woher ich kam; er ahnte sicher auch, was mich erwartete, wenn die Nazis mehr über mich erführen.

Ich versuchte mich abzulenken. In der französischen Untersuchungshaft hatte ich eine französische Ausgabe der »Göttlichen Komödie« gelesen. Mit vielen anderen Dingen lag dieses Buch jetzt bei meinen Eltern in Falkensee. Aus Frankreich hatte ich es in einem Seesack mitgebracht, und der Potsdamer Gefängnisdirektor Willmann hatte wahrscheinlich in einem Anfall von Großmut meinem Vater mein Gepäck übergeben lassen. Am Lagertor ging mir der bekannte Vers nicht aus dem Sinn. »Ihr, die ihr hier eintretet, lasset alle Hoffnung fahren!« Ältere Genossen hatten diesen Satz vor französischen Lagern oft zitiert, nur wenige hatten sich erinnert, daß es auch bei Dante die halbe Wahrheit war, denn wenige Zeilen weiter heißt es: »Hier soll man alle Furcht lassen, alle Schwachheit hat hier tot zu sein!« Diese Worte atmeten Kraft und Mut, in ihnen pulste das heiße Blut des Kampfes gegen religiöse Dogmen und stumpfes Hinnehmen und Dulden. »Arbeit macht frei«? – Nur die Arbeit *gegen* den Faschismus konnte uns befreien.

Von Zeit zu Zeit brüllte uns ein SS-Mann aus einem Fenster zu, wir sollten ja geradestehen, er sorge sonst dafür, daß wir gleich »verheizt« würden. Andere seiner Kumpane, mit dummdreisten Gesichtern, kamen durch das Tor geschlendert, blähten sich auf, stemmten die Hände in die Hüften und hielten sich für Götter. Scheinheilig fragten sie die polnischen Kameraden, warum sie eigentlich hier seien. Aber für jede Antwort, gleich, wie sie ausfiel, setzte es Fußtritte und Stöße.

Oft hatte ich SS-Leute, auch bewaffnete, bei Zusammenstößen vor uns fliehen sehen, zuletzt wenige Tage vor ihrer sogenannten Machtübernahme; ganz klein und häßlich hatten sie vor uns gezittert. Aus den wilden Kleinbürgern waren Bestien geworden. Wir würden mit ihnen abrechnen, auf Heller und Pfennig, nahm ich mir in jenen Regenstunden vor.

Die SS-Leute verschwanden, aber bald wurden wir von ihnen über den Appellplatz in die Aufnahmebaracke gejagt. Den jungen Polen trugen vier Landsleute im Laufschritt. Aufnahme der Personalien, Abgabe der Bekleidung und persönlicher Dinge. Schließlich blieb uns nur eine Karte mit der Häftlingsnummer und der Haftartbezeichnung, Politischer, Berufsverbrecher, Bibelforscher, asozialer Häftling oder gar Homosexueller. In der Aufnahmebaracke trat Karl Duda plötzlich an mich heran und bat mich, ihn doch vorzulassen. Ich wunderte mich zwar; warum sollte ich ihm aber nicht auch einmal einen Gefallen tun? Er schien abergläubisch zu sein. So erhielt er meine Nummer und ich die folgende, eine Zahl über 43000, die wir später an unserer Kleidung tragen mußten.

Nach der Effektenkammer jagten sie uns durchs Bad. Dann zogen wir die uns zugeworfene Kleidung mit den Zebrastreifen an. Nichts paßte richtig, aber wir kamen nicht zum Nachdenken, denn wir wurden sofort in den Block für die Zugänge gescheucht. Dort wies uns ein älterer Häftling, der Blockälteste, die Betten und Spinde zu.

Eine schlimme Zeit begann dann für uns Neue in der

Quarantänebaracke, einem Isolierblock. Nachdem wir uns unsere Winkel – die meisten von uns trugen rote – angenäht hatten und die Häftlingsnummern an Hose und Jacke, wurden uns erst die Grundbegriffe der Lagerdisziplin beigebracht wie: »Mützen auf!« – »Mützen ab!« – »Laufschritt – marsch, marsch!«

Der Blockälteste bestimmte mich als »Ausbilder«. Er trug einen dicken roten Balken über seinem roten Winkel und war damit in den Augen der SS-Leute zum »Unverbesserlichen« abgestempelt. Nach seiner ersten Entlassung hatte er wieder gegen die Faschisten gearbeitet, wurde erneut verhaftet und nun der SS durch den auffälligen roten Balken besonders kenntlich gemacht.

Diesem Häftling, der alles im Lager kannte, habe ich viel zu verdanken. Er gab mir jeden Abend einige persönliche Ratschläge, wie ich mich später im Lager unauffällig bewegen sollte. Wir saßen beide in seiner Ecke, und ich erzählte ihm aus meinem Leben. Eigentlich fragte er sehr zielgerichtet, und wie ich später erfuhr, tat er das im Auftrag der illegalen Widerstandsleitung des Konzentrationslagers.

Am Tage mußten wir Neuen einige Stunden Marsch- und Ordnungsübungen durchführen und sogenannten Sport, wenn uns SS-Leute überraschten und ihnen unsere Übungen zu lasch erschienen. Was blieb uns übrig, als uns durch heimliche Wachen abzusichern?

Ein anderer Teil der Häftlinge mußte in einer Baracke an langen Tischen mit vor Hunger und Krankheiten ganz ausgemergelten Kameraden Nieten und kleine Schrauben sortieren. Im Raum herrschte ein unbeschreiblicher Gestank, weil alle Türen und Fenster geschlossen bleiben mußten.

Einige junge Russen und Polen hatten Wasser in den Beinen. Der junge Pole war, wie mir Karl Duda erzählte, bereits am Tag nach unserer Ankunft im Lager »verstorben«. Gemeinsam mit dem Blockältesten bemühte ich mich, meine Mithäftlinge im Quarantäneblock davon abzuhalten, übermäßig viel von dem sogenannten Kaffee, einer üblen Brühe, oder gar vom Wasser im Waschraum zu trinken.

Eines Abends hatte ich in all dem Elend Grund zur Freude,

ganz unerwartet. Ich war in den Block zurückgekehrt, als mich der Blockälteste lächelnd empfing.

»Du hast eben Besuch erhalten!« Er freute sich mit mir. Ein Häftling kam schnell auf mich zu: einer meiner Freunde aus der Emigration in Prag, der den Kampfnamen »Benno« trug! Noch heute fällt es mir schwer, über die Wiedersehensfreude zu schreiben. Das war eigentlich widersinnig und unlogisch. Man freute sich, einen Freund hier zu finden, und es war doch ein Genosse mehr, der den Nazis in die Hände gefallen war. Jeder meinte aber, das Leben an der Seite eines Genossen leichter ertragen zu können.

Wir waren uns im Frühjahr 1936 in Prag begegnet und hatten in einer Emigrantenmannschaft Fußball gespielt. »Benno« – das war Herbert Tschäpe, ein Berliner Arbeiterjunge.

Unsere beiden Fußballmannschaften sollten im Sommer 1936 zur Gegenolympiade nach Barcelona fahren, aber dazu kam es wegen des Francoputsches nicht mehr.

Herbert und ich meldeten uns wie viele andere Kommunisten, um die Rechte des spanischen Volkes gegen die Generale zu verteidigen. Aber erst 1937 durften wir über die Pyrenäen. Auch ihn hatte die Pétain-Regierung an die Faschisten ausgeliefert. Er befand sich bereits ein Jahr in Sachsenhausen.

Herbert Tschäpe besuchte mich täglich gegen Abend, und er holte mich auf Weisung der illegalen Widerstandsleitung in seinen Block, als wir die Zugangsbaracke verlassen konnten. Seine Baracke 51 lag gleich hinter der Küchenbaracke. Zu dem Block gehörten meist tschechoslowakische Studenten – über 1200 waren 1939 von den Nazis in Prag und Brno festgenommen und in das KZ Sachsenhausen verschleppt worden!

Durch Herbert kam ich auch in das Arbeitskommando Zimmerei auf dem Bauhof, das ein Vorarbeiter leitete, der – wenn man seine niedrige Häftlingsnummer beachtete – schon viele Jahre im Lager war. Bei Otto Walter, einst Mitglied der KPD-Fraktion des Deutschen Reichstags, habe ich gern gearbeitet. Er hat sich sehr um uns junge Genossen bemüht.

Für mich war es jetzt ein großes Glück, daß ich Zimmermann gelernt hatte. Als ich mich beim SS-Arzt Baumkötter melden mußte, wollte der mich zu »Versuchszwecken« in eine Häftlingsgruppe von Zigeunern schicken. Er hatte die tiefe Narbe an meinem Schläfenbein gesehen und interessierte sich wohl für meinen Schädel. Solch ein Interesse konnte böse enden, deshalb antwortete ich sofort, ich könne selbstverständlich noch in meinem Beruf arbeiten. Und so bin ich auch an dieser sehr gefährlichen Klippe vorbeigekommen.

Das Kommando Zimmerei baute an einer langen Arbeitsbaracke, in der später Holzbearbeitungsmaschinen aufgestellt wurden. Genosse Walter teilte mir einen jungen Sowjetbürger zu, ein Kind noch von etwa dreizehn oder vierzehn Jahren. Ich sollte Fedja Rybak zum Zimmermann ausbilden, damit er es später im Lager etwas leichter hatte. Baufacharbeiter waren nämlich sehr gefragt.

Eines Tages sprach Genosse Otto Walter etwas länger mit mir: Ich sollte Vorarbeiter werden und ein Baukommando für ein kleines Sonderlager neben der großen Lagermauer leiten. Erst hatte ich Einwände, aber es ging um einen Auftrag der illegalen Leitung, damit kein SS-höriger Krimineller diese Funktion erhielt.

»Bei dir werden die Kameraden, deutsche und ausländische Fach- und Hilfsarbeiter, gern arbeiten wollen. Später kommst du wieder zu uns zurück!«

Wir errichteten mehrere Baracken, die Umfassungsmauern waren schon vorher gemauert worden, und auch Wachtürme. Später hörte ich manches Gerücht über die Insassen dieses Lagers, auch über Wlassow-Leute, Verrätern, die hier für Einsätze gegen die Sowjetunion geschult wurden.

Im »Arbeitslager« Berlin-Lichterfelde-Süd

Am Tag nach dem faschistischen Überfall auf die Sowjetunion hatte ein älterer Gefängnisschließer im Gefängnis der Provinzhauptstadt Montauban in Südfrankreich meine Zelle aufgeschlossen, um mit mir ein Schwätzchen zu machen, tatsächlich wollte er aber meine Meinung hören.

»Wie denken Sie über diesen neuen Kriegsschauplatz?« fragte er mich höflich. Na, der hatte Mut, fragte als Franzose nach dem Kriegsschauplatz, auf dem Napoleons Untergang eingeleitet wurde. So fing ich auch gleich mit der »Grande Armée« an und sagte ihm, daß den Naziheeren ein gleiches Schicksal beschieden sei.

Der Schließer schien beeindruckt, und ich war überzeugt, daß er darüber mit seinen Kollegen sprach. Dennoch blieb ich unbehelligt, und niemand kreidete mir meine Freimütigkeit an, obwohl ich dort noch einige Monate blieb.

In Sachsenhausen meldete sich bei mir kein Schließer, um mit mir die Lage an den Fronten zu diskutieren. 1942 war es schon wieder etwas einfacher, sich ein Bild vom Kriegsverlauf zu machen, obwohl die Meldungen spärlich waren. Das Jahr zuvor war viel schwieriger gewesen, ständig trommelten Nazisondermeldungen. Jetzt wußten wir, den Nazis war es nicht gelungen, Moskau zu erobern, und Leningrad verteidigte sich erbittert. Wir klammerten uns an die Namen beider Städte, die uns und der freiheitliebenden Menschheit soviel bedeuteten.

Auch der Vorstoß auf Stalingrad und in den Kaukasus konnte uns nicht mehr die Zuversicht nehmen, daß die Rote Armee in dieser Auseinandersetzung triumphieren würde. Im Verhalten des SS-Personals änderte sich manches; einige Posten begannen die Front zu fürchten, andere wurden noch fanatischer und brutaler. Die Zahl der Leidensgefährten wuchs – Ausdruck des zunehmenden Widerstandes gegen den Faschismus.

Mit deutscher Gründlichkeit hatte der SS-Sturmbannführer Sefemann alles zusammengetragen und am 18. 3. 1942 einen Baumittelkontenplan im Auftrage des Amtes Zentrale Bauinspektion des SS-Wirtschaftsverwaltungshauptamtes (WVHA), das dem SS-Obergruppenführer Pohl unterstand, vorgelegt. Der Plan schloß 61 größere »Kriegsbauten« ein. Dazu gehörten auch die Baracken für die SS-Wachkompanie in Lankwitz, Ecke Leonoren- und Siemensstraße, meine zukünftige Baustelle. Als Vorarbeiter legte ich erst mit zehn, später mit fünf Mithäftlingen überdeckte Splittergräben an und führte andere Arbeiten aus. Es gelang mir, Wünsche des Küchenpersonals auszunutzen. So erhielten wir ein zusätzliches Essen. Die Arbeiten zögerten wir hinaus, solange es ging. Mit mir arbeiteten folgende Kameraden: der deutsche Maurer Schweinitz (Nr. 15 342), der Pole Bigoszewski (Nr. 32 202), der Pole Dragonski (Nr. 56 762), die Ukrainer Pustin (Nr. 63 078) und Masan (Nr. 61 336).

Als Vorarbeiter mit dem roten Winkel hatte ich von der illegalen Leitung den Auftrag, unseren ausländischen Kameraden in den einzelnen Arbeitskommandos jede Hilfe zu erweisen. Sie sollten überleben, also mußte ich ihnen zusätzliche Verpflegung beschaffen. Der Zweck heiligte die Mittel, denn mit den Rationen der SS-Lagerleitung wären wir mehr oder weniger schnell verhungert. Etwas Essen außer der Reihe hielt den Lebensmut aufrecht, stärkte die Hoffnung, die Heimat wiederzusehen.

In Lankwitz traf ich eine tapfere Frau, die Nachrichten an meine Eltern übermittelte.

Im neuen Nebenlager Berlin-Lichterfelde des Konzentrationslagers Sachsenhausen herrschten der SS-Unterführer Gustav Sorge, der sich als »Eiserner Gustav« bezeichnete, der SS-Oberscharführer Seifert, der SS-Hauptscharführer Meierhoff, der SS-Unterscharführer Möller, der sich »Knochenbrecher« nennen ließ, und einige andere dieser Verbrecher, unter ihnen ein ganz kleiner, schwarzhaariger, der von uns Häftlingen »Zigeuner« genannt wurde. Viele von ihnen hatten sich bei der Ermordung der 18 000 sowjetischen Kriegsgefangenen im KZ Sachsenhausen im Herbst 1941 hervorgetan.

Das Lager Berlin-Lichterfelde-Süd lag am linken Ufer des Teltowkanals. Nur ein hoher elektrisch geladener Zaun grenzte es zum Kanal ab. Von Wachtürmen beobachteten SS-Posten etwa 1500 bis 1600 Häftlinge, die auf Baustellen in Berlin eingesetzt waren. Man hatte uns hierher verlegt, um die Transportzeiten zu sparen und uns noch mehr ausbeuten zu können.

Neben dem Lager und dem großen Bauhof des SS-Amtes II, wo unser Material lagerte, befand sich eine kleine Siedlung, in der SS-Offiziere mit ihren Familien wohnten, und hinter der

Goerzallee lagen Objekte und Werkstätten der SS-Leibstandarte. In diesem Gelände arbeitete unser größtes Arbeitskommando aus mehreren hundert Häftlingen. Wir anderen waren auf viele Kommandos über Berlin verteilt, zu denen wir in der ersten Zeit mit Lastwagen, später auch mit Sonderwagen der Straßenbahn und mit der S-Bahn transportiert wurden. Die Arbeitsplätze befanden sich in Gestapo- oder SS-Dienststellen.

So arbeitete ich eine längere Zeit in einem größeren Kommando, das wir »Küchenbaracke« nannten, auf dem Gelände des Reichssicherheitshauptamtes an der Prinz-Albrecht-Straße.

Zeitweise bauten dort 30 bis 40 Häftlinge an einer großen Baracke, die Küche und Speisesaal für die SS-Führer aufnehmen sollte. Wir Stammarbeiter erledigten anschließend die notwendigen Innenarbeiten, ohne uns dabei zu überschlagen. Solche Arbeiten ließen sich schlecht kontrollieren, und Fachkräfte taten sehr beschäftigt.

Eines Tages baute ich auf dem Barackendach an einem Entlüftungsschacht, und ich riskierte einen Blick über die Mauer auf den Gefängnishof der Gestapozentrale. Natürlich war das verboten, aber ich wollte sehen, wer da zum Spaziergang auf den Hof gelassen worden war.

An diesem Tage sah ich dort nur einen einzelnen schlanken Häftling. Irgendwie kam mir sein Gang bekannt vor. Als er den halben Hof umrundet hatte, erkannte ich Heinrich Rau, unseren ehemaligen Kommandeur der XI. Internationalen Brigade! Sechs Monate hatten wir vor einem Jahr im selben Gefängnis in Südfrankreich in Untersuchungshaft verbracht. Die französischen Richter hatten uns freisprechen müssen. Freude und Entsetzen packten mich jetzt, Freude, weil Heinrich Rau noch lebte – Entsetzen, weil er im Gestapohauptquartier festgehalten wurde und ich ihm nicht helfen konnte. Vielleicht hatte ich mich auch geirrt?

Ich merkte mir, wie spät es ungefähr war, und hoffte, ihn am nächsten Tag zur selben Zeit wieder zu sehen. Am folgenden Morgen nahm ich einen anderen Genossen mit in das Kommando, ohne dem Vorarbeiter etwas davon zu sagen. Fritz Baumgärtel, der auch im tschechoslowakischen Lazarett in Benicasím durch Dr. Kisch behandelt worden war, half mir auf dem Dach. Wir sahen dann, daß Heinrich Rau den Gefängnishof betrat, seinen »Spaziergang« machte und wieder beendete. Leider konnten wir wegen der Entfernung nicht mit ihm sprechen. Später erfuhr ich, daß er nach Mauthausen gebracht worden war.

Fritz und ich suchten noch am selben Abend die anderen ehemaligen Interbrigadisten auf. In diesem Außenlager waren wir vierzehn »Spanier«, davon zehn Deutsche, drei Österreicher und ein Norweger. Wir berichteten ihnen, daß wir unseren ehemaligen Kommandeur gesehen hatten, und nutzten die Begegnung, unsere Kampfgemeinschaft noch enger zu schließen. Wir wollten fest zusammenhalten.

Trotz aller Schikanen ging die Zeit weiter. Die Lage an den Fronten entwickelte sich günstig für uns. Mut und Lebenskraft wuchsen besonders nach der Stalingrader Schlacht. Wir wußten, daß uns nur die Rote Armee befreien konnte, und manchem ging das nicht schnell genug. Unsere Sympathie und Hilfe galt den sowjetischen Kameraden, weil sie besonders dem Haß der SS ausgesetzt waren.

Wir halfen schwächeren Häftlingen, so gut wir konnten, schufen uns Verbindungen zu Zivilarbeitern in den einzelnen SS-Dienststellen und sprachen mit ihnen über den Krieg und die allgemeine Lage. So erhielten wir auch Informationen.

Ich wurde als Vorarbeiter eingesetzt, weil wir nur wenige Zimmerleute im Lager waren. Unser Lagerältester Peter Schwiertz, ein Häftling mit grünem Winkel, hatte mir einen Spitzel ins Kommando gesteckt, doch ich kam bald dahinter und wurde ihn sehr schnell wieder los, weil er in dem SS-Objekt, in dem wir arbeiteten, einige unsaubere Dinge starten wollte, die auf mein Konto als Vorarbeiter gekommen wären. Es ging mir wahrlich nicht darum, die SS vor Schaden zu bewahren, aber ich mußte weiterdenken. Ich war für die Sicherheit aller meiner Kameraden verantwortlich, und nur die Genossen durften entscheiden, welche Aktion gegen die Nazis unternommen wurde. Der Spitzel wollte mir zuviel aus meinem Leben wissen. 1944 wurde er für eine gewisse Zeit in das »Große Lager« nach Sachsenhausen abgestellt. Dort sagte er, wie er nach seiner Rückkehr selbst erzählte, vor einer

Sonderkommission der Gestapo als Belastungszeuge gegen unsere Genossen aus, und er hatte die Frechheit – oder war er zu dumm? –, auch noch damit zu protzen!

Als die britische und die amerikanische Luftwaffe immer mehr Einsätze gegen das faschistische Deutschland flogen und unter anderen großen Städten auch Berlin bombardiert wurde, erhielt auch unser Lager Berlin-Lichterfelde eine Motorspritze, und der Lagerkommandant brauchte eine Feuerwehrgruppe. Die Nazis merkten nicht, wie sehr sie damit uns gegenüber ihre Schwäche eingestanden, hatte doch Göring einst geprahlt, er wolle Hermann Meier heißen, wenn sich ein feindlicher Bomber über Deutschland blicken lasse. Wir hielten ihnen das auch nicht bei dieser Gelegenheit vor, noch saßen ja nicht sie hinter Stacheldraht. Aus der Situation mußten wir für den Widerstand Nutzen ziehen, ohne daß die Nazis etwas merkten. Wir hatten hier eine Möglichkeit, Genossen unter einem Deckmantel zu organisieren, den uns die Lagerführung selbst gegeben hatte. Natürlich dachten wir weiter, auch an mögliche bewaffnete Aktionen, deshalb fiel die Wahl einmal auf ehemalige Interbrigadisten, auch weil wir bei ihnen revolutionäre Disziplin und Wachsamkeit voraussetzen konnten. Zum anderen wurden Vorarbeiter einiger größerer Kommandos einbezogen, da wir damit organisatorische Voraussetzungen für einen engeren Zusammenhalt der Genossen schufen.

Von bürgerlichen Autoren wird diese Seite des Widerstandes häufig böswillig und wider besseres Wissen entstellt. Sie behaupten, die KPD hätte aus eigennützigen Gründen nur ihre Genossen in solche Gruppen geschickt. Tatsache ist jedoch, daß niemand der SS-Lagerführung eine international zusammengesetzte Feuerwehrgruppe hätte vorschlagen können, ohne damit die Absicht zu enttarnen. Eine Feuerwehr war auch unter Lagerbedingungen in erster Linie für den Einsatz bei Katastrophen bestimmt, und auch der dümmste SS-Mann ging davon aus, daß es in solchen Fällen keine Verständigungsschwierigkeiten in der Gruppe geben durfte. Wollten wir die Gelegenheit nutzen, mußten wir solche Erwägungen berücksichtigen.

Damals arbeitete ich mit mehreren Dach- und Schieferdekkern zusammen auf dem Dach der Führerkasino-Baracke. Diese modern ausgestattete Baracke, wenn man sie überhaupt so bezeichnen kann, befand sich im Hof des SS-Wirtschaftsverwaltungshauptamtes in Berlin-Lichterfelde-West, Unter den Eichen 126–135.

Einer der älteren Dachdecker, dessen Namen ich nie erfahren habe, führte mit uns in den Pausen marxistische Schulungen durch. Eine Wache stand an der Treppe, die vom Kasino auf den Dachboden führte. Unser Genosse muß schon vor 1933 eine höhere Schule für Funktionäre in der Sowjetunion besucht haben.

In der Nähe der Baracke kam ich auch mit einem Monteur, einem Zivilisten, ins Gespräch, der später die Vorbereitung der Flucht des österreichischen Spanienkämpfers Franzl Primus selbstlos unterstützte und dabei sein Leben riskierte.

Franzl Primus wollte mir eines Tages eine Freude machen und schenkte mir einen Ring Dauerwurst, damals eine kostbare Gabe! Ich malte mir aus, was meine Genossen für Augen machen würden, wenn ich abends die Wurst auf den Tisch legte. Aber es war eine Milchmädchenrechnung ...

Nach dem Einrücken wurde es schnell dunkel. Kurz darauf heulten Sirenen Fliegeralarm.

Neben einigen Baracken hatten wir zickzacklaufende Splittergräben ausheben müssen, in die jetzt alle eilten. Ich nahm meinen Stahlhelm vom Haken, das äußere Zeichen meiner Feuerwehrzugehörigkeit. Er war einst zur Tarnung weiß gespritzt und hatte SS-Runen aufgemalt. Sein Träger wird den Kopfschuß kaum überlebt haben, dessen Einschußloch sowjetische Kameraden verschweißt hatten. Der Helm war jetzt dunkelgrau gestrichen und trug statt der SS-Runen an der Seite einen schönen roten Winkel und meine Häftlingsnummer.

Ich lief zum Feuerwehrunterstand, und schon sahen wir »Weihnachtsbäume« am Himmel aufleuchten, die Zielmarkierungen für die Bomber. Diesmal standen sie direkt über uns, dann dröhnten die Bomber heran. Die Flak schwieg bald, um ihre Stellungen nicht zu verraten. Und schon hagelten

Bomben, vor uns, hinter uns, seitwärts ganz nah im Gelände der Leibstandarte, in Steglitz und Lankwitz, im nahen Zehlendorf, wo die großen Spinnstoffwerke lagen, rechts vom Teltowkanal in Lichtenrade, Mariendorf, Marienfelde und noch weiter entfernt im Raum Teltow.

Sehr nah tönte das heiße, helle Zischen der Brandbomben, einige fielen vor uns auf die Schlacke des Appellplatzes, bohrten sich ein und versprühten ihr Feuerwerk. Über uns und neben uns war alles erleuchtet; ununterbrochen, bald näher, bald entfernter, dröhnten die Einschläge.

Wir zogen die Karre mit der Spritze heraus, sahen einige Baracken bereits brennen, auch die Küchenbaracke, in deren Keller unsere Lebensmittel lagerten. Am Tor war kein SS-Posten zu sehen, sie hatten sogar die hölzernen Wachtürme verlassen! Außerdem bemerkten wir, daß auch das Baulager neben dem Zaun brannte, in dem Barackenteile, Dachpappe, Teerfässer und anderes Material lagerten. Die Flammen breiteten sich schnell aus. Die Kameraden konnten schon nicht mehr neben den brennenden Baracken im Splittergraben bleiben, unsere Genossen versuchten sie zu beruhigen. Da von der Bewachung niemand zu sehen war, halfen wir uns selbst, schnitten mit Drahtscheren einige Zaunfelder durch und forderten alle Kameraden auf, am Ufer des Teltowkanals Deckung zu suchen. Einen jungen Häftling, einen Tischler vom Bauhof, zog ich aus dem Splittergraben. Eine Stabbrandbombe hatte ihm die Wirbel zwischen Nacken und Schultern durchschlagen. Er blieb unser einziger Toter.

Als das Dach der SS-Unterkunftsbaracke gegenüber vom Lagertor bereits brannte, kamen einige der Posten und schlossen für uns das Tor auf. Meine Kameraden legten schnell die Schläuche aus, und der Motor zog Wasser durch das Saugrohr aus dem Teltowkanal. Ich übernahm das Strahlrohr, und es gelang uns, die SS-Baracke zu löschen, ohne größeren Schaden durch das Wasser zu verursachen. Unsere Baracken dagegen und der Block 1, in dem ich lag, waren nicht mehr zu retten. Ich kam zwar noch durch die Eingangstür, aber wegen der Flammen und der großen Hitze nicht mehr an den Schrank, in dem die Dauerwurst lag, die nun verbrannte.

Gleich darauf, als auf dem Bauhof schon Teerfässer mit

lautem Knall platzten und brannten, wurde unsere Feuerwehrgruppe in die nahe Goerzallee zu einem Haus beordert, aus dessen Dachstuhl Flammen schlugen. Einige Häftlinge schleppten eine lange Bauleiter heran und stellten sie an die Außenwand, weil aus dem ersten Stockwerk und aus den Parterreräumen noch Möbel gerettet werden sollten. Ich kletterte hinauf, zog den schweren Schlauch mit mir hoch, befestigte ihn mit einem Strick am Leiterholm und forderte Wasser. Mit dem Strahlrohr zerschlug ich die Scheibe zum Treppenaufgang. Einen SS-Mann auf dem Podest warnte ich noch, aber der starke Strahl hatte ihn schon rückwärts die Treppe hinuntergestoßen. Kleiner Betriebsunfall ...

In den Küchenkeller drangen einige Kameraden mit Gasmasken vor und konnten einen Teil Brote retten, aber die Margarine war bereits ausgelaufen und schwamm auf dem Steinfußboden.

So verging die Nacht. Am Morgen tauchte der Kommandant aus dem Großen Lager, Hauptsturmführer Kolb, mit mehreren Leuten seines Stabes auf. Er hatte erfahren, daß unser Lager von Bomben getroffen war, brauchte uns jetzt aber, da in den Berliner SS-Objekten viel zerstört war.

Wir Häftlinge standen auf dem Appellplatz. Heute wurden wir dreimal gezählt, was nie vorkam, und Kolb wollte nicht glauben, daß niemand fehlte.

»Die Leute von der Feuerwehr, die ich jetzt aufrufe, vortreten!« Und dann wurde meine Häftlingsnummer gebrüllt, noch einige andere folgten. Da standen wir nun vor der Front. Der Lagerführer hielt eine geschwollene Rede für uns paar Mann. Für ein KZ-Lager hatte sie Seltenheitswert und entbehrte nicht einer gewissen Komik, zumal sie mit folgenden Worten endete: »Ich als Lagerführer werde dafür Sorge tragen, daß ihr wegen Tapferkeit vor dem Feind freigelassen werdet! Ihr werdet nicht lange warten müssen. Ihr habt es euch verdient!«

In diesem Fall waren wir tatsächlich einer Meinung, wenn auch aus verschiedenen Motiven. Ich war schon immer der Ansicht, daß er und seinesgleichen hinter Stacheldraht gehörten! Es ging ihm gar nicht so sehr um die Brandbekämpfung. Unsere Feuerwehrgruppe hatte die Kameraden am

Teltowkanal in Deckung geschickt. Wir hatten dabei wahrlich nicht daran gedacht, Aufgaben der Posten zu übernehmen, sondern uns lag einzig und allein das Schicksal der Häftlinge am Herzen. Bei einer Massenflucht wäre vielleicht noch während des Angriffs von SS und Polizei in den Straßen der Umgebung ein Blutbad angerichtet worden. Wir konnten doch nicht davon ausgehen, daß sich alle SS-Posten in der Umgebung verkrümelt hatten wie unsere Wachen. Jeder Bewaffnete hätte ohne Warnung auf uns in unserer Zebrakleidung geschossen. Vielleicht wäre einem oder dem anderen die Flucht geglückt, aber die meisten hätten einen Ausbruch mit dem Leben bezahlt. Wir hatten nicht lange überlegen können, und ich bin sicher, daß uns inmitten krachender Bomben und lodernender Brände nicht alle Kameraden verstanden hätten und auch gar nicht hätten verstehen können. Uns blieb in dieser Situation keine andere Wahl. Das mag hart klingen, und heute läßt sich auch kaum ermessen, wieviel Disziplin dazu gehört, aus einem offenen Lagertor nicht zu fliehen.

Bald merkten wir, wieviel das Wort eines Lagerkommandanten galt. Natürlich dachte niemand daran, uns zu entlassen, und ich hatte mir persönlich auch keine Illusionen gemacht.

Kurze Zeit nach dem Appell fuhren Lastwagen ins Lager, die runde, ganz niedrige Finnenzelte brachten, in denen wir vorerst schlafen sollten. Bald hatten wir aber wieder Baracken, ganz neue, die Sonderkommandos von uns im Auftrag der SS-Lagerleitung irgendwo abgefahren, also gestohlen hatten und bei uns schnell aufbauten. Auch der Küchenschornstein rauchte wieder!

Bald darauf veranstalteten die SS-Bewacher ein großes Saufgelage, weil viele, auch die beim Angriff getürmten Turmposten, mit Kriegsverdienstkreuzen ausgezeichnet worden waren. Gegen Morgen gab es eine handfeste Prügelei, denn einige fühlten sich übergangen, jeder strich seine Verdienste besonders heraus, einer wollte den anderen übertreffen.

Die Zeit verging schnell, und ich wechselte verschiedene Kommandos, bei einigen war ich Vorarbeiter. Mit meinen Kameraden arbeitete ich eine Zeitlang in der Villa des SS-Generals Berger an der Heerstraße, in der Herthastraße in einer Unterkunft, im Kommando Am Jungfernstieg, wo sich der Berger auch oft sehen ließ, am Hohenzollerndamm in einem Objekt, das Himmler damals mit seinem Stab besichtigte, und im großen Kommando Fehrbelliner Platz im ehemaligen Karstadt-Verwaltungsgebäude. Dort sahen wir alle Sorten von Verrätern: SS-Freiwillige aus den okkupierten Ländern, Vaterlandsverräter und Kollaborateure. Es war bitter für manche ausländischen Kameraden, SS-Leute in ihrer Muttersprache sprechen zu hören. Bisher waren ihnen die Fronten relativ klar erschienen, weil alle SS-Leute deutsch sprachen. Natürlich wußten sie, daß es in unseren Kommandos auch deutsche Antifaschisten gab, aber wir wurden als Kameraden, als Leidensgefährten und Mitkämpfer akzeptiert. Ich glaube, sie sahen in uns oft gar nicht mehr so sehr den Deutschen, sondern vielmehr eben nur ihren Kumpel. Hier, angesichts ihrer Landsleute in faschistischen Uniformen, wurde manchem klar, daß Klasseninteressen stärker sind als die gemeinsame Sprache.

In jenen Monaten gelang es mir, wieder Kontakt zu meinen Eltern aufzunehmen. Ich war Vorarbeiter eines Kommandos in einem Spirituosenlager der SS geworden, dessen Chef Weihnachten 1943 einige Sonderwünsche hatte, die ich ihm als Handwerker erfüllen konnte. Natürlich war das eigentlich verboten, und wir mußten uns unsere »Privatkunden« genau ansehen und durften auch nie zu weit gehen, weil immer die Gefahr bestand, daß sie einen Vorwand fanden, uns als belastende Mitwisser mit einem Vermerk wieder nach Sachsenhausen abzuschieben. Alleingänge waren nicht gestattet. Wenn wir aber klug und geschickt vorgingen, ließen sich bei SS-Leuten durch unser Entgegenkommen auch Zugeständnisse erzwingen.

So übernahm der Häftling Pioch Aufgaben eines Weihnachtsmannes und baute für die vierjährige Tochter eines Untersturmführers aus altem Material ein stabiles Schaukelpferd, das einer unserer Maler schön bunt anstrich. Der Fahrer, ein junger Angehöriger der Waffen-SS, holte mich jeden Tag mit dem Auto ab und brachte mich zur Villa, wo ich im Garten noch einen großen Buddelkasten mit einer Einfassung aus Brettern anlegte.

Ich erhielt in der Villa ein gutes Essen und lernte Slawa kennen, ein freundliches serbisches Mädchen, das in Jugoslawien in einer Klosterschule erzogen worden war. Die Faschisten verschleppten sie als Zwangsarbeiterin nach Deutschland, und hier mußte sie im Haushalt des SS-Mannes arbeiten. Ganz selten waren wir allein, und eines Tages erzählte ich Slawa, weshalb mich die Faschisten ins Lager geworfen hatten. War es Mitleid, war es Solidarität – Slawa bot mir an, meine Eltern aufzusuchen. Ich sagte ihr, wie gefährlich es sei, als Zwangsarbeiterin Kontakt zu den Eltern eines politischen Häftlings zu halten, aber sie ließ nicht von ihrer Absicht.

»Geh in Moabit in ein Kino«, riet ich ihr, »und sieh dir den Film genau an. Dann gehst du zu meinen Eltern. Sprich später mit niemandem darüber. Wenn du trotzdem gefragt wirst, erzählst du nur etwas über den Film. Heb dir, ganz zufällig, die Eintrittskarte auf!«

War das Risiko nur für einen Gruß nicht zu groß? Ich wollte meinen Eltern Mut zusprechen. Sie sollten wissen, daß auch der Stacheldraht des Lagers durchdringlich, sollten wissen, daß meine Zuversicht ungebrochen war.

Es muß im Februar 1944 gewesen sein, als ich unverhofft Herbert Tschäpe wiedersah. Ich war eben mit meinem Kommando wieder ins Lager eingerückt, da stand Herbert auf dem Appellplatz zwischen den Baracken. Auch seine Freude war groß. Er war von Sachsenhausen mit etwa hundert jungen sowjetischen Häftlingen nach Lichtenrade geschickt worden. Die SS-Führung hatte angewiesen, Feuerlöschteiche bauen zu lassen, weil während der Luftangriffe oft die Wasserversorgung zusammenbrach.

Ich nahm Herbert mit auf unseren Block. Die Jungen waren sofort einverstanden, zwei Kübel Essen, die wir uns aus der SS-Küche besorgt hatten, den sowjetischen Kameraden aus Herberts Kommando zu geben. Wir hatten uns, seitdem wir im Außenkommando waren, etwas erholt, lebten zwar nicht üppig, uns ging es aber relativ besser als der Masse der Häftlinge. Ich war glücklich über die Reaktion meiner Kameraden, glücklich, weil wir hatten helfen können.

Herbert und ich freuten uns, daß wir beide auch jetzt, trotz aller Schikanen noch lachen konnten.

»Benno« – wie Herbert bei uns hieß – sollte mit den anderen Häftlingen nur heute in unserem Lager übernachten. Am nächsten Morgen würden sie in ihre neuen Quartiere und zu ihren neuen Arbeitskommandos abrücken. Wir beide hatten einander viel zu erzählen. Er berichtete über die Genossen in Sachsenhausen und wollte von mir wissen, welche Bedingungen die Kommandos in Berlin erwarteten, welche Kontaktmöglichkeiten zu Zivilarbeitern bestünden. Weil ich wußte, daß er eine Verbindung zum Genossen Ernst Schneller und zu weiteren leitenden Funktionären der illegalen Widerstandsleitung in Sachsenhausen besaß, informierte ich ihn über die Stimmung der Arbeiter, mit denen wir zusammenkamen, über die Haltung der SS-Postenführer in den einzelnen Kommandos. Nur noch wenige glaubten an Güter, Ländereien und Besitz im Osten, die ihnen versprochen worden waren. Manche hatten sich sogar sehr gewandelt, sie waren etwas zugänglicher geworden, wenn sie auch Ausnahmen waren.

Weiter unterrichtete ich Herbert, wie die Wachmannschaften bewaffnet waren und wo die neuen Maschinenpistolen aufbewahrt wurden. Ich hatte nämlich vor kurzem neue Karabinerständer bauen und dabei auch die Kolben der Maschinenpistolen einpassen müssen. Ich hatte sie schon einem Genossen beschrieben, und er hatte mich gefragt, ob ich bereit sei, als Führer einer Gruppe entschlossener junger Kommunisten eines Tages diese Waffen zu erobern und für unsere Befreiung einzusetzen.

Wir sprachen an diesem Abend auch darüber, wie wir das Vertrauen der ausländischen Kameraden immer wieder, Tag für Tag neu gewinnen und erhalten konnten. Ich erzählte ihm, wie ich es zum Beispiel bei den französischen Kameraden versuchte. Sie waren fast alle in meinem Alter, hatten schon in der Armee gedient, hielten zusammen und zeichneten sich durch eine gute Moral aus. In meiner karg bemessenen Freizeit schrieb ich für sie Briefe an ihre Familien, die sie mir in französisch ansagten. Ich übersetzte sie, weil sie ja auf den vorgedruckten Formularen des Lagers in deutscher Sprache offen abgegeben werden mußten.

Herbert mußte gehen. Wir ahnten beide nicht, daß es ein Abschied für immer sein sollte. Mehrere Monate später erfuhr ich von Häftlingen aus Lichtenrade, die nach Sachsenhausen zurückgebracht wurden, daß Herbert Tschäpe am 22. April 1944 die Flucht ergriffen hatte und sich in Freiheit befand! Ich wußte, daß er im Auftrag unserer Partei wieder illegal gegen die Nazis arbeiten und damit auch für unsere Befreiung kämpfen würde. In Gedanken wünschte ich ihm viel Glück, weil jetzt der ganze faschistische Polizeiapparat nach ihm fahnden würde. Im Juli 1944 erfuhr ich, daß »Benno« bei einer der ständigen Razzien festgenommen worden war.

Wohin können sie Herbert gebracht haben? überlegte ich. Sicher würde man ihn, den geflohenen politischen KZ-Häftling, in die Prinz-Albrecht-Straße, also in die Gestapozentrale, schaffen. Nach seiner Flucht aus dem Lager würde die Gestapo wissen wollen, wo er sich verborgen hatte und welche Verbindungen zu anderen Widerstandskämpfern er besaß. Ich mußte in ein Kommando kommen, das in seiner Nähe arbeitete, und ich erinnerte mich an den Blick vom Dach der Küchenbaracke in den Hof des Gestapogefängnisses. Eine Unmenge Gedanken und Pläne gingen mir durch den Kopf. War eine Befreiung möglich? Was brauchte ich dazu?

Der Vorarbeiter des Kommandos Prinz-Albrecht-Straße, den ich noch am selben Abend aufsuchte, brauchte natürlich noch einen Zimmermann. Ich erzählte ihm, daß ich im anderen Kommando nicht mehr weiterarbeiten möchte, weil der Vorarbeiter sehr eingebildet sei und mir das Leben schwermache. Wir wurden uns schnell einig. Mit seiner Unterstützung rückte ich schon am nächsten Morgen in die Prinz-Albrecht-Straße aus.

Hilfsarbeiter hoben Splittergräben zwischen den wenigen Bäumen aus, die noch übrig geblieben waren und immer noch »Park« genannt wurden. Daneben befand sich der Betonbunker, in dem sich Himmler verkroch, wenn Bomber Berlin anflogen. Bald darauf traf sogar eine kleinere Bombe diesen Bunker, richtete aber weiter keinen Schaden an. Ein schmaler Riß war oben zu sehen, worauf Himmler befahl, das Bunkerdach noch um zwei Meter zu verstärken. Bei dieser Arbeit verlor unser Kommando durch eine Bombe, die den Eingang eines Splittergrabens traf, vierunddreißig Mann. Unter den Toten befand sich auch der Genosse Schweinitz, jener Maurer, mit dem ich im ersten Kommando gearbeitet hatte.

Unser SS-Bauführer erstarrte vor Ehrfurcht, als nach diesem Luftangriff ein Adjutant Himmlers aus dem Kommando einen Zimmermann anforderte. Er bestimmte mich. Mit meiner langstieligen Axt schlug ich in Himmlers Dienstzimmer, das vorher noch nie ein politischer Häftling betreten hatte, die zerbrochenen Fensterrahmen heraus, während mich der Adjutant, ein ziemlich kurz geratener SS-Obersturmführer, mehr ängstlich als gebieterisch beobachtete und Himmlers Uniformjacke kläglich an einer Schnur über der Badewanne im Nebenzimmer im Zugwind hin- und herschaukelte.

Unter dem Vorwand, mich davon überzeugen zu wollen, wie sich unsere Entlüftungsklappen bewährten, meldete ich mich wieder beim Leiter der SS-Küchenbaracke, der mich sogar wiedererkannte. Die Baracke stand noch unversehrt. Wieder kletterte ich aufs Dach, murkste an den Entlüftungsklappen herum und tat so, als wäre etwas auszubessern. Aber der Gefängnishof blieb leer, und ich mußte mir etwas anderes einfallen lassen.

In der Küchenbaracke stieß ich auf einen Kalfaktor, einen Häftling aus dem Gefängnis jenseits der Mauer. Eine Zigarette stellte schnell den Kontakt her.

»Hör mal, ich bin aus Charlottenburg. Bei euch drüben muß ein Bekannter aus meinem Kietz sein. Vielleicht kennst du ihn. Er heißt Müller und muß schon eine ganze Weile bei euch Kalfaktor sein.«

Eine weitere Zigarette machte uns fast schon zu Verschworenen. Ich bat ihn, dem Freund einen Gruß von mir zu bestellen, weil wir uns lange nicht mehr gesehen hätten. Morgen und in den nächsten Tagen könnten wir uns wieder treffen, weil ich hier noch zu arbeiten hätte.

So gelang es mir, mich mit Erwin Müller zu treffen. Ich fiel nicht gleich mit der Tür ins Haus, denn wir hatten uns ja über ein Jahr lang nicht mehr gesehen. In Sachsenhausen hatte er im Kommando Waffentechnische Versuchswerkstätten neben dem Gelände des Häftlingslagers gearbeitet. Gerade wegen dieser Tätigkeit unterhielt ich mich gern mit ihm. Ich ließ mich von ihm über neue Waffen informieren, über ihre Funktionsweise, Vorzüge und Nachteile, weil ich meinte, das alles einmal brauchen zu können.

Über Herbert Tschäpe konnte er mir vorerst gar nichts mitteilen, weil nach dem Attentat auf Hitler zu viele Verhaftete eingeliefert wurden und er selbst auch nicht in dem Gefängnisteil eingesetzt war, in dem diese Gefangenen untergebracht wurden. Er sagte mir auch, daß andere Kalfaktoren wenig über die Verhafteten sprächen. Beim Abschied vereinbarten wir, wie wir uns wieder treffen wollten. Er brauchte nur einen unserer Kameraden zu informieren.

Bald hatte ich einen günstigeren Platz gefunden, das Tor und den Platz vor dem Gestapogebäude zu beobachten.

Innerhalb der Mauer, die das Gelände zur Prinz-Albrecht-Straße hin abschloß, mußte ich gleich neben dem Eingangstor mit mir zugeteilten Häftlingen eine Garage und einen Werkstattraum errichten, deren Hinterwand die Umfassungsmauer selbst bildete. Natürlich achtete ich unter diesen Bedingungen auf eine äußerst solide Arbeit, um Zeit zu gewinnen. Ich konnte hier tatsächlich alles beobachten, was sich am Tor selbst und auf dem Platz ereignete.

Wohl registrierte ich in den nächsten Tagen, wie Dutzende von Zivilisten, die mit Pkw oder Gefangenentransportwagen eingeliefert wurden und im Vorhof aussteigen mußten, auch Stabsoffiziere in Uniform, mit breiten roten Biesen an den Hosen – wahrscheinlich Teilnehmer der gescheiterten Verschwörung gegen Hitler. Dagegen wurden nur ganz wenige Häftlinge fortgeschafft, doch unter ihnen konnte ich Herbert nicht erkennen. Unklar blieb, was in den Stunden geschah, in denen wir nicht auf der Baustelle arbeiteten.

Ich mußte aktiver werden und durfte mich nicht auf die passive Beobachtung beschränken. Vielleicht fiel es sogar auf, wenn ich mich zuviel für das Tor interessierte. Ich drang in das Gestapogebäude selbst ein und gab vor, herumliegendes Baumaterial zu suchen. Wir erreichten aber nur fast leerstehende, kaum noch benutzte Büroräume im ersten und zweiten Stock, dämmrige Zimmer, weil in den Fenstern meist Hartfaserplatten das Glas ersetzten. In diesem Teil der berüchtigten Terrorzentrale gab es keine Kontrollen mehr – eine gespenstische Atmosphäre.

Ich stöberte durch die meisten Räume, die teilweise untereinander verbunden waren. In einem alten, unverschlossenen Schrank fand ich ganz hinten ein sehr dickes Fahndungsbuch, fast von der Stärke einer Bibel, mit Tausenden von Namen. War es Neugierde? – ich nahm mir die Zeit und blätterte, während mein Kumpel ungeduldig an der Tür Schmiere stand. Schon auf den ersten Seiten fand ich den Namen eines Jugendgenossen aus meiner Gruppe des Kommunistischen Jugendverbandes in Falkensee. Er hieß Walter Böttcher, war Werkzeugmacher und arbeitete als Facharbeiter in der Sowjetunion. Durch dieses Fahndungsbuch der Nazis erfuhr ich sogar seine genaue Adresse. Ich bin ein passionierter Sammler und bedauerte es, das dicke Buch nicht unter meiner dünnen Häftlingskleidung am Körper verbergen zu können.

Als ich Erwin Müller wiedersah, erzählte er mir, daß sich ein junger Häftling in meinem Alter vor einer Vernehmung in den Treppenschacht gestürzt habe. Nach seiner Beschreibung könnte es Herbert gewesen sein. Obwohl mich diese Nachricht noch nicht überzeugte, mußte ich doch einsehen, daß ich nicht in das Gefängnis selbst vordringen konnte und eine Befreiung unter »normalen« Umständen unmöglich war. War ich also einer Illusion nachgejagt? Ich halte auch heute noch alle Bemühungen und Versuche für gerechtfertigt. Betrachten wir nur die Aussichten, die Luftangriffe boten. Im Februar 1945 gelang in Dresden Häftlingen die Flucht, selbst Todeskandidaten. Nach den ersten Bomben auf Himmlers Hauptquartier konnte ich doch mit weiteren rechnen. Wäre es für meinen Flüchtling nicht gut gewesen, einen Genossen in der Nähe zu haben? Das Risiko war also groß, aber wenn ein Wagnis auch die kleinste Aussicht auf Erfolg bietet, muß man es eingehen. Das ist jedoch nur ein Gesichtspunkt, aus dem ich die Berechtigung ableite. Es gab auch eine persönliche Seite: Ich meine, jeder Mensch braucht eine Aufgabe, und behaupte, sie gehört eigentlich zum Glücklichsein. Hohe Ziele und intensiven Einsatz brauchte ich einfach, um Mut und Lebenskraft unter den KZ-Bedingungen ständig neu zu produzieren.

Am 27. November 1944 wurde Herbert im Zuchthaus Brandenburg hingerichtet.

1944 bemerkte ich auch an vielen Kleinigkeiten, wie sich die Stimmung in Deutschland änderte. Wir Häftlinge durften seit einiger Zeit Päckchen empfangen. Das war keine Großmut, kein Gesinnungswandel und keine Humanität. Die SS wollte einfach einen Teil unseres Unterhalts unseren Familienangehörigen aufbürden. So schickte mir mein Bruder an seinem Hochzeitstag ein Paket. Genossen aus dem Arbeitersport, Schulfreunde und natürlich meine Eltern sandten mir ebenfalls Päckchen, deren Inhalt aufgeteilt wurde.

Die Tochter eines sozialdemokratischen Funktionärs, der ebenfalls in ein KZ verschleppt war, erschien eines Tages sogar in Wehrmachtuniform in Lichterfelde und wandte sich an die SS-Leitung, ihren »Verlobten« sehen und sprechen zu dürfen. Das wurde ihr zwar verwehrt, gab mir aber wieder ein Stückchen Zuversicht, als ich davon erfuhr. Der Teufel mag wissen, was in meinen Häftlingsakten alles über mich stand, denn in einigen Fällen war eine Sprecherlaubnis für Wehrmachtangehörige erteilt worden.

Henni Henneicke, so hieß die »Verlobte«, schrieb mir dann regelmäßig Feldpostbriefe. Einmal schickte sie mir ein Buch eines Nazifliegers »Flug über Spanien«. Eine Zumutung? Eine Provokation? Wir Interbrigadisten haben es mit Begeisterung gelesen, weil der Autor sehr eindringlich die Gefahr beschrieb, die den »Condor«-Fliegern bei Tiefangriffen von den Maschinengewehrbedienungen der spanischen Volksarmee drohte, und seiner Kameraden gedachte, die wir ins Jenseits befördert hatten.

Briefe waren nur eine angenehme Veränderung, die wir registrierten. Im April 1944 bereitete uns ein Ereignis große Genugtuung. Einer unserer Interbrigadisten, Franzl Primus aus Österreich, war zusammen mit dem Vorarbeiter Jupp Pietschmann des Kommandos RSHA Prinz-Albrecht-Straße geflohen. Sie hatten alles gut durchdacht und vorbereitet. Ihre Flucht war tatsächlich eine Arbeit mit der Uhr. Unter dem Vorwand, Material und Werkzeuge aus Lichterfelde abholen zu müssen – beide hatten ja vorher lange Zeit dort gearbeitet und kannten die Bedingungen –, fuhren sie mit einem Lastwagen los, begleitet von dem Fahrer und einem Posten. Wie eingeplant, trafen sie einige Minuten vor der Mittagspause dort ein. Für eine Dreiviertelstunde wurde kurz darauf die große Postenkette eingezogen, weil sich während des Essens ja kein Häftling draußen aufhielt. Ihre beiden Bewacher kannten die Sitten in diesem Objekt nicht und wollten auch Essen fassen. Unsere Genossen sollten am Wagen warten.

Erst gegen vierzehn Uhr benachrichtigten die beiden SS-Trottel die Bewachungsmannschaft, daß sie ihre Häftlinge vermißten. Alles Suchen war vergebens, denn Franzl Primus kannte in Berlin-Friedrichshain und in dem Randgebiet noch gute Deutsche.

Inzwischen wütete im Großen Lager die SS weiter. Massenvernichtungen waren an der Reihe, die Rationen für die Häftlinge wurden immer mehr gekürzt. Viele Kameraden, die jahrelang durchgehalten hatten, erkrankten. Giftspritzen der SS-Ärzte machten ihrem Leben ein Ende. Im Lager wühlte und schnüffelte seit Monaten eine Sonderkommission des Reichssicherheitshauptamtes. Sie wollte die Leitung des Widerstandes im Lager zerschlagen. Folter, Spitzel und Verrat führten dazu, daß am 11. Oktober 1944 siebenundzwanzig Genossen ermordet wurden.

Ende 1944 übernahm ich das neuaufgestellte Kommando Neue Reichskanzlei Wilhelmstraße als Vorarbeiter. Zu diesem Kommando gehörten fünfzehn Fach- und Hilfskräfte. Hierher hatte sich Hitler zurückgezogen, nachdem ihm ein »Führerhauptquartier« nach dem anderen gekündigt worden war. Er hockte tief unter der Erde in seinem Betonbunker und mußte eine Niederlage nach der anderen zur Kenntnis nehmen. An fast allen Fronten hatten die Armeen der Antihitlerkoalition die deutschen Grenzen erreicht. Der Befreiungskampf der Völker hatte in einigen Ländern zum Sieg der Volkskräfte geführt. Frankreich war von den Okkupanten befreit, im zurückliegenden Jahr hatte die Rote Armee die Faschisten völlig vom sowjetischen Territorium vertrieben, in Bulgarien und Rumänien waren die faschistenfreundlichen

Regierungen gestürzt, Finnland war nun aus dem Krieg ausgeschieden, in Polen hatte sich eine Volksregierung konstituiert. In Deutschland wurden immer mehr Männer an die Fronten geschickt, »Volksgerichtshöfe« und Standgerichte wüteten unter Hitlergegnern und Kriegsmüden. Das Volk litt unsäglich.

Tagtäglich flogen alliierte Bomberverbände, Hunderte von Flugzeugen, Deutschland und seine Hauptstadt Berlin an. Bei einem dieser Angriffe wurde auch das Kaufhaus Hertie in der Nähe der Reichskanzlei von einer schweren Luftmine getroffen und durch den Luftdruck ringsum alle Fensterscheiben zerschlagen.

Wir wenigen Zimmerleute schlugen nun in der Reichskanzlei mit unseren Äxten die hohen, kostbaren Mahagonirahmen aus den Fensterfluchten der Straßenfront heraus, fertigten passende Rahmen aus ungehobelten Dachlatten an, setzten sie in die Fensterhöhlen und nagelten dann Hartfaserplatten ein. Das Ganze sah nun nicht mehr so großspurig und protzig aus, aber es paßte doch gut in das Bild der zerfallenden Nazimacht.

Unsere Arbeiten wurden nur durch Luftangriffe unterbrochen, die meist um die Mittagszeit erfolgten und oft recht lange andauerten. Wir Häftlinge durften nicht im Bunker Schutz suchen, sondern mußten oben im Gebäude bleiben. Wir hielten uns häufig bis zur Entwarnung in Hitlers Arbeitszimmer auf, weil es mir auf dem langen Korridor zu gefährlich war. Dort konnten Bombensplitter über die ganze Länge fegen. Dieser Raum fiel bereits vom breiten Flur her durch die protzige, überhohe, zweiflüglige Tür auf. Über dieser prangten die großen, verschnörkelten Buchstaben A und H, ineinanderverschlungen wie die Initialien alter Preußenkönige. Noch war die Goldbronze nicht abgeplatzt.

Den dicken Teppich hatten irgendwelche Hausdiener vorsorglich zusammengerollt und hinten an der Wand abgelegt. So schlürften und kratzten wir über den Parkettboden, ganz protokollwidrig.

Während Hitler unten im Bunker zitterte, saß ich in meiner Häftlingskluft in seinem Sessel, der um ein Stück höher war als die anderen, und kaute an meinem Brot. Vor mir saßen auf den Stühlen anderer Nazigrößen meine Kameraden, deren Namen ich in meinem alten Notizbuch festgehalten habe, obwohl das eigentlich streng verboten war. Als Vorarbeiter brauchte ich es jedoch für Berechnungen. Wer wollte mir etwas? Also der französische Kamerad Detaille mit der Häftlingsnummer 84329 hockte in dem Sessel des dicken Marschalls Göring, während die polnischen und sowjetischen Kameraden Obarek (59882), Kempski (29645), Balabau (50230), Kisilow (101552), Feliks (82515), Przybylowski (42964), Setnik (61338), Baschinski (79000), Ostrowski (82396), Laland (79026), Masurkiewiesz (82360), Pisodowski (82273) und andere in den Sesseln weiterer Naziwürdenträger Platz genommen hatten, die ebenfalls wie die Maulwürfe im Bunker hausten. Sie ließen sich nur noch ganz selten oben blicken.

Ich bin später gefragt worden, ob wir uns nicht doch leichtfertig verhielten. Ein plötzlich auftauchender SS-Posten hätte uns alle ans Messer liefern können, weil wir ein Heiligtum entweiht hatten. Als wir uns diese »Amtsanmaßung« zum erstenmal leisteten, sind wir sicher nur von praktischen Erwägungen ausgegangen: Es zog in der Bude, und auf dem Fußboden wäre es uns in unseren dünnen Hosen doch zu kühl gewesen. Später nahmen wir bewußt dort Platz, davon überzeugt, daß die Tage des Hitlerreiches gezählt waren und Leute wie wir die Zukunft bestimmen und gestalten würden. Es war kein Leichtsinn!

In den folgenden Wochen wuchs in unserem Lager die Zuversicht, bald befreit zu werden. Die Rote Armee trieb die Wehrmacht von der Weichsel zur Oder. In Berlin wurden Bunker und Verteidigungsanlagen gebaut. Der Vorarbeiter des großen Kommandos Fichtenberg in Steglitz, das neben dem Eingang zum Botanischen Garten in den Berg hinein für die SS einen riesigen Luftschutzbunker baute, hatte die Gelegenheit und das große Durcheinander genutzt und war geflohen. Und nun weihte mich mein Bettnachbar Hans Stapel in sein Geheimnis ein: Er wollte ebenfalls vom Kommando Fichtenberg fliehen. Hans war ehemaliger Spanienkämpfer und hatte beim Stab der XI. Interbrigade als Topograph gearbeitet. Sein Bruder Karl war als Verteidiger Madrids im Januar 1937 gefallen.

Hans Stapel stammte aus Aachen und kannte kaum jemanden in Berlin und dessen Umgebung. Ich bemühte mich, ihm klarzumachen, wie gefährlich unter diesen Bedingungen eine Flucht war und welche Folgen sie haben konnte. Er ließ sich aber von seinem Vorhaben nicht mehr abbringen. Was konnte ich noch tun? Ich nannte ihm auf alle Fälle die Anschrift meiner Eltern. Sie würden ihm gewiß helfen, wenn er sie brauchte.

Ich selbst hielt den Zeitpunkt für eine Flucht noch nicht für gekommen. Noch erschien mir der Naziapparat nicht angeschlagen genug. Trotz aller Niederlagen und Verluste arbeitete er auf der unteren Ebene weiter und konnte jedem gefährlich werden. Westlich der Oder hielten sich jetzt unzählige Flüchtlinge auf, die von der Wehrmacht beim Rückzug mitgeschleppt worden waren. Bombengeschädigte hatten neue Wohnungen erhalten. Wie leicht konnte man auf einen wildfremden Menschen stoßen, der ein fanatischer Nazianhänger war!

Ich mußte wieder einmal das Kommando wechseln. Vom Fichtenberg wurde ich nach Pankow geschickt und übernahm ein neues, stärkeres Arbeitskommando Pankow – Berliner Straße, das im Sitz einer SD- oder Gestapodienststelle arbeitete. Das Gebäude war früher ein jüdisches Kinderheim gewesen. In der Umgebung waren Bomben und Luftminen niedergegangen, hatten das Dach teilweise abgedeckt; fast alle Fensterscheiben waren durch den Luftdruck zerschlagen.

Hier erhielt ich den ersten Beweis dafür, wie weit der Zerfall schon fortgeschritten war. Wir setzten das Haus notdürftig instand, reparierten das Dach. Während sich der Postenführer und die Mehrzahl der SS-Posten, die meist aus Ungarn und Rumänien stammten, nicht in die Arbeit einmischten und nur eine Postenkette um das Gebäude stellten, fiel der jüngste von ihnen, Roth, sofort unangenehm auf, weil er auf meine Kameraden, meist Polen, Sowjetbürger, Franzosen, einschrie. Als wir nach einigen Wochen die Kellerdekken durch Eisenträger und Mauerpfeiler verstärkten, brüllte er unseren Dachdecker, den ehemaligen Spanienkämpfer

Herbert Hackbarth (Nr. 49974), mächtig an, riß seinen Karabiner von der Schulter und machte Anstalten, im Hof auf den Genossen zu schießen. Ich ging auf den Kerl zu und sagte ihm deutlich, die Leitung der Arbeiten sei meine Angelegenheit und er habe lediglich den Auftrag, Posten zu stehen und unseren Transport zu begleiten. Gleich darauf beschwerte ich mich beim Postenführer und ging, ohne diesen zu verständigen, in den ersten Stock des Hauses hinauf. Dort ließ ich mich durch eine Vorzimmerdame beim Chef der Dienststelle – ich glaube, es war ein Regierungs- oder Oberregierungsrat Dr. Becker – melden. Er hatte sich von mir mehrmals über den Fortgang der Arbeiten berichten lassen und ließ mich eintreten. Ich schilderte ihm den Vorfall mit dem SS-Posten und fügte hinzu, daß durch dessen Auftreten die Arbeitslust der Fach- und Hilfskräfte, die sowieso knapp wären, nicht gerade erhöht würde.

»Sprechen Sie mit niemandem darüber!« Der erste SS-Offizier, der »Sie« zu mir sagte! »Ich lasse nachher den Postenführer zu mir kommen und verlange, daß der Roth sofort abgelöst wird und morgen nicht mehr hier erscheint!«

Dann wies er auf einen Stuhl, ich solle mich setzen, und fragte, warum ich ins Lager gekommen sei. Als er hörte, daß ich für die Spanische Republik gekämpft hatte, sagte er: »Es geht dem Ende zu. Wir hören hier viel. Was glauben Sie, wer alles von mir Reisepapiere haben will, um ins Ausland zu kommen, besonders nach Spanien, nach Portugal, in die Türkei. Sie selbst werden später bestimmt Bürgermeister werden!«

Mir ist heute noch nicht klar, was diese eigenartige Offenheit sollte. Hatte er eingesehen, daß er aufs falsche Pferd gesetzt hatte? Wollte er sich bei dem zukünftigen Bürgermeister anbiedern?

Eines Tages fragten mich zwei junge SS-Leute nach Zigaretten. Sie hatten uns als Posten nicht schlecht behandelt und erzählten mir jetzt, sie kämen aus Ungarn.

»Ich darf Ihnen nichts geben, ich werde sonst schwer bestraft!« entgegnete ich. »Eine Schachtel lege ich aber dort auf den Fenstersims.«

Eine Stunde später waren die Zigaretten nicht mehr da. Sie

suchten immer wieder das Gespräch, und ich merkte, daß es gar nicht so sehr um die Zigaretten ging. Sie wollten meine Meinung hören. Und so erfuhr ich, daß sie nicht freiwillig zur SS gegangen, sondern gezogen worden waren.

Über die militärische Lage waren sie einigermaßen informiert, und ich machte, wenn auch vorsichtig, kein Hehl daraus, was SS-Angehörige zu erwarten hätten. Schließlich rückten sie mit der Sprache heraus und fragten nach Fluchtmöglichkeiten und dem besten Weg nach Ungarn. Von dort stammten sie, und jetzt wollten sie nach Hause. Ich antwortete nicht sofort und direkt. Ganz beiläufig erzählte ich ihnen von meinem Weg in die Tschechoslowakei, von meinen Fahrten durch das Land und nannte ihnen dabei die Orte, die sie passieren mußten. Ich warnte sie aber auch vor Kontrollen und Standgerichten.

Eines Nachmittags waren die beiden nicht mehr aufzufinden, ihre Karabiner hatten sie an einer Mauer abgestellt.

•

Am 21. April 1945 wurden wir wieder nach Sachsenhausen zurückgeschafft. Wir waren noch neunzig Mann, alles politische deutsche Häftlinge, die mit der S-Bahn nach Oranienburg zurückfuhren. Unsere ausländischen Kameraden waren schon einige Tage vorher aus Lichterfelde fortgeschafft worden. Die Bahn fuhr nur noch bis Lehnitz, den Rest des Weges mußten wir marschieren. In Sachsenhausen erfuhren wir vom Evakuierungsbefehl, und als letzte Gruppe verließen wir noch am selben Tag gegen 23.15 Uhr das Lager.

Die wenigen Stunden im Lager hatten wir in der Wäschereibaracke verbracht. Hier waren wir nicht allein, mit uns hausten hier noch etwa vierzig jüdische und Zigeunerkinder, die auch auf ihren Abtransport warteten. Wir trösteten die kleinsten – sie weinten vor Unruhe und Angst, daß sie von der SS ermordet würden – und versprachen ihnen alle unsere Hilfe.

Das Lagergelände bot jetzt ein ungewohntes Bild. Von Zeit zu Zeit wurden große Häftlingskolonnen auf dem Appellplatz zusammengestellt und durch das Lagertor getrieben. Die meisten dieser Kameraden sahen wie wandelnde Skelette aus. Wir erfuhren, daß es seit Tagen kaum noch Essen gegeben hatte. Von Zeit zu Zeit hörten wir Schüsse. Die SS hatte einige kriminelle Häftlinge bewaffnet und als Posten in der Nähe der Küche aufgestellt. Sie schossen auf jeden der halbverhungerten Kameraden.

Mit dem Genossen Hans Schrenk (Nr. 39260), einem ehemaligen Spanienkämpfer, arbeitete ich mich sprungweise unter dem Schutz der anderen Baracken an die Kleiderkammer heran. Hier trafen wir keinen Menschen mehr an. Wir suchten uns beide passende dunkelblaue Schlosserkombinationen heraus, mit denen wir draußen kaum auffallen würden, und zogen sie sofort unter unsere Zebrakleidung.

Unser nächster Weg führte uns zum Krankenrevier, wo Genosse Schrenk einen Sanitäter aufsuchen wollte, den er aber nicht mehr fand. Wir gelangten bis in den Leichenkeller. Bis zur Decke waren tote Häftlinge gestapelt. Krankheiten, die anstrengende Arbeit ohne ausreichende Verpflegung oder auch Todesspritzen des SS-Arztes hatten ihrem Leben ein Ende bereitet.

Erst am späten Nachmittag ging ich noch einmal durchs Lager. Der größte Teil der Häftlinge hatte allem Anschein nach Sachsenhausen bereits verlassen, aber es wurden immer noch Kolonnen zusammengestellt. SS-Aufseher ließen sich nicht mehr sehen, nur durch den Lautsprecher kamen ihre Anweisungen. Immer noch hallten von der Küche her einzelne Schüsse. Die Situation war gespannt, mußten wir doch damit rechnen, daß die SS das Lager entweder mit Flammenwerfern in Brand setzte oder mit Bomben belegte, um den vorstoßenden sowjetischen Truppen keine Spuren ihrer Verbrechen zu hinterlassen.

Auf dem Schlackenweg zwischen zwei Baracken traf ich meinen jungen sowjetischen Freund Fedja Rybak wieder. Seine Freude ist nicht zu beschreiben – er drückte und küßte mich. Fedja war 1942 als Kind in das KZ Sachsenhausen verschleppt worden, er mußte dreizehn oder vierzehn Jahre gewesen sein. Jetzt trafen wir uns wieder. Stolz führte er mich in seine Baracke. Alle anderen Häftlinge dieses Blocks waren schon am Vortag abmarschiert. Er hob eine schwere Fußbodenplatte hoch, setzte eine bereitliegende Holzsteife darunter und zeigte mir eine geräumige Höhle, die gut und gern zwei Menschen Platz bot und die er mit Schlafdecken ausgelegt hatte. Aus einer Ecke holte er einen kleinen Leinenbeutel mit Roggenmehl und einen noch kleineren Beutel Salz hervor, seine Reserve. Er forderte mich auf, bei ihm zu bleiben, niemand wisse von diesem Versteck. Ich teilte ihm meine Befürchtung mit, daß die Faschisten nach der Evakuierung der Häftlinge das Lager vernichten würden, und riet ihm, während des Marsches zu flüchten, zumal ich die Gegend ausgezeichnet kannte und wir durch ausgedehnte Wälder kommen würden, in denen wir die vorrückende Sowjetarmee erwarten könnten. Fedja schloß sich dem Angebot sofort an. Schnell hatte er seine wenigen Habseligkeiten in einem großen Brotbeutel untergebracht. Ich rollte ihm zwei Decken zusammen, band die Enden mit einem kurzen Lederriemen zusammen, und er nahm die Rolle über die rechte Schulter, wie wir sie damals in Spanien getragen hatten.

In der Wäschereibaracke trafen wir noch einen jungen sowjetischen Freund, Sascha. Er hatte längere Zeit in dem Kommando SS-Leibstandarte an der Goerzallee in Lichterfelde gearbeitet. Als sein Block zum Evakuierungsmarsch antrat, hatte er sich wie Fedja verborgen. Auch er wollte auf dem Evakuierungsmarsch bei uns bleiben, da er uns als gute Kameraden kannte.

Die Dunkelheit war lange hereingebrochen, als die Kinder aus unserer Baracke ans Lagertor befohlen wurden. Wir gaben ihnen Lebensmittel, die wir aus Berlin mitgebracht hatten, und trösteten sie nochmals. Wir konnten später unser Versprechen halten, ihnen zu helfen.

Weit entfernt hörten wir das dumpfe Grollen von Geschützen. Unsere Befreier nahten!

Meine Taschenuhr zeigte 23.15 Uhr an, als wir als letzte Gruppe das Lager Sachsenhausen verließen. Hinter uns wurde das eiserne Lagertor abgeschlossen. Begleitet oder bewacht wurden wir von zwei SS-Rottenführern mit Maschinenpistolen und einem ehemaligen Häftling, einem Saarländer, der nun die Uniform der Dirlewangerleute mit den Totenköpfen an den Kragenspiegeln trug und mit einem Karabiner bewaffnet war. Vor dem Lagertor sahen wir aber noch andere SS-Wachmannschaften an Lastkraftwagen und

Seitenwagenkrädern stehen, die uns später auf der Straße in Richtung Neuruppin überholten.

Fedja marschierte immer neben mir. Wir hatten uns viel zu erzählen. Doch daraus wurde nichts, denn in der kurzen Zeit bis zum Anbruch des nächsten Morgens zählte ich im Straßengraben nur auf meiner Seite einhundertzwölf ermordete Kameraden. Dann zählte ich nicht mehr weiter und dachte daran, wie schwer die Flucht sein würde. Bei einer Rast am Waldrand vor Rüthnick sagten wir den beiden Rottenführern deutlich, daß wir keinen unserer Kameraden zurücklassen würden!

Bis zum Dorf Herzberg überholten wir mehrere große Häftlingskolonnen. Hier bezogen wir am Spätnachmittag des 22. April bei einem Bauern Quartier für die kommende Nacht. Plötzlich hielten auf dem Dorfanger zwei große weißgestrichene Lkws mit roten Kreuzen auf den Wagendächern. Ich wandte mich an die Fahrer. Sie kamen aus der Schweiz, und meine Französischkenntnisse halfen mir. Die Wagen waren aus unserer Richtung gekommen und hatten die sowjetischen Vorausabteilungen passiert. Sie zeigten mir abgeschnittene Winkel und Nummern von ermordeten Häftlingen, die sie im Straßengraben gefunden hatten. Ich unterrichtete sie über meine Beobachtungen. Die beiden SS-Posten wollten das Gespräch unterbinden, weil sie ihm nicht folgen konnten, gingen dann aber auf den Bauernhof zurück.

Ich bat die Leute vom Roten Kreuz, vorzufahren und die Kinder aufzunehmen. Ihre großen Wagen würden allen Platz bieten. Eile war geboten, denn die Strapazen eines langen Marsches würden die entkräfteten Kinder kaum aushalten. Die Männer versprachen es mir und haben, wie ich am nächsten Tag hinter Neuruppin erfuhr, ihr Wort gehalten.

Bevor sie weiterfuhren, gaben sie uns für je zwei Mann noch ein sogenanntes Kriegsgefangenenpaket mit Lebens- und Genußmitteln. Von der SS erhielten wir auf dem ganzen Marsch überhaupt keine Verpflegung. Am nächsten Tag kam der SS-Untersturmführer Höhn, der zweite Lagerführer, im Pkw bis zu uns zurückgefahren. Er griff zur Lüge und machte die Sowjetarmee für unseren Hunger verantwortlich, denn sie hätte den Weg zum Verpflegungslager Sachsenhausen abgeschnitten. Warum hatten wir aber im Lager selbst gehungert? Wir sollten uns selbst versorgen. Der Stab der Lagerleitung läge in Wittstock, und dort würden wir entlassen. Diesem Verbrecher glaubten wir nur, daß unsere Befreier zügig vordrangen und daß die SS in panische Furcht verfiel.

Trotz aller Schwierigkeiten beschafften wir für unsere ganze Kolonne Lebensmittel, die wir den wenigen in den Dörfern verbliebenen Bauern abkauften. Einen Teil fanden wir aber auch auf den verlassenen Höfen, deren Besitzer den Anordnungen der Nazibehörden gefolgt und nach Westen und Nordwesten unterwegs waren.

Bei den Appellen in den ersten Tagen unseres Marsches, die unsere Posten aus Gewohnheit noch durchführten, wurden ihre Augen immer größer. Unsere Kolonne war nämlich schon beträchtlich zusammengeschmolzen, obwohl wir keinen Toten verloren hatten. Die ersten kleinen Gruppen von Kameraden trennten sich unauffällig von uns, besonders bei Neuruppin und im Raum Wittstock. Wenn uns die Posten fragten, erzählten wir ihnen, daß die Verschwundenen in anderen Häftlingsgruppen mitmarschierten, in denen sie Kameraden gefunden hatten. Bald gaben die Posten die Zählerei auf und dachten nur noch an ihre eigene Haut.

In einem Vorwerk in Groß-Pankow, einem kleinen Ort etwa zwölf Kilometer vor Parchim, machte ich mich mit einer Gruppe von sieben Kameraden, fünf deutschen Häftlingen und unseren beiden sowjetischen Jungen, selbständig. Sie hatten mich zu ihrem Führer gewählt. Am Abend zuvor hatte unser Fedja Verbindung zu ukrainischen und polnischen Zwangsarbeitern aufgenommen, die im Dorfe wohnten und uns verbergen und verpflegen wollten. Ich hatte inzwischen einen Karabiner an mich genommen, den ein Hitlersoldat in einem Stall »vergessen« hatte. Im Magazin befanden sich fünf Patronen, aber sie wurden nicht mehr gebraucht, denn nun rollte alles sehr schnell ab.

Am nächsten Vormittag sahen wir durch Löcher in der alten Scheune die letzten Armeefahrzeuge vorbeisausen. Nicht lange darauf hörte ich die mahlenden Geräusche schwerer Panzer. Zuerst nahm ich an, es seien die letzten Wehrmachtpanzer. Ich ging an die steinerne Hofmauer und blickte von dort aus vorsichtig über die weiten Wiesen vor dem Ort. Dann aber rief ich meine Kameraden heran: Es waren sowjetische Panzer!

Auch die Zwangsarbeiter eilten freudig herbei. Als der Kommandeur vom Panzer sprang und mit uns sprach, kannte unser Jubel keine Grenzen! Wie hatten wir diesen Augenblick herbeigesehnt. Davon hatten wir geträumt, hatten uns die ersten Minuten der Freiheit ausgemalt, Worte zurechtgelegt. Und nun kam alles anders. Da war nicht lange der laute Jubel, stille Freude löste ihn ab, und Genossen, die ihre Freunde neben sich hatten sterben sehen, hatten jetzt erst Tränen.

Dem sowjetischen Offizier ging es wahrscheinlich nicht anders. Er riet uns, sofort in unsere Heimatorte zurückzukehren, da wir dort gewiß gebraucht würden. Dann rollten die Panzer weiter. Auf den einen schwang sich ein befreiter sowjetischer Zwangsarbeiter, dem ich meinen Karabiner gegeben hatte.

Wir holten uns ein Pferd, zogen einen großen Leiterwagen aus einem Stall, warfen Strohbündel hinauf, spannten das Pferd an und machten uns bei Regenwetter auf den Rückweg. Entgegen kamen uns unzählige kleine Wagen, von zottigen Pferdchen gezogen, sowjetische Troßkolonnen.

Im nächsten Dorf, in Redlin, holten wir noch Futter für das Pferd. Danach trennte ich mich vom Gespann – mir ging es zu langsam – und fuhr mit noch einem Genossen mit dem Fahrrad weiter. Bei einer Rast an einem Waldrand hörten wir wieder Karabinerschüsse. Dort stieß ein Genosse aus Thüringen mit einem anderen Kameraden unserer Kolonne zu uns. Sie berichteten, daß sie hinter Parchim einen der beiden SS-Posten erschlagen hatten, als er beim Auftauchen der ersten sowjetischen Panzer noch auf die Häftlinge schießen wollte. Ein älterer Häftling, der früher bei uns in Lichterfelde war, Max Sellheim, ein ehemaliger KPD-Landtagsabgeordneter, wurde von der SS noch im letzten Augenblick ermordet.

Da die anderen noch an ihren Rädern bauten und dann gemeinsam in Richtung Süden fahren wollten, machte ich mich allein auf den Weg.

Zu Mittag war ich bereits Gast bei sowjetischen Panzersoldaten. Als sie begriffen hatten, woher ich kam, daß ich vorher in den Interbrigaden gekämpft hatte und schwer verwundet worden war, veranstalteten sie, wie es mir schien, ein kleines Fest. Vorher packten sie große Stücke Speck in meinen Rucksack. Ein Tankist schüttete eine große Mütze dunkelbraunen Soldatenzwiebacks dazu, wie ich ihn schon im Jahre 1917 als kleiner Junge von den russischen Kriegsgefangenen erhalten hatte. Irgend etwas schien ihnen aber noch zu fehlen, bis ein junger Soldat eine verzinnte, flache Wärmflasche hervorholte. Sie enthielt tatsächlich etwas zum Aufwärmen! Feldbecher und Wassergläser waren plötzlich auch da.

»Du mußt als alter Soldat doch trinken können!« munterten sie mich auf, als ich ablehnen wollte. Wir tranken gemeinsam auf den Sieg, auf unsere Befreiung, auf einen dauerhaften Frieden, auf das Glück aller Völker, auf unser eigenes Wohl und fanden noch viele andere Gründe. Es war anstrengend, und ich atmete auf, als sie wieder aufsaßen. Sie wünschten mir eine gute Heimfahrt. Nach zwei Tagen war ich endlich in Berlin und sah nach langen Jahren Vater und Mutter wieder.

Am Tage darauf suchte uns auch Hans Stapel auf. Ich war der erste Genosse aus dem Lager, den er in Berlin antraf.

Später erfuhr ich, daß der Todesmarsch über fünftausend Kameraden des Konzentrationslagers Sachsenhausen das Leben gekostet hat. Bevor die SS-Posten weitere Morde verüben konnten, schlug ihnen die schnell vorstoßende Rote Armee die Waffen aus der Hand. Ein düsteres Kapitel war beendet. Zwölf wechselvolle Jahre lagen hinter mir. Leicht neigt man dazu, von einer Heimkehr nach Irrfahrten zu reden, doch ich war nicht herumgeirrt, hatte nie suchen müssen, weil ich immer wußte, wo mein Platz war.

Noch vor der Unterzeichnung der bedingungslosen Kapitulation des faschistischen deutschen Staates am 8. Mai 1945 nahm ich meine Tätigkeit bei der antifaschistischen Polizei auf. Mit sowjetischen Militärstreifen nahmen wir den Plünderern der großen Lagerhallen am Güterbahnhof Moabit auf der Brücke zum Bahnhof Putlitzstraße das gestohlene Gut ab.

Ganze Wagenladungen konnten der Versorgung der Bevölkerung zugeführt werden. Nicht immer stießen wir auf Verständnis; Flüche und Verwünschungen wurden laut, wenn wir unser Handeln erläuterten. So begegnete ich dem ganzen Unrat, den die Faschisten in den Köpfen der Menschen hinterlassen hatten.

Bald darauf händigte mir der zuständige sowjetische Militärkommandant als einem der ersten Deutschen eine Pistole und einen roten sowjetischen Waffenschein mit der Nummer 02 aus. Nach und nach fand ich einige Freunde aus der Gruppe des Kommunistischen Jugendverbandes, die ich im Mai 1930, also vor fünfzehn Jahren, gegründet hatte. Die Genossen gewann ich für meine Dienststelle, sie sollten in der Kriminalpolizei arbeiten. Sie brachten die ersten Faschisten zur Vernehmung, darunter auch ehemalige SS-Angehörige, mit denen ich zusammen zur Schule gegangen war. Wir hatten auf verschiedenen Seiten der Barrikade gestanden.

»Kalle, du wirst noch Leutnant!«

Im Lager hatte mir das ein Genosse prophezeit, als er einen Gedankengang besonders würdigen wollte. Jetzt war ich Polizist und machte mir ein Bild vom Erbe, das der Faschismus hinterlassen hatte. Obwohl ich nicht überrascht war – durch die Arbeit im Außenlager hatte ich viel gesehen –, war das Ausmaß der Zerstörungen doch größer als erwartet. Und auf Schritt und Tritt stießen wir auf Folgen der ideologischen Beeinflussung durch die Faschisten. Es ist unbeschreiblich, was damals an Gerüchten kursierte: Bald fangen die Amerikaner den Krieg an; Hitler lebt; die Russen werden uns alle verhungern lassen und anderes. Nach all den Lügen der Nazis wollte niemand der neuen Verwaltung, den Aktivisten der ersten Stunde glauben. Die Menschen fühlten sich so betrogen, daß sie uns mit Argwohn und Mißtrauen begegneten. Überzeugen konnte nur die Tat. Eine große Hilfe war mir die klare und eindeutige Sprache der SMA-Befehle. Meist gingen sie wie in Kriegszeiten von der Analyse der Lage aus und legten dann fest, was getan werden mußte. Richtschnur für meine Arbeit war auch der Aufruf vom 11. Juni 1945, mit dem das Zentralkomitee der KPD Antwort auf viele Fragen gab. Und den Festlegungen des Potsdamer Abkommens zur Zerschlagung des faschistischen Staatsapparates, zur Entmachtung der Militaristen und Imperialisten, der Verantwortlichen für beide Weltkriege stimmte ich aus ganzem Herzen zu, auch der Verfolgung der Kriegsverbrecher.

Ohne die Unterstützung und ohne die uneigennützige Hilfe der Sowjetarmee wäre es nicht möglich gewesen, alle Kriegsfolgen zu überwinden und an den Neuaufbau zu denken. Am stärksten spiegelt sich diese Hilfe wohl in dem gewaltigen Prozeß des Umdenkens wider, der in jenen Jahren einsetzte. Von den ersten Tagen an war es erklärtes Prinzip, möglichst große Kreise der Bevölkerung in Entscheidungen und in die neuentstehenden Selbstverwaltungen einzubeziehen. Damit begriffen manche schneller, daß es auf die Mitarbeit aller ankam, und die Lethargie wurde leichter überwunden.

Kompliziert war die Lage in den Randgebieten von Berlin, die überbevölkert waren. Viele Verkehrsverbindungen zur Stadt waren unterbrochen; Menschen, die früher in Berlin gearbeitet hatten, waren ohne Beschäftigung. Auch für die junge Volkspolizei ergaben sich daraus zahlreiche Probleme. Erinnert sei nur an den Schwarzhandel. Im Durcheinander der letzten Kriegstage waren aber auch viele Nazis untergetaucht, die wegen ihrer Verbrechen gesucht wurden. Wir konnten uns auf die Mitarbeit von Antifaschisten stützen, als es darum ging, solche Verbrecher dingfest zu machen und ihrer gerechten Strafe zuzuführen.

Im Sommer 1945 erhielt ich den Auftrag, mich im Rahmen der Polizei besonders der Verfolgung von Naziverbrechen zu widmen. Ich arbeitete mit dem Stadtkommandanten, dem Bürgermeister, dem Personal- und Organisationsamt und dem Leiter des neuaufgebauten Amtsgerichts eng zusammen. Die Ermittlungen waren oft schwierig und mühselig. Belastende Materialien, Dokumente und Zeugenaussagen waren zusammenzutragen und auszuwerten. Erschwert wurde die Arbeit zu Anfang durch den großen Strom der Umsiedler, in dem auch Nazis untergetaucht waren, deren Angaben besonders schwer nachzuprüfen waren. Dennoch gelang es mit der Unterstützung der Bevölkerung, uns einen Überblick zu verschaffen. Natürlich war die Arbeit sehr zeitaufwendig, und wir durften die Kleinarbeit nicht scheuen. Der Tag erschien uns manchmal zu kurz, um alles bewältigen und an alles denken zu können.

Der 23. August 1945 zeigte sich schon am frühen Morgen von seiner besten Seite. Die Sonne lachte über den Bäumen des alten Gutsparks, als ich am ehemaligen Herrenhaus vorbeiging, in dem vorläufig unser Bürgermeister mit Teilen der Verwaltung untergebracht war. Wir arbeiteten in einer Baracke. Zu den Genossen meines Bereichs gehörte auch Paul Eggert, der ehemalige Kindergruppenleiter des Arbeitersportvereins Fichte–Falkensee, den ich Anfang 1942 als Häftling im Gestapogefängnis Potsdam wiedergesehen hatte. Er war wegen Abhörens »feindlicher Sender« verhaftet worden. Jetzt hatte er seine 1933 vergrabene Pistole hervorgeholt. Noch wußte der sowjetische Kommandant nicht, daß ein Polizist mehr als erlaubt bewaffnet war!

Als ich die Baracke betrat, unterhielt sich Paul schon mit einem Mann in Eisenbahneruniform. Ich bat beide in mein Zimmer. Der Genosse Eisenbahner war aus Berlin gekommen. Seine Arbeitskollegen hatten ihn beauftragt, uns davon zu unterrichten, daß der jetzige hauptamtliche Leiter unseres Verwaltungsbezirks 1 – Falkensee war damals wegen seiner Größe in zwanzig Verwaltungsbezirke eingeteilt – während der Nazizeit Politischer Leiter der NSDAP bei der Reichsbahn in Berlin gewesen war und viele Arbeitskollegen angezeigt oder zum gefährlichen Dienst in die okkupierten Gebiete geschickt hatte.

Wir nahmen seine Anzeige auf, und er nannte uns noch die Namen anderer Zeugen. Ich sicherte ihm zu, den Fall gewissenhaft zu überprüfen und ihn über das Ergebnis unserer Nachforschungen zu informieren. Paul machte sich auf den Weg, um die Zeugen zu befragen und den Nazi vorzuladen. Ich begab mich zum Bürgermeister, der informiert werden mußte. Auch die Stadtleitung der KPD wollte ich unterrichten.

Unsere demokratische Kontrolle gewissermaßen. Wir taten nichts im Alleingang.

Als ich zurückkehrte, saßen im Vorzimmer zwei Männer, die auf mich gewartet hatten; jung, schrecklich mager. Ihr Anliegen erregte mich, weil es mich an das Lager Sachsenhausen erinnerte. Die Jungen hatten mir ihre Unterarme gezeigt mit den mehrstelligen Häftlingsnummern, die im Vernichtungslager Auschwitz den Häftlingen eintätowiert worden waren, die der SS-Lagerarzt Dr. Fischer von der Rampe des eintreffenden Güterzuges nicht sofort in den Tod geschickt, sondern zur Zwangsarbeit für die Monopolherren bestimmt hatte.

Diese beiden Jungen waren als Polen nach Berlin verschleppt worden und hatten ihren Peiniger auf eigene Faust gesucht – und gefunden. Jetzt berichteten sie mir:

»Wir sind aus einer Gruppe von sieben Jugendlichen übriggeblieben. Unsere Kameraden sind tot.

Wir haben in Berlin in einer größeren Schuhfabrik arbeiten müssen. Jüdische Leidensgefährten erzählten uns, daß die Besitzer, zwei Holländer, von dem SS-Angehörigen Faller bei der Gestapo denunziert wurden. Sie wurden verschleppt, und niemand hat wieder etwas von ihnen gehört. Faller aber wurde nun als ›Treuhänder‹ eingesetzt.« Die Jungen hatten seine Herrschaft auskosten müssen. Er behandelte alle, die in seiner Schuhfabrik arbeiteten, wie Sklaven, drohte mit dem KZ, ließ prügeln, verhängte Geldstrafen, die sofort vom geringen Lohn abgezogen wurden. Niemand konnte sich dagegen wehren, niemand durfte die Arbeitsstelle verlassen, sie waren dem Faller völlig rechtlos ausgeliefert.

Die Fabrik stellte als einziger Betrieb in Berlin unter anderem Schuhe für die jüdische Bevölkerung her, die zu überhöhten Preisen abgenommen werden mußten. Bei höheren SS-Führern machte er sich lieb Kind, und seine Zwangsarbeiter lieferten ihm Stiefel für Mörder.

Faller war gerissen und verdiente noch am Tod anderer. Leder und Lederwaren wurden immer seltener in Deutschland, je länger der Krieg dauerte. Viele neue und sogar reparierte Schuhe konnten von den jüdischen Kunden, die bereits Anzahlungen geleistet hatten, nicht mehr abgeholt werden, weil sie in Vernichtungslager geschleppt worden waren. Die Schuhe verkaufte Faller an gute Kunden.

»Uns beide schickte Faller mit anderen Arbeitskameraden ins Todeslager, weil wir gegen ihn ›aufgemuckt‹ hatten, wie er es nannte«, fuhren die Jungen in ihrem Bericht fort. »Wir erhielten, weil er seine Geldstrafen immer mehr erhöhte, manchmal nur noch sieben bis neun Mark für die Schinderei einer ganzen Woche. Und da hatten wir ihn höflich darauf aufmerksam gemacht, daß in diesen Zeiten kein Mensch davon leben könne. Das war zuviel! Wir kamen nach Auschwitz.

Es war nicht leicht, in Berlin seinen neuen Aufenthaltsort festzustellen, aber das waren wir den ermordeten Kameraden schuldig! Nun sind wir hier, und du wirst uns helfen, denn Faller wohnt hier in Falkensee! Hier haben wir ihn aufgespürt, und nun fordern wir seine Bestrafung.«

Unsere Sekretärin, eine ältere Frau, hatte alles mitstenografiert. Während sie die Anzeige schrieb, unterhielt ich mich mit den beiden über die Zeit, die wir in Konzentrationslagern verbracht hatten, bis die Aussagen zur Unterschrift bereitlagen. Sie gaben mir ihre Anschriften, falls sich noch Fragen ergeben sollten. Neue Arbeit kam auf mich zu. Den »Fabrikbesitzer« würden wir uns genau ansehen.

Über Faller erfuhr ich, daß der Betrieb in Berlin durch Bomben zerstört worden sei. Daraufhin war er nach Falkensee gekommen und hatte hier ein neues Unternehmen aufgezogen.

Ich schickte Faller eine Vorladung. Er erschien, trat sehr selbstbewußt und überheblich auf und wollte zu gern wissen, warum er hier saß. Ich fand einen Vorwand und ließ ihn reden. Und Faller erzählte. Ich traute meinen Ohren nicht: Er behauptete steif und fest, eigentlich schon immer Marxist gewesen zu sein, wenn auch nicht organisiert, weil er ja bürgerlicher Herkunft sei. Im Verlauf des Krieges hätte er dann aber den richtigen Weg gefunden. Ich könne sowohl bei der KPD-Leitung wie auch im ganzen Ortsteil nachfragen, wie gut er sich verhielte. Vielen Menschen hätte er schon geholfen. Leider könne man heute nicht mehr die vielen jüdischen Familien befragen, denen er geholfen und die Schuhe repariert hätte. Außerdem wohne ja auch sein ehemaliger Geschäftsführer in Falkensee, der alles das bestätigen könne.

Faller konnte sich bis zum Schluß nicht erklären, warum ich ihn vorgeladen hatte.

Wenige Tage später hielt mich auf der Straße eine Genossin an, die im Antifaschistischen Frauenausschuß arbeitete. Wir hatten die Villa eines aktiven Nazis beschlagnahmt, und sie richtete dort einen Kindergarten ein.

»Was hast du denn gegen den Genossen Faller?« fragte sie mich. »Er hat mir erzählt, du hättest ihn zur Polizei vorgeladen, und er wüßte nicht, warum. Weißt du überhaupt, was das für ein guter und hilfsbereiter Mensch ist? Er hat den Kindern im Heim in der Döberitzer Straße kostenlos die Schuhe repariert!«

Ich machte darauf einen ganz zerknirschten Eindruck. Der alte Faller mußte sich ja bei vielen Menschen über mich beschwert haben, aber sein Arm war in unserer Zeit zu kurz.

Sein Geschäftsführer gab mir bereitwillig Einblick in die Geschäftsbücher. Auf meinen Wunsch holte er sogar einige aus der Nazizeit, die er gerettet hatte.

Wir handelten schnell, machten uns die notwendigen Auszüge, hielten die Namen seiner Arbeiter und die Lohnsummen fest. Selbst Vermerke über Geldstrafen fanden wir. Die beiden befreiten jungen polnischen Zwangsarbeiter hatten längst nicht alles gewußt.

Ich ließ Faller festnehmen, und dann beging ich einen Fehler. Als ich ihn dem Gericht übergab, händigte ich natürlich auch die Protokolle der Aussagen aus. Kopien besaß ich nicht, wir hatten wenig Papier und beschrieben ohnehin schon die Rückseiten alter Formulare. Außerdem vertraute ich dem Gericht.

Um so erstaunter war ich deshalb, als mir Faller eines Tages auf dem Weg zum Bürgermeister begegnete. Das konnte doch nicht wahr sein! Sein Gesicht spiegelte Schadenfreude wider, als er mich begrüßte. »Ja, da staunen Sie! Ich bin wieder frei, meine Tätigkeit nehme ich wieder auf. Ich möchte jetzt nicht in Ihrer Haut stecken!«

Ich ließ mich mit ihm in keine Diskussion ein und ging weiter. Was war da geschehen? Wer steckte dahinter? Es gibt eine Gerechtigkeit! dachte ich, und wer zuletzt lacht, lacht am besten.

Lange konnte sich der SS-Bandit und ehemalige Gestapospitzel seiner ergaunerten Freiheit nicht erfreuen. Namen und Anschriften der polnischen Belastungszeugen lagen mir noch vor. Ich wandte mich an die sowjetischen Freunde. Nun interessierten sie sich für die Unterlagen des Betriebes, verhörten den ehemaligen Geschäftsführer und verfolgten ein Verbrechen gegen die Menschlichkeit.

Ausgegangen war alles von einem einzigen Tag. Am 23. August war Anzeige erstattet worden.

Am 10. Mai 1946 feierten wir Falkenseer den ersten Jahrestag unserer Volkspolizei. Ich will keine Polemik über Daten und Jahrestage vom Zaun brechen. Wir begingen einfach den Tag, an dem die ersten von uns den Dienst aufgenommen hatten. Später feierten wir dann den 1. Juni als Tag der Volkspolizei, überließen diesen Tag aber dann dem Nachwuchs, weil der Internationale Kindertag auf den 1. Juni fiel, und begingen unseren Tag am 1. Juli. Nun konnten auch wieder die Kindergärten ihren Onkels von der Volkspolizei gratulieren, ohne um die eigene Feier zu kommen.

Wir konnten nach einem Jahr doch eine stolze Bilanz ziehen und auf erste Erfolge bei der Sicherung der antifaschistischen Ordnung, bei der Verfolgung von Nazi- und Kriegsverbrechern und beim Schutz des persönlichen Eigentums der Bürger zurückblicken. Das erkannte die große Mehrheit unserer Einwohner an.

In dem einen Jahr hatte sich im Ort und in der Umgebung viel verändert. Im Herbst 1945 hatte die Bodenreform in den umliegenden Dörfern das Unrecht von Jahrhunderten beseitigt und die Herrschaft der großen Rittergutsbesitzer hinweggefegt. Wir Polizisten hatten zu sichern, daß von Großbauernhöfen und Gütern nichts verschwand, sondern alles den neuen Eigentümern ordentlich übergeben wurde. Zu vielen Gütern gehörten außerdem Betriebe, Sägewerke, Ziegeleien, Spritbrennereien, die ihre Arbeit wiederaufnehmen mußten. Da ehemalige Besitzer gegen die Bodenreform hetzten und den Neubauern mitunter sogar drohten, wurde entschieden, sie in andere Orte umzusiedeln. Die meisten waren jedoch in den letzten Kriegstagen geflohen. Mit der demokratischen Bodenreform begann ein neues Kapitel auf dem Land.

Aber auch in den Städten war durch die Anstrengungen unserer Partei, der Verwaltungsorgane und der neugebildeten Gewerkschaften und Betriebsräte sowie durch die große Hilfe der sowjetischen Militär- und Wirtschaftskommandanten in vielen Betrieben und Werkstätten die Produktion wieder in Gang gekommen.

Die Aktionseinheit zwischen der KPD und der SPD festigte sich immer mehr, und es wurden vielerorts Entschließungen angenommen, bald die Parteien zu vereinigen, wie es schon viele Jahrzehnte lang der Wunsch der fortschrittlichsten Arbeiter und ihrer Führer gewesen war.

Trotz aller Mühen gelang es uns nicht, alle verantwortlichen und belasteten Naziführer unseres Gebiets festzunehmen.

Der SA-Standartenführer Dr. Hesse aus der Hamannstraße hatte der vorrückenden Roten Armee Widerstand geleistet und den Kürzeren gezogen. Ein Teil seiner Untergebenen konnte festgenommen werden. Nach und nach tauchten sie vorsichtig wieder auf, um nach ihren Villen und ihrem Besitz zu sehen.

Das große Parkrestaurant »Bellevue« des ehemaligen SA-Standartenführers Rotter hatte jetzt den weitaus verständlicheren Namen »Vier Jahreszeiten« erhalten und wurde von einem Pächter betreut. Rotter selbst, der zuletzt noch als Bataillonsführer den Volkssturm kommandiert hatte, war nicht aufzufinden. Nach nicht überprüfbaren Informationen sollte er in Hamburg leben.

In der Ringpromenade besaß ein Wehrwirtschaftsführer, Inhaber einer größeren Fabrik und eines Baugeschäfts, eine sehr große Villa. Er wurde festgenommen, als er aus seinem Unterschlupf auftauchte. Gegen ihn lag reichhaltiges Belastungsmaterial vor.

Ein anderer seiner Kollegen Wehrwirtschaftsführer, der sich ebenfalls in den überfallenen Nachbarländern maßlos bereichert hatte, besaß ein Waldgrundstück in der Burgundenstraße. Er war raffinierter: Aus Westdeutschland schrieb er ganz rührende Briefe, was für ein guter Mensch er doch gewesen sei. Sein Hauptargument in diesen Briefen ließ uns nicht ernst bleiben. Er wollte Mitglied einer Freimaurerloge gewesen und von den Nazis deshalb verfolgt worden sein!

Zeugen aus dem benachbarten Charlottenburg im britischen Sektor unterstützten uns bei der Überführung eines Kriegsverbrechers, der in einem strengen Winter sowjetische Kriegsgefangene an der Front einfach erschossen hatte, um sich den weiten Weg mit ihnen zu ersparen. Noch im Krieg hatte er sich mit diesem Mord gebrüstet.

Der Sohn des Bahnhofsvorstehers hatte es im »Tausendjährigen Reich« noch bis zum SA-Sturmbannführer gebracht. Er konnte festgenommen werden. Fast alle ehemaligen Wachschutzleute aus den Berlin-Seegefelder Industriewerken (BSI), einem Rüstungsbetrieb, wurden verhaftet und bestraft. Wir hatten ihnen nachgewiesen, daß sie Verbrechen gegen die Menschlichkeit an polnischen, sowjetischen und deutschen Arbeitern begangen hatten.

In das Elektrizitätswerk Falkensee hatten sich einige Faschisten eingeschlichen, darunter ehemalige NSDAP-Mitglieder. Sie wurden aus diesem lebenswichtigen Betrieb entlassen.

Leider gelang es uns nicht, den ehemaligen Gestapoführer aus Falkensee, Dahse, aufzufinden. Er hatte eine große Anzahl von Verbrechen begangen und war mit seiner Freundin verschwunden.

Ein interessanter Fall war der des SS-Hauptsturmführers Kowal. Als ich in seinem Haus Ermittlungen anstellte, um die ordnungsgemäßen Unterlagen zur Enteignung für das Amtsgericht zusammenstellen zu können, stieß ich in der Wohnung auf einen ehemaligen höheren HJ-Führer aus der Umgebung, der mir eine gestempelte Bescheinigung vorlegte, daß er vorerst in der Wohnung verbleiben dürfe.

»Wovon leben Sie, wenn Sie nicht arbeiten?« fragte ich ihn. Er schilderte mir lang und breit, daß er täglich schriftliche Aufzeichnungen mache über sein Leben.

Im Keller unten hatte er schon alles belastende Material

beseitigt. Ich fand nur noch einige Ansichtskarten aus dem Jahr 1933 mit folgender Anschrift:

An den SS-Hauptsturmführer Kowal, Schutzhaftdezernat
Berlin SW 21
Prinz-Albrecht-Str. 8

sowie einige alte Papiere, aus denen hervorging, daß der Kowal Kowalczewski geheißen hatte. Der SS-Führer hatte also seinen Namen »germanisieren« lassen!

Es kam aber noch dicker. Am 25. September 1945 tauchte plötzlich seine Ehefrau aus dem Westen auf. Sie ging wahrscheinlich davon aus, solch einen Arbeiterpolizisten übers Ohr hauen zu können, als sie mir auftischte, ihr Ehemann wäre jüdischer Abstammung gewesen und hätte reiche Eltern gehabt. Schon vor 1933 war er Mitglied der SS geworden. In der Prinz-Albrecht-Straße hätten wir uns begegnen können – ich als Häftling, er als einer der Verantwortlichen für die »Schutzhaft«-Lager. Eine Reihe bekannter SS-Leute aus Falkensee wie Bernet, Blutke, Thomas und andere vom SS-Sturm 12/15, die bereits vor 1933 dieser Bande angehörten, hielten es für angebracht, nicht mehr in ihren Heimatort zurückzukehren, sie blieben ihm aber nah. Traurig schauen sie oft vom nahen Spandau aus über die Staatsgrenze, und oft jammern sie in trautem Kreise darüber, daß es weder mit dem Putschversuch am 17. Juni 1953 noch mit dem beabsichtigten Absprung von NATO-Kampfverbänden im Jahre 1961 zwischen Falkensee und Spandau geklappt hat.

Ostern 1946, am 19. April, traten der 15. Parteitag der KPD und der 40. Parteitag der SPD zusammen. Letzterer wurde einberufen trotz der Abspaltungsversuche der rechten sozialdemokratischen Führer um Schumacher in Westberlin! Die Delegierten dieser beiden großen Beratungen stimmten gemeinsam dafür, daß sich die KPD und die SPD zu einer neuen, starken Kampfpartei, zur Sozialistischen Einheitspartei Deutschlands zusammenschlossen, was auch am 21. April 1946 im Admiralspalast in der Friedrichstraße in Berlin geschah.

Unser Genosse Wilhelm Pieck und der sozialdemokratische Genosse Otto Grotewohl reichten sich symbolisch auf der Bühne die Hände und besiegelten damit unter jubelndem

Beifall sämtlicher Delegierten die Vereinigung der Arbeiterparteien! Von diesem Tag an ging es in unserem Land noch schneller aufwärts, trotz aller Hetze, trotz aller Intrigen der gegnerischen Kräfte, die vom Imperialismus bezahlt und ausgehalten wurden.

Im Dezember 1946 setzte schon sehr frühzeitig eine große Kälte ein. So hatten wir am 14. 12. eine Temperatur von minus 20 Grad zu verzeichnen, auch am 5. Januar 1947. Erst einige Tage später fiel wieder Schnee, und die Kälte ließ ein wenig nach, aber der Erdboden war bis 50 Zentimeter tief gefroren, und es fiel niemandem ein, etwas vergraben oder verstecken zu wollen.

Meine Arbeit riß nicht ab, ich bearbeitete jetzt auch Kriminalfälle, die sich in Elstal, Priort, Rohrbeck, Dallgow-Döberitz, Seeburg, Groß-Glienicke, Staaken und Schönwalde ereignet hatten. Ihre Aufklärung war sehr schwierig, weil doch die Grenze zum britischen Sektor Berlins in nächster Nähe verlief. Aber häufig gelang es durch die gute, kollegiale Zusammenarbeit mit dem Leiter der Kriminalpolizei in der Inspektion Berlin-Spandau, Kriminalkommissar Beckmann, einen Teil der Einbrecher aus Westberlin zu fassen. Damals arbeiteten in der Westberliner Polizei noch zahlreiche Antifaschisten. Besonders oft wurde in jener Zeit Vieh gestohlen, weil mit Fleisch auf dem schwarzen Markt viel Geld zu verdienen war. Damals verlangten die Schieber für 500 Gramm

Rindfleisch 80,– M,
Schweinefleisch 120,– M,
Gänsefleisch 70,– bis 100,– M,
Kaninchen 90,– M,
Wurst 160,– M,
Speck 220,– bis 260,– M.

Oft war ich in dem Winter nachts mit dem Fahrrad unterwegs, weil das leiser und unauffälliger war, und kontrollierte Personen, die sich mit Rucksäcken und sonstigen Gepäckstücken auf den Straßen aufhielten. Dabei mußte man wachsam und vorsichtig sein, denn in dieser Zeit gab es doch einige Leute, die sich lieber durch Diebstähle und Schiebergeschäfte ernährten, statt für den Aufbau ihrer Heimat zu arbeiten. Raubüberfälle bewaffneter Banden und, wenn auch seltener, Raubmorde hatten wir aufzuklären.

Man mußte als Polizist schneller sein als die Verbrecher, auch beim Schießen.

Am Morgen des 18. Januar 1947 wurde ich bei Dienstbeginn mit einer Nachricht überrascht, die mich erregte: Am Vortag hatte ich nach langwierigen und unauffälligen Ermittlungen, die sich über Tage erstreckt hatten, gemeinsam mit einem bei uns neueingestellten Kollegen, der aus der Schutzpolizei kam und den wir zu einem guten Kriminalisten entwickeln sollten, in Dallgow-Döberitz einen ehemaligen Nazipolizisten aus Spandau namens Verch festgenommen, dem wir über zwanzig Kleintierdiebstähle und Einbrüche nachweisen konnten. Von Döberitz, wo er vorübergehend wohnte, brachten wir ihn zu Fuß in unsere Polizeiwache nach dem einige Kilometer entfernten Finkenkrug, riefen unser Amt in Falkensee an und baten, den Festgenommenen nach Falkensee abzuholen.

Wir fuhren indessen nach Döberitz zurück, gaben einem Schneidermeister Jolitz, der aus dem ehemaligen Pommern stammte, die in der Wohnung des Verch vorgefundenen Kaninchen zurück und versiegelten dann das Zimmer des Täters im ersten Stock eines kleinen Hauses, das er jetzt bewohnte. Seine Ehefrau und drei kleine Kinder, die er hungern ließ, während er seine Diebesbeute im »Chinesischen Restaurant« in der Kantstraße in Berlin-Charlottenburg zu Schwarzmarktpreisen an den Mann brachte, wohnten im Parterre.

Ein Genosse hatte in den Abendstunden zwar den Einbrecher glücklich nach Falkensee gebracht, aber im Polizeigebäude entkam der Verbrecher in der Dunkelheit, als der Polizist eine Tür aufschließen wollte.

Natürlich war ich sauer. Mit der Festnahme hätten wir all dem Diebesgesindel einen Denkzettel verpaßt, die Bevölkerung hätte Genugtuung empfunden. So würden sich die Ganoven eins ins Fäustchen lachen und meine Vorgesetzten mir etwas erzählen. Wir mußten uns etwas einfallen lassen, um den Burschen wieder hinter Gitter zu bringen.

An diesem Tag, am 18. Januar 1947, geschah aber noch etwas anderes, gar nicht zu vergleichen mit der Flucht eines Kaninchendiebes. Ich erhielt wieder einmal eine Sonderaufgabe, und meine Chefs vergaßen, mir den Kopf zu waschen. Aber ich muß etwas zurückblenden und die Vorgeschichte des neuen Falls rekonstruieren.

Fauchend schleppte die alte Dampflokomotive wenige fast ausgediente Personenwagen hinter sich her. Kalt war es in den Abteilen an jenem trüben Dezembertag, die Züge konnten damals kaum geheizt werden. Leise unterhielten sich die Reisenden über damals immer wiederkehrende Themen: die Lebensmittelzuteilungen, die seit Wochen andauernde große Kälte und die wenigen Kohlen.

In einer Fensterecke saß eine ältere Frau, die ganz mit ihren Gedanken beschäftigt schien und sich auch nicht am Gespräch der anderen beteiligte, die auf die Dörfer fahren und kleine Tauschgeschäfte machen wollten.

Die ältere Frau hatte nichts zu tauschen in ihrer kleinen Tasche. Wieder nahm sie eine Zeitung zur Hand und blickte auf die ihr so unverständliche Anzeige. Sie konnte nicht begreifen, warum ihre Schwester die Möbel verkaufen wolle, wie es hier in der Zeitung stand.

Sie dachte an den etwas älteren Mann ihrer Schwester. Er stammte aus gutbürgerlichen Verhältnissen, wie man zu sagen pflegte, hatte den ersten Weltkrieg als Offizier mitgemacht und überlebt. Nach dem Krieg hatte er in einem Handelskontor Arbeit gefunden. Als Mitte der zwanziger Jahre die Bodenspekulation einsetzte und viele Großstädter eigene Grundstücke erwarben, kaufte sich auch der Schwager eine Parzelle am Stadtrand von Berlin und baute sich sogar ein Häuschen.

Mit seiner Ehefrau führte er, wie später die Nachbarn aussagten, eine harmonische Ehe, und seinen Sohn versuchte er zu einem »echten Deutschen« zu erziehen. Der glückliche Familienvater trat auch, noch rechtzeitig genug, wie er glaubte, 1932 in die Nazipartei ein und tat bis zu seinem plötzlichen Tod vor Kriegsende weiter seine »Pflicht«, wie er es nannte.

Die Reisende aus Berlin hatte seit Wochen keine Nachricht von ihrer Schwester, nicht einmal eine Weihnachtskarte, erhalten. Gedanken machte sie sich über die Anzeige in der Zeitung. Was hatte die Schwester eigentlich vor, wenn sie so plötzlich die Möbel verkaufte? Warum hatte sie nicht mit ihr darüber beraten? Die Unruhe hatte sie zu dieser Reise trotz des Winterwetters veranlaßt.

Bald nachdem sie den Vorortbahnhof verlassen hatte, bog sie in die Nebenstraße ein, in der ihre Schwester wohnte. Hier war noch kein Schnee geräumt worden. Dann stand sie vor dem Haus ihrer Schwester, und hier stürmten neue Fragen auf sie ein: Keine Spur führte durch den Garten zum Haus, kein Rauch stieg aus dem Schornstein, alle Fensterläden waren verschlossen. Wen sollte sie fragen? Niemand ließ sich auf der Straße blicken.

Ich hole etwas weit aus? Möglich. Wir mußten damals in jedem Fall ganz vorn anfangen, brauchten viel Ruhe, wenn uns Bürger ihre Anliegen vortrugen, lernten geduldig zuzuhören, weil wir schnell erfahren hatten, daß wir die uns fehlende Routine alter Kriminalisten durch die Mitarbeit der Bevölkerung wettmachen konnten. Und in jedem Fall, ganz gleich, worum es ging, mußten wir uns das Vertrauen neu erwerben, bestätigen.

Die ältere Frau wandte sich sofort an uns, und wir verstanden ihre Unruhe, ihre Sorgen – dazu hatte uns das Leben selbst genug gestoßen.

»Ein Gespräch für Sie!« Meine Sekretärin übergab mir den Telefonhörer.

Ich meldete mich und vernahm die Stimme des Amtsanwalts, des Genossen Krumnow.

»Hast du jetzt etwas Wichtiges vor?« erkundigte er sich. Ich berichtete ihm kurz von meinem Ärger wegen der Flucht des Kaninchendiebes aus dem Polizeigebäude und gab ihm zu verstehen, daß ich dem Verbrecher eine Falle stellen wolle.

»Du weißt noch nicht das Neueste!« unterbrach er mich. »Gestern wurde hinter einer Holzwand die zerstückelte Leiche der verschwundenen Frau gefunden. Nachdem uns die Schwester ihre Befürchtung mitgeteilt hatte, ist das Haus gründlich durchsucht worden. Die Mordkommission in Nauen ist verständigt. Wir wollen gemeinsam eine Tatortbesichtigung durchführen. Den Sohn habe ich vernommen; ich informiere dich nachher. Er will von der Sache nichts wissen. Begleite bitte den Sohn zum Tatort!«

Ich forderte vom Vertreter des Polizeichefs den Schutzpolizisten Beumler an, der mir schon öfter bei dringenden Sachen geholfen hatte und den ich als gewissenhaften und diensteifrigen Genossen schätzte. Wir beide nahmen im Amtsgericht, das sich im Gebäude des ehemaligen »Stahlhelm«-Lokals »Deutsches Haus« befand, den Sohn in Empfang. Er mochte etwa zwanzig Jahre alt sein, wirkte aber älter. Sein Gesicht sah verlebt aus.

Genosse Beumler führte ihn denselben Weg, den seine Tante einige Zeit vorher, vom Bahnhof kommend, gegangen war. Ich lief einige Schritte hinter den beiden. Die Pistole hatte ich vorher durchgeladen, und ich hätte nur zwei Sekunden gebraucht, sie aus dem Halfter unter meiner linken Achselhöhle zu ziehen und zu schießen.

Auf dem Grundstück lag noch etwas Schnee. Hier traf ich auch die Kollegen, die schon zwei Hausdurchsuchungen durchgeführt hatten. Sie hatten beim ersten Besuch den Sohn angetroffen und ihn nach dem Verbleib seiner Mutter befragt. Dieser hatte darauf völlig ruhig erklärt, seine Mutter wäre nach Köthen gefahren und besuchte dort ihre Verwandten. Ihnen war jedoch aufgefallen, daß er die Lebensmittelkarten vom Straßenobmann empfangen und auch verbraucht hatte.

Während ein Schutzpolizist den Sohn zum Polizeiamt brachte, wo seine Aussage zu Protokoll genommen werden sollte, sagte die Schwester, die mit ihrem Gatten als Zeugin der Haussuchung beiwohnte: »Ich kann nicht an die Reise nach Köthen glauben, weil ich hier die Schuhe meiner Schwester gesehen habe und auch den Mantel, den sie sonst immer trägt. Außerdem sehen Sie dort an der Wand einen helleren Fleck. Dort hat bisher ein Ölgemälde, ein Geschenk von Freunden meiner Schwester und meines verstorbenen Schwagers, gehangen. Bei meinen vorletzten Besuch war es noch hier!«

»Arbeitet der Sohn?« fragte ich meine Kollegen.

»Er treibt sich in Lokalen herum. Von seinen Eltern, besonders aber von seiner Mutter, muß er sehr verwöhnt worden sein. Sein Stammlokal ist ›Herz-As‹, du weißt ja, wer dort alles verkehrt. Aber auch die ›Elsterklause‹ und andere Lokale, besonders in Charlottenburg und Moabit, wo er auch eine oder mehrere Freundinnen hat, besucht er. Der Teufel weiß, wovon er seine Zechen bezahlt!

Seine Mutter ist bei den Verwandten in Köthen nie angekommen. Gestern haben wir die Leichenteile gefunden – sehr gut und unauffällig versteckt. Hinter der Dachschräge. Ein schrecklicher Anblick! Den Sohn hatten wir zur Vernehmung ins Amtsgericht gebracht, und er ahnt nicht, was wir schon wissen.«

Ein Personenkraftwagen fuhr in die kleine Straße ein und hielt vor dem Grundstück. Mein Bekannter, Genosse Kurt Süßmann aus Brieselang, Leiter der Mordkommission des Kreises Osthavelland, kam auf mich zu. Mit ihm waren auch der Fotograf und der Leiter der Kreispolizei eingetroffen.

Auf dem kleinen Hof hinter dem Haus, wo der Schnee getaut war, berieten wir über den weiteren Verlauf, während Genosse Beumler den Sohn in der kleinen, dunklen Küche bewachte. Wir verdächtigten ihn, seine Mutter umgebracht zu haben, noch leugnete er jedoch.

Wir gingen über eine steile Treppe hinauf zum Obergeschoß, wo auch die Mutter ihr Schlafzimmer gehabt hatte. An der linken Wand war das Gemach zur Dachschräge hin senkrecht abgeschlagen. Das Bett stand an dieser etwa 1,50 Meter hohen Wand. Dahinter aber mußte sich ein Hohlraum befinden. Die Genossen hatten am Tag zuvor das Bett abgerückt und alles beklopft. Sie hatten hinter der Tapete ein kleines, schmales Türchen gefunden, ohne Riegel, kaum sichtbar. Hinter dieser Tür waren sie auf die Leichenteile gestoßen. Der Frost hatte sie erhalten.

Der Arzt und der Amtsanwalt sprachen im Schlafzimmer der Ermordeten leise miteinander.

»Der Verdächtige soll heraufkommen!« befahl der Anwalt. »Er soll alle Leichenteile sehen. Ein Genosse begleitet ihn. Anschließend wird er auf dem Amtsgericht noch einmal vernommen.«

So geschah es denn auch. Wir waren einiges gewöhnt und alle nicht gerade zart besaitet, doch empörte uns, wie gelassen und ungerührt der Bursche die Leichenteile betrachtete. Etwa eine Stunde später wohnte ich der Vernehmung bei.

Der Sohn erschien mir sehr ruhig, zu ruhig. Hatte er auf dem Grundstück angesichts seiner toten Mutter geleugnet, so stritt er auch jetzt ab, irgend etwas mit dem Mord zu tun zu haben. Mehrmals ließ er durchblicken, wahrscheinlich hätten »russische Soldaten« seine Mutter umgebracht. Noch fehlten uns Beweise. Wir wollten ihn am nächsten Tag noch einmal hören, schafften ihn ins Polizeiamt, und der Wachhabende des Reviers schloß ihn in die Zelle ein. Ich nahm alles sehr genau, so erhielt die Wache den Befehl, mindestens alle dreißig Minuten nach dem Verdächtigen zu schauen. Hier ging es um mehr als um einen Kaninchendiebstahl.

Zudem war erst kürzlich ein Bandit, ein schon mehrfach vorbestrafter Krimineller, aus unserer Zelle ausgebrochen, indem er nachts aus dem Dach einige Falzziegel gehoben hatte. Es war mir vorher nicht leichtgefallen, diesen Verbrecher zu ergreifen, weil er zwei Wohnsitze hatte: im britischen Sektor in Spandau und in Falkensee. An seiner Spandauer Wohnungstür war ich auf ein großes Schild gestoßen.

Weigelt. Politische Polizei
Kriminalabteilung z. b. V.

Seine Beutezüge unternahm er bei uns in Falkensee. Wir fanden in der zweiten Wohnung Listen ehemaliger NSDAP-Mitglieder. Bei diesen Leuten »beschlagnahmte« er, was ihm gefiel, besonders aber Fahrräder und andere damals recht wertvolle Sachen. Dieses Gut schaffte er mit dem Fahrrad nach Spandau, weil er dort auf dem schwarzen Markt mit höheren Preisen rechnete.

Bei der Vernehmung konnte ich seinen richtigen Namen ermitteln. Er stammte aus Freiberg in Sachsen. In den letzten Kriegstagen war er aus der Haft entkommen und hatte Ende April 1945 die Personalpapiere eines im Wald zwischen Falkensee und Schönwalde gefallenen deutschen Soldaten an sich genommen. – Doch zurück zu unserem Mordfall.

Kaum zwanzig Minuten nach der Einlieferung holte uns der Wachhabende, weil der Verdächtige uns sprechen und aussagen wolle. Er fing bereits in der Zelle an, aber wir brachten ihn ins warme Zimmer, und er durfte auch eine Zigarette rauchen. Der Amtsanwalt wurde telefonisch informiert. Hier ist das Geständnis.

»Am 21.12.1946 holte ich meine Freundin aus Berlin-Moabit ab. Wir gingen dann ins Lokal Aßmann in der Borsigstraße, wo ich verschiedene meiner Bekannten traf, die auch mit ihren Freundinnen dort waren. Wir tanzten und tranken. Später gingen wir von dort aus zur ›Elsterklause‹, wo mich meine Freundin wieder erwarten sollte. Ich ging inzwischen in unsere Wohnung. Meine Mutter lag bereits im Bett. Sie wurde zornig und schimpfte, als ich von ihr wieder Geld verlangte. Im Verlauf des Wortwechsels wurde ich ebenfalls wütend, griff zu einem schweren Aschbecher und schlug damit mehrmals zu. Sie bewegte sich nicht mehr. Ich fand Geld und ging damit wieder in das Lokal zurück, wo wir weiterfeierten.

Als ich nachts in die Wohnung zurückkam, sah ich, daß ich meine Mutter erschlagen hatte. Zwei Tage später, am 23.12.46, zerstückelte ich sie mit Säge und Beil. Die Körperteile konnte ich aber mit dem Handwagen nicht fortschaffen. Ich wollte sie eigentlich im nahen Eichholz vergraben. Aber der Boden war zu tief gefroren, und alles hätte zuviel Mühe und zuviel Geräusch gemacht. Darum habe ich die Teile hinter der kleinen Tür versteckt. Die Bettwäsche habe ich verbrannt. Dann habe ich den Nachbarn erzählt, meine Mutter wäre zu Verwandten nach Köthen gefahren.«

»Warum haben Sie den Ringfinger abgeschnitten?« fragte ich ihn.

Der Mörder antwortete darauf: »Ich hatte mehrere Sachen und Gegenstände schon verkauft, darunter auch das Ölgemälde, als ich erfuhr, daß mein Nachbar Gold für Zahnkronen braucht. Da kam mir eine Idee. Vom Ringfinger bekam ich jedoch weder den Witwenring noch ihren eigenen Ehering herunter, so daß ich den Finger ebenfalls abschneiden mußte. Die beiden Ringe habe ich in Westberlin verkauft!«

Weiter berichtete der Täter, daß er Weihnachten und Silvester mit seiner Freundin und mit mehreren anderen Bekannten in der Wohnung gefeiert habe. Das bestätigte seine Feundin bei ihrer Vernehmung in Westberlin.

Mit dem Muttermörder mußte ich mich noch zweimal befassen. Einige Tage nach dessen Geständnis, am 23. Januar 1947, hatte ich gegen den flüchtigen Kaninchendieb Verch einen Haftbefehl ausstellen lassen, aber im Laufe des Tages erfahren, daß er sich zum Abend mit jemandem treffen wollte, um zu erfahren, ob er noch gesucht würde.

Mit zwei Genossen ergriff ich den Verch, und die dumme Scharte war wieder ausgewetzt. Er hatte zwar entkommen wollen, als ich ihn auf der dunklen Straße anrief, aber ein Warnschuß brachte ihn zur Besinnung. Wir setzten ihn diesmal im Amtsgericht fest.

Am nächsten Tag holten uns Genossen der Schutzpolizei aus den Betten. Unsere Pechsträhne riß nicht ab. Der Muttermörder war aus seinem Gewahrsam ausgebrochen. Mit einem Löffelstiel hatte er in seiner Einzelzelle den Mörtel aus der Wand gekratzt und Mauersteine herausgebrochen, bis er sich hindurchzwängen und flüchten konnte.

Wir bildeten sofort mehrere Suchgruppen. Ich glaubte, daß er in die nahen Westsektoren gegangen war. Einige Genossen blieben auf Abruf in der Dienststelle. Gegen Morgen kehrten zwei Genossen zurück. Sie hatten frische Spuren auf dem Grundstück entdeckt. Am Haus selbst waren die Polizeisiegel abgerissen und die Tür gewaltsam aufgebrochen. Ein Mantel, ein Rundfunkgerät und ein elektrischer Kocher fehlten.

Die zum Bahnhof geschickte Gruppe kehrte ergebnislos zurück. Das war auch nicht verwunderlich, denn jeden Morgen fuhren Hunderte von Falkenseern mit der Bahn nach Berlin zur Arbeit.

Gleich nach Dienstbeginn rief ich die Polizeiinspektion Spandau in der Moritzstraße an und teilte dem Leiter der Kriminalpolizei, Beckmann, mit, daß der Muttermörder in der Nacht ausgebrochen sei. Beckmann hatte über den Mord bereits in Westberliner Zeitungen gelesen. Er versprach mir alle Hilfe und wollte eine Streife einsetzen, die Gastwirtschaften am Bahnhof Spandau-West und am Hauptbahnhof beobachten und kontrollieren sollte.

Nach etwa zwei Stunden schrillte das Telefon. Spandau teilte mit, daß sie den Flüchtigen ergriffen hatten. Er befand sich bei ihnen in Gewahrsam. Ich könnte ihn gegen Empfangsbescheinigung abholen, doch hätte der Vertreter des britischen Stadtkommandanten noch einige Fragen.

Wir waren mit dem Wagen des Polizeichefs schnell in Spandau. Ich bedankte mich bei dem Kriminalkommissar Beckmann für die Hilfe. Der englische Offizier wollte wissen, ob es sich tatsächlich um einen Mörder handele. Wir konnten seine Fragen beantworten, und er gab sich zufrieden. Ich habe schon von Antifaschisten in der Westberliner Polizei berichtet. Bei der damals noch offenen Grenze war die Westberliner Polizei in vielen Fällen auch auf unsere Unterstützung angewiesen. Das wußte natürlich auch der britische Offizier. Als später in den Jahren des kalten Krieges die antifaschistisch und demokratisch eingestellten Polizisten aus der Westberliner Polizei verschwanden und die Zusammenarbeit mit der Volkspolizei fast unmöglich gemacht wurde, entstanden nicht nur für uns Probleme.

Den Mörder steckten wir diesmal in eine Gemeinschaftszelle. Wir konnten unseren Bau ja nicht abreißen lassen. Doch auch jetzt gab er noch nicht auf. Diesmal versuchten die Banditen unter dem Vorwand, ein Untersuchungsgefangener sei erkrankt, einen Wachtmeister in ihre Zelle zu locken, aber wir hatten genug Lehrgeld gezahlt, und ihre Rechnung ging nicht auf.

Noch vor dem Prozeß gegen den Muttermörder wurde ich versetzt. Ich erfuhr von meinen Genossen, daß er zu lebenslänglicher Haft verurteilt wurde. Wenn ich seinen Namen nicht genannt habe, geschah das nicht aus Rücksicht auf ihn. Ich habe ja auch den Tatort nicht erwähnt. Wer möchte schon in einem Haus wohnen, in dem ein Mord geschah ...

Ich war also versetzt worden und weiß heute noch nicht genau zu sagen, was dazu am meisten beigetragen hat: Erfolge in meiner Arbeit oder meine Beweglichkeit – ich besaß nämlich ein Motorrad! Das Land Brandenburg hatte man jetzt in drei Kriminalämter aufgeteilt, denen die verschiedenen Stadt- und Landkreise unterstanden. Man muß sich an die Verkehrs- und Nachrichtenverbindungen der Nachkriegsjahre erinnern. Die Dezentralisierung ermöglichte eine bessere Anleitung und einen operativen Einsatz der Kräfte.

So erhielt ich plötzlich den Auftrag, im Kriminalamt I, dessen Sitz sich in Brandenburg an der Havel, Am Burghof, befand, zu arbeiten und als einer der Kommissariatsleiter die Genossen der Kriminalpolizei in den Kreisen anzuleiten und wichtige Fälle selbst aufzuklären.

Als ich mich in Brandenburg meldete, befand sich das Kriminalamt Brandenburg noch im Aufbau. Leiter war der Kriminalrat Wilhelm Schwericke. Ich war noch gar nicht ganz da, als ich im Frühsommer 1947 meinen ersten selbständigen Fall in dieser neuen Dienststelle übernahm.

Ich fuhr mit meinem Krad in eine größere Gemeinde in der Nähe von Wittstock, fand Quartier bei dem Pfarrer Beckmann, der mich bei meinen Ermittlungen sehr unterstützte. Das Quartier hatte ich in aller Heimlichkeit bezogen, und ich mußte auch unbemerkt ermitteln. Warum diese Geheimnistuerei? Wir wußten, daß Bauern erpreßt wurden, indem man ihnen vorhielt, daß sie einmal Mitglieder der Nazipartei gewesen waren. Inzwischen hatten sie aus ihren Fehlern gelernt und sahen, daß wir differenzierten. Und doch war es in ihrem Dorf anders als im ganzen Land. Bis sich einer aufraffte und uns schrieb und weil auch der Pfarrer für saubere Verhältnisse in seiner Gemeinde war, hatte er mich aufgenommen. Langsam kam Licht in die Angelegenheit, und die ersten Bauern faßten Vertrauen zu mir. Folgendes stellte sich heraus: Der Bürgermeister selbst, ein Umsiedler, hatte sie unter Druck gesetzt und auf seine guten Verbindungen zur Partei und zu sowjetischen Offizieren verwiesen. Lebensmittel hatten sie ihm ins Haus schaffen müssen, und er betrieb einen schwunghaften Handel mit Schiebern aus Berlin.

Nach kurzer Zeit schon hatte ich genügend Beweismaterial zusammengetragen, schrieb meinen Schlußbericht auf der alten Schreibmaschine des Pfarrers und brachte den Täter auf dem Soziussitz meines Kraftrades zum Amtsgericht Wittstock an der Dosse.

Die Versorgung war noch immer angespannt, der Aufbau einer Friedenswirtschaft kam schwer in Gang, zu schwer waren die Folgen des Krieges. Unerbittlich war unser Kampf gegen Leute, die sich gegen den Neuaufbau stellten, die

Versorgung sabotierten und die Verwaltung zu bestechen suchten. Wenn die Bevölkerung das Wenige, das wir auf Karten zuteilen konnten, nicht erhielt, gab man den Arbeitern die Schuld, wenn sich Angestellte bestechen ließen, fiel das auch auf die demokratischen Kräfte zurück. Wie schnell wurde verallgemeinert, wie schnell wuchsen Gerüchte. Gerade deshalb brauchten wir saubere Verhältnisse.

So erhielt ich in jenen Tagen einen Auftrag, in dem es auch um Schiebereien ging, aber weitaus größeren Ausmaßes. Genauer betrachtet war es eine hochpolitische Angelegenheit. Deshalb wollte auch die Landesregierung ständig informiert werden. Großen Aufwand konnten und durften wir uns nicht leisten. Wir wollten niemanden warnen. Die Einweisung des Vorgesetzten war knapp.

»Karl, du wirst es schwerhaben, und du mußt ganz allein handeln. Du fährst nach Wusterhausen an der Dosse. Dort gibt es jetzt einen neuen Bürgermeister, auf den du dich stützen kannst. Mach es dort so ähnlich wie in dem Ort bei Wittstock an der Dosse. Wenn du genügend Beweismittel gegen die Wusterhausener ›Mühlenbesitzer‹, wie sie sich gern nennen, zusammengetragen hast, dann ruf mich an oder komm für einige Stunden nach Brandenburg zurück, wenn es deine Zeit zuläßt. Es ist ein heißes Eisen, und wir haben nicht viel Zeit!«

Ich fuhr ab, suchte bald darauf den neuen Bürgermeister auf, den ich bat, seine neugierige Sekretärin hinauszuschikken, und stellte mich bei ihm vor. Er nannte mir in unserem Gespräch eine Essenstelle und eine vorläufige Bleibe bei einem Landwirt in der Nähe des Bahnhofs. Aber ich wurde dort nicht alt; ich sagte den Leuten nicht zu, und sie gefielen mir nicht. Alles war schmuddlig und unsauber. So besorgte ich mir ganz schnell ein anderes Quartier bei einem kinderlosen älteren Ehepaar. Es waren gebildete, nette und gastfreundliche Menschen, ganz das Gegenteil von der wohlhabenden Bauernfamilie.

In den nächsten Tagen vernahm ich nach und nach einige Dutzend Zeugen, von denen einige zuerst überhaupt nicht sprechen wollten, weil sie die Rache der Täter und deren Freunde fürchteten.

Ich will nicht den Hergang der Ermittlungen beschreiben.

Das würde zu weit führen und beim Leser vielleicht sogar ein verzerrtes, einseitiges Bild jener Zeit erwecken. Ich zitiere einfach Auszüge aus meinem Abschlußbericht über die Ermittlungen »in Sachen Heinz *Mika*, Wusterhausen an der Dosse«.

»Aufgenommen wurden die Ermittlungen durch Angehörige des Kriminalamtes I Brandenburg am 25.8.1947 in Wusterhausen/Dosse. Sie ergaben folgendes Bild:

Einer der Haupttäter, Heinz Mika, stammt aus Oberschlesien. Er ist von Beruf Müllergeselle und arbeitete unter anderem bis 1943 in der Bion-Mühle in Berlin-Köpenick. Er nahm dann eine Stellung als Müllergeselle in der Rensch-Mühle in Wusterhausen an der Dosse an und arbeitete dort bis zum Einmarsch der Roten Armee... Aus seinem Strafauszug ging hervor, daß Mika mehrere Vorstrafen verbüßt hatte, unter anderem wegen verbotenen Grenzübertritts, Lebensmittelschmuggels, Diebstahls in einer Mühle auf der Insel Rügen und eines schweren Einbruchdiebstahls...

Am Tage des Einmarsches der Roten Armee in Wusterhausen gelangte Mika durch Aufbrechen eines Schreibtisches im Hause des Mühlenbesitzers in den Besitz des Strafregisterauszugs. Da Mika polnisch und russisch spricht, wurde er als Verwalter der Rensch-Mühle eingesetzt.

Mika holte sofort seine ganze Verwandtschaft nach Wusterhausen und sorgte dafür, daß alle einen einflußreichen Posten bekamen:

So erhielten

1. sein Schwager *Gniosdorz* als Pächter die Ihrcke-Mühle,
2. eine Schwester das Kino in Wusterhausen,
3. sein Vater Theo Mika ein Fuhrgeschäft,
4. sein Vetter Helmut Mika ein Auto (Pkw) und wurde gleichzeitig Aufseher in der Rensch-Mühle.

Die Bevölkerung von Wusterhausen und Umgebung wurde von Mika und seinesgleichen terrorisiert. So gelang es ihm in kurzer Zeit, sich in den Besitz eines großen Vermögens zu setzen, das durch große Schiebungen mit Mehl und durch Schwarzschlachtungen noch vermehrt wurde. In der Mühle und an anderen Stellen wurden nachts Feste gefeiert und höhere Verwaltungsangestellte dazu eingeladen.

Wir konnten feststellen, daß Mika größere Getreidebestände bei den Bestandsaufnahmen nicht gemeldet hat, sondern sie für seine Zwecke verbrauchte. Allerdings wurde auch zur Tarnung ein sehr geringer Teil an Hilfsbedürftige verteilt. Nach Aussagen eines Zeugen wurden bei der Bestandsaufnahme im Sommer 1945 20 Tonnen Getreide von Mika verschwiegen, und als sich der Zeuge mit dieser Angelegenheit befaßte, wurde er von Mika kaltgestellt.

In Wusterhausen gibt es in dieser Zeit ein geflügeltes Wort: ›Die Straßen von Wusterhausen nach Neuruppin und nach Potsdam sind mit Mehl gepflastert!‹

Die örtliche Kriminalpolizei ist gegen Mika, dessen Verwandte und Anhänger nicht eingeschritten. Der verantwortliche Kriminalangestellte Ganz ist nach dem Westen geflüchtet.

Der damalige Bürgermeister Franz stand ganz unter dem Einfluß des Mika und unterschrieb alles, was dieser verlangte. Eine Strafanzeige wegen Vergehens im Amt wird gestellt, wenn unsere Ermittlungen abgeschlossen sind, was noch längere Zeit in Anspruch nimmt...

Auch gegen einige andere mit Mika befreundete Personen wird Strafanzeige erstattet.

Heinz Mika wurde vor kurzer Zeit wegen Mehlschiebungen und wegen Mehlverfälschungen aus der SED ausgeschlossen. Der Ausschluß wurde öffentlich bekanntgegeben.

Als die Ermittlungen begannen, hielten es Einwohner von Wusterhausen für unmöglich, gegen Heinz Mika vorzugehen, weil dieser, wie sie glaubten, von jeder übergeordneten Stelle gedeckt würde.

Nach Vernehmungen einer Reihe von Belastungszeugen wurde von uns Folgendes veranlaßt:

Heinz Mika wurde am 26. August 1947 festgenommen und in Polizeigewahrsam gebracht. Am nächsten Tag wurde das Amtsgericht in Wusterhausen informiert, daß die Zeugenvernehmungen noch länger als 24 Stunden in Anspruch nähmen. Strafanzeige wegen Wirtschaftsverbrechens (SMA-Befehl 160) wurde am 29.8.1947 gestellt. Mika wurde dem Amtsgerichtsrat Mamroth vorgeführt, und dieser sprach erst nach längerer Unterredung den Haftbefehl – aber nur mündlich – aus. Da ich annehmen mußte, daß der Amtsrichter, der befangen ist, Mika gegen Kaution freilassen und dieser in die Westzonen fliehen würde, wurde das Landgericht in Neuruppin verständigt. Am 1.9.1947 wurde Mika nach Neuruppin übergeführt und ein schriftlicher Haftbefehl durch Herrn Staatsanwalt Joppe ausgefertigt. Mika sitzt im Untersuchungsgefängnis in Neuruppin ein.

Am Morgen nach der Festnahme des Mika erhielt der Hauptschutzmann Franzius, der mit mir in dieser Sache arbeitete, durch die Post einen anonymen Drohbrief, der uns vorliegt.

Am 26. August 1947 gelang es auch, den Vetter des Heinz Mika, Helmut Mika, festzunehmen. Als ihn der Amtsrichter Mamroth sofort nach Erlegung einer Geldstrafe freilassen wollte, wurde Helmut Mika sofort erneut in Polizeihaft genommen und der Kreispolizeichef in Neuruppin verständigt. Auf Anordnung der dortigen Operativgruppe wird Helmut Mika weiter in Haft gehalten. Gegen ihn wurde von uns am 28.8.1947 Strafanzeige gestellt wegen Nichtbefolgung einer Aufforderung des Arbeitsamtes Neustadt/Dosse, sich zur Arbeit am 27.6.47 im Oderbruchkatastrophengebiet zu melden. Helmut Mika flüchtete nach Hamburg, wo ihm Heinz Mika ein Papierwarengeschäft für 25000,– RM kaufte. Das Geld ist sofort in bar ausgezahlt worden. Helmut Mika hat, davon einigemal im Beisein des Heinz Mika, sechsmal die Zonengrenze illegal überschritten.

Gegen Heinz Mika laufen noch folgende Ermittlungen:
1. wegen Amtsanmaßung und Nötigung,
2. wegen Schwarzschlachtungen,
3. wegen Betrugs (Strafanzeige stellt ein Bäckermeister).

Es ist zu erwarten, daß im Laufe der weiteren Ermittlungen noch viele andere Dinge ans Tageslicht kommen. Unter anderem sind einige Berliner Großschieber genannt worden, die nicht nur Mehl und Fleischwaren, sondern auch im Schloß Metzelthin verlagerte Plastiken und Gemälde über Mika und dessen Schwager Gniosdorz verschoben haben und dadurch ungeheure Gewinne erzielen konnten.

In der Anlage wird die Aussage des Justizoberwachtmeisters Meissner übersandt. Aus ihr ist zu ersehen, daß Mika einen Kassiber durchschleusen wollte, welchen Skandal es gäbe, wenn die Westberliner Zeitung ›Telegraf‹ über seine Angelegenheit berichten würde. Mika hatte auch schon vorher mir gegenüber erklärt, daß er eine Liste von führenden Persönlichkeiten der Partei und der Verwaltung besäße, die von ihm Mehl oder andere Sachen erhalten hätten.

Auch der Pächter der Ihrcke-Mühle, Gniosdorz, Schwager des Heinz Mika, wurde am 29. 8. 1947 festgenommen und gegen ihn Strafanzeige gestellt wegen Wirtschaftsverbrechens. Durch glaubhafte Zeugen konnte ihm einwandfrei nachgewiesen werden, daß er Ende 1945 von Mika 1000 Zentner Getreide bezogen hat. Weil Gniosdorz leugnete und Verdunklungsgefahr bestand, wurde er in Haft genommen. Da der Amtsrichter Mamroth wiederum keinen Grund sah, einen Haftbefehl zu erlassen, und Schwierigkeiten machte, wurde die Staatsanwaltschaft in Neuruppin telefonisch verständigt. Der Beschuldigte wurde inzwischen von Herrn Mamroth freigelassen.

Gniosdorz flüchtete sofort aus Wusterhausen/Dosse, konnte aber durch Angehörige der Kreispolizei in einem Nachbardorf wieder festgenommen werden.

Es ist unbedingt erforderlich, daß in Wusterhausen weitere Ermittlungen durchgeführt werden, um dort endlich reinen Tisch zu schaffen!«

Soweit mein Bericht. Ich hatte mich schon an ein Polizeideutsch gewöhnt, und manche Formulierungen hätte man schon beim Kaiser in Abschlußberichten finden können. Nun läßt sich an Sprache und Stil eines Polizeiberichts gewiß nicht der Klassencharakter des Staates erkennen, aber nach dreißig Jahren bedauere ich es doch etwas, wie schnell mein persönlicher Stil verschwunden war. Eine Erklärung kann ich dafür nicht finden. War es vielleicht ein Versuch, vor bürgerlichen Richtern als Volkspolizist zu bestehen? Ich kann auch nicht genau sagen, was auf mein Konto kommt und welche Aktie die Sekretärin hat.

Soll der Bericht gewesen sein, wie er will. Auf jeden Fall hatten wir wieder dazu beigetragen, das Vertrauen der Bevölkerung zu erringen.

Der Dienst beim Kriminalamt I war sehr vielseitig und abwechslungsreich. Manchmal wünschte ich mir etwas mehr Ruhe, hätte gern mehr gelesen, mehr Sport getrieben, als es mir jetzt die Zeit zuließ. Auf dem Bahnhof Brandenburg gehörten überraschende Ausweiskontrollen in den D-Zügen zu unserem Programm. Noch immer wurde nach Naziverbrechern gefahndet. Bei den Prozessen stießen wir immer wieder auf neue Verbrechen. Mit vielen Genossen war ich mehrere Tage zum Schutz der Autobahn in der Nähe von Werder eingesetzt. Über 100 Kilometer der Autobahn sicherten wir ununterbrochen, denn in diesem Bereich waren Autos angehalten und ausgeraubt, die Besitzer ermordet worden. In der Bevölkerung machten sich Unsicherheit und Unruhe breit. Im Verlauf des Einsatzes konnten besonders durch die gute Arbeit von sowjetischen Operativgruppen auf einem großen Autobahnabschnitt mehrere Gruppen von Raubmördern und anderen Banditen gestellt werden. Zu diesen Verbrechern gehörten ehemalige Wlassowleute – Verräter, die sich der gerechten Strafe in ihrer Heimat entziehen wollten – und deutsche Kriminelle, die in den letzten Kriegstagen aus der Haft entkommen waren, aber nicht den Weg in ein sauberes, anständiges Leben gefunden hatten. Als sie gestellt wurden, kam es zu regelrechten Gefechten – sie wußten, was sie erwartete. Seit dem Herbst 1947 herrschten in unserem Bereich Ordnung und Sicherheit auf der Autobahn.

Kurz darauf erkrankte ich. Der Arzt stellte Malaria fest, nicht gefährlich. Bald nach meiner Verwundung hatten sich von Zeit zu Zeit Fieberanfälle eingestellt. Vom Kriminalamt I wurde ich auf eigenen Wunsch wieder zur Kriminalpolizei Falkensee versetzt. Aber schon im Februar 1948 ging ich zur Grenzkriminalpolizei der Grenzkommandantur WEST.

In jenen Monaten spitzte sich die Auseinandersetzung zwischen den Volkskräften, die für ein einheitliches, demokratisches Deutschland eintraten, und der Reaktion zu, die ihre Herrschaftsansprüche nicht aufgab und Unterstützung bei den Besatzungsmächten der Westzonen fand. Deutschland drohte die Spaltung, und der ganze Haß der Monopole und Junker richtete sich gegen die demokratische Entwicklung in der sowjetischen Besatzungszone. Im November 1946 war die Deutsche Grenzpolizei gebildet worden. Sie hatte die Aufgabe, gemeinsam mit den sowjetischen Freunden die Grenzen der sowjetischen Besatzungszone zu überwachen, Schiebertum und Bandenwesen im Grenzgebiet zu bekämpfen sowie zu verhindern, daß untergetauchte faschistische Elemente in die Westzonen flohen.

An einem trüben Sonntag, dem 22. Februar 1948, fuhr ich mit meiner Zündapp-Sportmaschine die F5 entlang in Richtung Nordwesten. Hinter Nauen fiel Regen, mit Schneeflocken vermischt. Ich mußte sogar auf die Schutzbrille verzichten, weil ich nichts mehr erkennen konnte. Die Hauptverbindung von Berlin nach Hamburg war nicht sehr belebt. Motorradfahrern begegnete ich überhaupt nicht, ich traf nur einige kleine Lieferwagen und mehrere Lastkraftwagen der Sowjetarmee. Bei dem Wetter jagte man ja auch keinen Hund auf die Straße.

So passierte ich die alte Stadt Friesack, hielt an einem Waldrand kurz vor Segeletz, um mir die kalten Füße warmzutreten, und sah zu meinem Erstaunen im Walde einen großen Gedenkstein mit einer Aufschrift. An dieser Stelle war ein kaiserlicher Prinz durch einen Autounfall ums Leben gekommen.

Wusterhausen an der Dosse, wo mir alles noch sehr bekannt war, ließ ich hinter mir, dann Kyritz und Perleberg. Fast durchgeweicht erreichte ich Lenzen/Elbe und fragte mich nach der Grenzkommandantur durch. Ich hatte trotz der Kälte 160 Kilometer zurückgelegt.

Der Chef der Grenzbereitschaft war sehr erfreut, daß ich ein Motorrad besaß. Solche Reaktion kannte ich noch von meinem Dienstantritt in Brandenburg – ein eigenartiger Ausdruck des Verhältnisses von Mensch zu Technik. In dem Gespräch erfuhr ich, daß wir ein großes Gebiet bearbeiteten. Ein Mitarbeiter des Stabes stellte mir meinen Dienstausweis aus, als Unterkunft erhielt ich ein Fremdenzimmer in einem Gasthaus. Am Tage darauf machte ich mit einem Kollegen eine Streife durch die Stadt und durch einige umliegende Ortschaften. Zur neueingerichteten Kriminaldienststelle der Grenzbereitschaft gehörten nur ganze drei Mitarbeiter.

Schon am nächsten Tag kontrollierten wir in Wittenberge einen aus Westdeutschland eingetroffenen Zug. Wir hatten den Bahnsteig durch Transport- und Grenzpolizei abgeriegelt und nahmen neunundzwanzig Personen fest. Sie wurden noch in derselben Nacht in Lenzen vernommen. Bei dem weitaus größten Teil der Festgenommenen handelte es sich um Spekulanten, die sich durch den Schwarzhandel schnell bereicherten.

Mit meinen Genossen machte ich mich in den ersten Tagen daran, eine Preisliste für Waren des schwarzen Marktes aufzustellen. Eine Abschrift habe ich behalten, ich bringe sie unverändert, das heißt die Gewichtsangaben noch in Pfund u.ä. Wir haben die Liste mit der Zeit ergänzt. Vielleicht wollten wir sie sogar alphabetisch ordnen und haben deshalb mit Apfelsinen angefangen. Als wir beim Brot waren, sind wir wohl zu einer anderen Systematik übergegangen und führten anschließend gleich Mehl auf. Zwischen Heringen, Herrensocken und Margarine bestand auch ein Zusammenhang. Die »Heringsbändiger«, wie die Schieber genannt wurden, die mit Heringen und Bücklingen handelten, boten auch Margarine und Ringelsocken an, die damals modern waren.

Schwarzmarktpreise in Mark (500 g)

Apfelsinen	24,–	Schrippen weiß	3,–
Brot (3 Pfund)	30,– bis 35,–	Fleisch, Rind	80,–
Weizenmehl deutsch		Fleisch, Schwein	120,–
	28,– bis 30,–	Kaninchen	90,–
Weizenmehl kanadisch		Gänse	70,– bis 100,–
	33,– bis 35,–	Wurst	160,–
Roggenmehl	20,–	Käse	70,–
Grütze	20,–	Speck	220,– bis 260,–
Kaffee	450,– bis 500,–	Butter	250,– bis 280,–
Schokolade	120,–	Erbsen	20,–
Kartoffeln je Zentner		Bohnen	20,–
	300,– bis 350,–	Zucker	70,– bis 85,–
Schrippen schwarz,		Zwiebeln	9,–
Stück	1,50	Heringe, Stück	8,– bis 12,–

Herrensocken 75,– bis 80,–
Margarine 180,–
Speiseöl je Liter 300,–
Mohnöl je Liter 350,– bis 390,–
Mohn 40,– bis 50,–
Äpfel 20,–
Zigaretten, Stück 1,– bis 10,–
Schnaps je Flasche 140,– bis 200,–
Kohlen je Zentner 70,–
Kerzen, Stück 2,– bis 8,–
Petroleum je Liter 15,–
Seife, Stück 10,– bis 60,–
Feuersteine, Stück 3,–
Nähnadeln, Stück 1,–
Anzüge, Stück 1000,– bis 5000,–
Mäntel 1000,– bis 3000,–
Herrenschuhe 700,– bis 1400,–
Damenschuhe 700,– bis 1400,–
Damenstrümpfe 110,– bis 180,–
Strickhandschuhe 80,–
Schnürsenkel 2,–
Gold, 330 Karat, je Gramm 85,–
Gold, 585 Karat, je Gramm 185,–
Gold, 900 Karat, je Gramm 270,–
Tee je Gramm 1,–
Haferflocken 30,–
Glühlampen 15 Watt 25,–
Glühlampen 25 Watt 35,–

Geschoben wurde von einigen Leuten mit allem. Es fehlte fast nichts in unseren Protokollen und Listen. Und manche gingen uns nicht nur einmal ins Netz, sie konnten es nicht lassen.

Einmal habe ich mich in Wittenberge mit festnehmen lassen, um die Vernehmungen abzukürzen. Ich zeigte den Grenzpolizisten den Personalausweis eines Bürgers aus der britischen Besatzungszone. Aus einer Eintragung ging hervor, daß ich mich schon einmal für drei Tage im Gewahrsam der Grenzpolizei befunden hatte; ein gut lesbarer Stempel beglaubigte das.

Im Wartesaal – es verging noch einige Zeit bis zum Abtransport – hatte sich bald eine größere Gruppe von Schwarzhändlern um mich versammelt, die mich ausfragten. Und ich gab ihnen Bescheid.

In Lenzen staunten einige nicht schlecht, als sie im Verlauf des Abends von Genossen in mein Arbeitszimmer geführt wurden. Unter ihnen befand sich auch ein junger Mann aus

Nauen. Er fuhr ständig in westdeutsche Hafenstädte und tauschte mit Fischern Wodka gegen Heringe. Für eine Flasche erhielt er über 100 Heringe in einem normalen Wassereimer. In seiner Heimatstadt belieferte er seine Stammkunden. Oft brachte er sogar zwei Eimer Heringe zurück. Je Stück verlangte er 10 bis 12 Reichsmark. Das alles hatte er mir schon vorher im Wartesaal erzählt. Aus dem Geschäft wurde diesmal nichts.

Wir lernten viele Menschen kennen, und einige wünschten uns gewiß zum Teufel, kamen wir doch Leuten auf die Schliche, die tagsüber bei Bauern arbeiteten, nachts aber im Nebel mit Schlauchbooten gestohlene Schweine und anderes Viehzeug über die Elbe in die Westzonen schafften. Ein schwunghafter Schwarzhandel von Ost nach West wurde mit Autoreifen betrieben, die in den letzten Kriegstagen von Wehrmachtfahrzeugen abgeschraubt und in Scheunen versteckt worden waren.

Auf ausdrücklichen Wunsch der Falkenseer Genossen ließ ich mich im April 1948 wieder in die reguläre Kriminalpolizei zurückversetzen. Ich erhielt damals ein Monatsgehalt von etwa 200 Mark, und damit konnte ich nicht zwischen Lenzen und Falkensee pendeln.

Die Riegelmine und die toten Kinder

Mitte April 1948 setzte mich der Leiter der Kriminalpolizei des Kreises Osthavelland als Dienststellenleiter im Kriminalgefahrenpunkt Dallgow-Döberitz ein. Zu dieser neuen Dienststelle gehörte ein großes Gebiet. Es erstreckte sich in südlicher Richtung bis einschließlich Groß-Glienicke, westlich bis Elstal, Priort und Kartzow, und im Osten grenzte es bei Staaken und Karolinenhöhe an den britischen Sektor. In diesem Gebiet lagen neun größere und kleinere Orte.

Eines Tages bot sich mir ein schreckliches Bild, als ich mit dem Motorrad über Dallgow nach Seeburg kam. Der Bürgermeister hatte mich angerufen. In der Umgebung des Gemeindeamtes waren durch den Luftdruck einer Explosion alle Fensterscheiben zerschlagen worden. Das ließ sich alles beheben, doch es waren auch Menschenleben zu beklagen.

Einige Schulkinder waren gegen Mittag auf dem Nachhauseweg auf den Gedanken gekommen, sich die Schuhe und die Strümpfe auszuziehen und im Dorfteich zu planschen. Ein Junge erreichte mit hochgekrempelten Hosen die Mitte des Teiches und stieß an ein starkes Drahtseil. Die Kinder vermuteten sofort irgendwelche Schätze. Gemeinsam zerrten sie an dem Drahtende, und mit vereinten Kräften gelang es ihnen, einen rechteckigen, langen, schmalen, aber nicht sehr hohen Kasten aus Metall ans Ufer zu ziehen. An einem verrosteten Ring war das Zugseil festgemacht. Den meisten war dieser Kasten unheimlich, zuviel war schon mit Fundmunition geschehen. Sie gingen nach Hause und wollten den Eltern von der Kiste erzählen. Doch nach etwa einer Viertelstunde zerriß eine Detonation die Mittagsstille des Dorfes.

Zwei Umsiedlerkinder hatten das Teufelsding über die Straße geschleppt. Vielleicht glaubten die Kleinen immer noch, etwas Wertvolles in dem Kasten zu finden. Auf dem Hof versuchten sie mit einem Hammer den Kasten aufzuschlagen. Und da geschah es ... Ich konnte nur noch die Tatsachen festhalten. Zwei Kinder waren durch eine Panzermine ums Leben gekommen. Nazisoldaten hatten sie bei ihrer überstürzten Flucht in Richtung Rathenow in den Teich geworfen. Wir mußten uns wieder einmal an alle Lehrer wenden und die Kinder warnen. Wieviel Munition und Sprengstoff lagen noch verborgen herum! Unsere Genossen konnten nicht überall sein.

Am Morgen des 30. Mai 1948 wurde ich durch Genossen der Schutzpolizei informiert, daß in einer Siedlung bei Seeburg eine Bande einen Raubüberfall verübt hatte.

In den Morgenstunden des Tages, zwischen 2 Uhr und 3.45 Uhr, wurde in das kleine Wohnhaus des Rentners Eduard Kaufmann eingebrochen. Seine Ehefrau war durch Geräusche geweckt worden und sah in der Küche Licht. Als sie das Schlafzimmer verlassen wollte, wurde sie von einem Mann festgehalten. Inzwischen drangen zwei andere Einbrecher durch die anderen Wohnräume in das Schlafzimmer ein, überwältigten die Eheleute, fesselten sie an Händen und Füßen, knebelten sie und warfen sie auf das Bett. Ein Bandit blieb als Wache bei ihnen und bedrohte sie mit einer Pistole, während die anderen alle Räume nach Wertsachen durchsuchten und alle Schränke und Kästen aufbrachen. Die Eheleute hatten nur drei Mann gesehen, es mußten aber mehr gewesen sein. Die Täter hatten lange Gesichtsmasken getragen. Ihr Alter war schwer zu schätzen. Die alten Leute meinten, nach den Stimmen mußten es jüngere Leute gewesen sein. Sie hatten deutsch gesprochen. Gegen 3.45 Uhr verließen sie das Haus und schleppten viel Kleidungsstücke, Wäsche und Schmuck mit.

Die Täter müssen sich sehr sicher gefühlt haben. Als wir am Tag den Tatort besichtigten, fanden wir zwei Zigarettenkippen. Eine Razzia in einer Siedlung in der Nähe brachte kein Ergebnis, obwohl wir anderen Schiebern auf die Spur kamen. Mit dem Raubüberfall wollte niemand etwas zu tun haben. Bewaffnet? Um Himmels willen – das machte man doch jetzt nicht mehr.

Ich rechnete damit, daß die Diebeswaren bald zum Verkauf angeboten würde, und nahm Verbindung zu Leuten auf, die mit Gebrauchtwaren handelten. Bald hatte ich einen Hinweis. Die Spur führte wieder nach Spandau. Ich würde Beckmann aufsuchen müssen.

Der Kriminalkommissar auf der Polizeiinspektion Spandau hörte sich meinen Bericht an. Da er selbst verhindert war, gab er mir einen Kollegen mit. Wir beide suchten die Wohnung des Anführers der Bande am späten Nachmittag auf. Er wohnte bei einer älteren Frau als Untermieter.

»Er kommt erst etwas später!« sagte die bestürzte Vermieterin, nachdem wir ihr unsere Dienstausweise gezeigt hatten.

»Er arbeitet auf dem englischen Militärflugplatz in Gatow. Gelegentlich kommt Besuch, ein paar alte Bekannte von früher. Manchmal bleibt er bis spät in die Nacht weg.«

»Er raucht wohl auch?« fragte ich wie beiläufig.

»Die Zigaretten beschafft er sich auf dem schwarzen Markt. Er raucht sehr stark und immer die gleiche Sorte.«

Ich hatte schon vorher einige Kippen in einem kleinen gläsernen Aschbecher gesehen und mir zwei davon eingesteckt. Es war die Marke aus der Rentnerwohnung.

Kurz darauf trat der erwartete Jüngling ein. Er ahnte, was wir von ihm wollten, und legte sofort ein mündliches Geständnis ab. Mein Begleiter aus Spandau ließ ihn ins Gefängnis schaffen.

Kommissar Beckmann schüttelte mir kräftig die Hand. »Ein guter Zug! Da werden noch allerhand Leute dranhängen. Schwer wird es aber sein, den Rädelsführer an euch auszuliefern. Die Zeiten haben sich geändert, und diesmal wird wohl der britische Kommandant sein Veto einlegen! Mach's gut, weiterhin noch viel Erfolg!«

Kriminalkomissar Beckmann sollte recht behalten. Die Banditen wurden uns nicht zur Aburteilung übergeben. Am 18. Juni 1948 verkündeten die drei westlichen Militärgouverneure die separate Währungsreform für ihre Besatzungszonen und taten damit einen wesentlichen Schritt zur Spaltung Deutschlands. Westberlin wurde in die Spaltung einbezogen, als die Westwährung gegen den Protest des sowjetischen Stadtkommandanten und der fortschrittlichen Kräfte auch für die Westsektoren eingeführt wurde.

Nach einem Lehrgang an der Landespolizeischule wurde ich wieder versetzt und arbeitete einige Monate im Landeskriminalamt Potsdam. In jenen Monaten erfüllten unsere Werktätigen den Halbjahresplan. Adolf Hennecke fuhr seine Aktivistenschicht, wir begannen den Zweijahrplan, die Volkskongreßbewegung wandte sich aktiv gegen die Spaltung Deutschlands und die Spalter unter Konrad Adenauer. Nach der Bildung des westdeutschen Staates schufen wir uns unsere Deutsche Demokratische Republik, den ersten Staat auf deutschem Boden, den Arbeiter und Bauern regierten. Mit diesem Staat gingen nicht nur Wünsche in Erfüllung. An einen solchen Staat hatte ich gedacht, wenn ich mich in der Weimarer Republik gegen die Ausbeutung auflehnte, wenn ich an der Seite der Genossen gegen »Stahlhelm« und Nazis demonstrierte. Und dieses Ziel hatte mein Handeln bestimmt, als ich mich in Spanien mit Francoputschisten herumschoß, nicht irgendein Deutschland mit einem demokratischen Mäntelchen, sondern die konkrete, handfeste Macht der Arbeiter und Bauern. Jetzt hatten wir sie, und jetzt würden sie uns noch mehr hassen, die Herren, denen wir auf die Finger geklopft hatten.

Im Frühjahr 1950 wurde ich nach Berlin versetzt, in die Hauptstadt. Nun war ich gewiß kein »Landei«, wie die Berliner Leute von außerhalb nannten, ich war vor 1933 und nach 1945 viel in Berlin gewesen, mit seinen Problemen und seiner Entwicklung vertraut. Eine Umstellung war die neue Aufgabe dennoch, hatte ich mich doch etwas viel mit Schiebern und Spekulanten, Schwarzhändlern und Viehdieben befaßt. Hier war das Pflaster heißer. Von Westberlin aus wühlten unzählige Agentenzentralen, über die inzwischen das Rad der Geschichte gerollt ist, gegen unsere Republik.

In der Nähe des Präsidiums der Volkspolizei hatte mich auf der Straße ein junger Mann angesprochen, blond, von meiner Größe. Ich wußte zuerst nicht, was er von mir wollte. Im Lauf des Gesprächs deckte er aber seine Karten auf: Er stammte aus Westberlin.

»Sie sind doch im Präsidium tätig, ich habe Sie von dort herauskommen sehen!«

Ich sagte ihm, daß ich von Zeit zu Zeit dort zu tun hätte, aber daß ich im Augenblick und auch in den nächsten Stunden keine Zeit habe.

»Können wir uns nicht morgen sehen? Ich möchte Ihnen einen Vorschlag machen – und es wird nicht Ihr Nachteil sein.« Er ließ einfach nicht locker. Dann sollte er mir später keine Vorwürfe machen! Solche Aufgaben reizten mich. Natürlich war ich aber auch verärgert, daß mich der Bursche für solch einen Trottel hielt, den er ausnehmen zu können glaubte. Wir verabredeten, uns am folgenden Tag vor dem Gasthaus »Zur letzten Instanz« zu treffen.

Meinen Vorgesetzten mußte ich selbstverständlich informieren und auch sein Einverständnis einholen.

»Versprichst du dir etwas davon?« fragte er mich.

»Der Mann wird vielleicht morgen etwas mehr aus sich herausgehen. Wenn nichts dabei herauskommt, habe ich eben ein wenig Zeit verloren.«

Der Chef stimmte zu.

Am nächsten Vormittag traf der junge Mann pünktlich ein. Ich sah ihn die Parochialstraße heraufkommen.

Die Parochialkirche hatte ich noch in guter Erinnerung, obwohl ich sie nie betreten hatte. In der Weimarer Republik – der Rundfunk steckte noch in seinen Kinderschuhen – wurde jeden Abend gegen 18 Uhr das Glockenspiel original für den Rundfunk übertragen. Und mehrere Abende hindurch wurde das kräftige »Rot Front!« eines RFB-Sprechchores mit übertragen. Doch das waren Erinnerungen, ich mußte mich auf die Begegnung konzentrieren.

Der junge Mann freute sich, wie es den Anschein hatte, mich wiederzusehen. Wir betraten das Lokal, sahen einige wenige Gäste im Schankraum und setzten uns in den anderen Gastraum. Wir waren dort die einzigen Gäste.

Zuerst versuchte der junge Mann wieder, mich auszufragen, aber ich gab ihm zu verstehen, daß ich eigentlich gar nicht mit ihm sprechen dürfe. Das könnte mir, wenn es einer meiner Kollegen erführe, große Unannehmlichkeiten bringen.

Darauf begann er erst langsam, aber dann ausführlicher, von sich zu berichten, gewissermaßen um mich zu lockern und mein Vertrauen zu erhalten. So plauderte er, und plötzlich ließ er die Katze aus dem Sack. Er habe seinem Vorgesetzten von mir erzählt, und der wolle mich kennenlernen. Das würde sich günstig auf meine Zukunft auswirken. Sie besäßen nämlich gute Beziehungen zu den Amerikanern, und die verkörperten schließlich eine ungeheure Macht. Die Sache sei natürlich für mich ganz unverbindlich. Er würde mich nach Westberlin fahren und natürlich auch wieder zurückbringen. Das verstehe sich.

»Fahren Sie denn einen Wagen?« fragte ich.

»Ich fahre fast alle Fahrzeuge. Aber uns fährt einer meiner Bekannten, der hat mich auch gestern und heute hierhergebracht!«

»Ich brauche etwas Zeit!« erwiderte ich. »Ich nenne Ihnen meinen Familiennamen«, dachte natürlich gar nicht daran, »und Sie zeigen mir Ihre Ausweiskarte. Ich werde mir alles noch einmal überlegen, ich bin noch unsicher, ob ich nicht dabei letztlich der Dumme bin.«

»Vertrauen gegen Vertrauen!« Und er reichte mir eine sonderbare, dreiteilige Ausweiskarte mit Lichtbild über den Tisch. Die Personalien hämmerte ich mir ein.

Er muß ganz versessen gewesen sein, aus mir etwas herauszuholen. Irgendwie blindlings verfolgte er seinen Plan und machte dabei immer neue Fehler.

»Gucken Sie sich das Ding mal an!« sagte er plötzlich und reichte mir etwas unter der Tischplatte zu.

Mit meiner rechten Hand erfaßte ich eine Pistole. Der traut sich aber was, dachte ich, gab sie ihm aber wieder zurück. Das Spiel war ja noch nicht zu Ende. Wir verabredeten uns für den nächsten Tag an der Ecke Neue Königstraße und Barnimstraße.

Nach meinem Bericht reagierte mein Vorgesetzter sauer. »Das ist doch unmöglich! Ich gebe dir einen Genossen, den du schon aus Potsdam kennst, zur Unterstützung. Und dann werden wir überprüfen, was mit den Personalien los ist. Der Treffpunkt wird unauffällig beobachtet. Ein Wagen steht dort ebenfalls in Bereitschaft. Zögere die Fahrt nach Westberlin noch etwas hinaus.«

Für den kommenden Tag sprachen wir alles ab und spielten verschiedene Varianten durch.

Ich war zehn Minuten früher am vereinbarten Platz. Der junge Mann stieg in der Barnimstraße aus einem Taxi mit einer Fahrzeugnummer des demokratischen Sektors.

Lebhaft kam mein neuer Bekannter auf mich zu. »Wollen wir einen Kaffee trinken?« Wir gingen über die Neue Königstraße in ein Café, das nur wenig besucht war. Wir bestellten.

»Ich habe vor, Sie heute gleich mitzunehmen. Nachmittags sind Sie dann wieder hier, damit es nicht auffällt.«

Ich machte ihm klar, daß ich nicht darauf vorbereitet war, so schnell seinen Chef kennenzulernen, aber der Gedanke sei für mich interessant.

Ganz gefiel ihm mein Zögern nicht, aber er ließ es sich kaum anmerken. Er konnte sich gut beherrschen.

Ich wollte ihn wieder für mich gewinnen und erzählte nun etwas von mir. Die Geschichte hatten wir gestern gemeinsam zurechtgelegt. So gewann ich wieder etwas Zeit.

Ob ich Geld brauche? Das verneinte ich und bezahlte trotz seiner Widerrede unsere Zeche.

Wir verabredeten uns für den folgenden Tag um die gleiche Zeit, aber gleich im Café.

»Vielleicht komme ich pünktlich, vielleicht aber auch etwas später. Ich muß mir noch einen plausiblen Grund für mein Fehlen einfallen lassen.«

Er meinte, meiner Fahrt nach Westberlin stehe nun nichts mehr im Wege, und schüttelte mir kräftig die Hand. Ganz vergnügt sah er aus. Der Teufel mag wissen, was er seinen Auftraggebern über mich schon erzählt hatte.

Die Genossin im Vorzimmer meines Vorgesetzten ließ mich sofort in sein Zimmer eintreten.

Als ich meinen knappen Bericht beendet hatte, sagte der Genosse Inspekteur: »Die Sache ist aus mehreren Gründen sehr interessant. Einiges kommt noch hinzu. Dein neuer Bekannter ist vor längerer Zeit aus einem Untersuchungsgefängnis in Berlin ausgebrochen. Er saß dort wegen Spionageverdachts. Wir sollten ihn morgen festnehmen, bevor er noch mehr Unheil anrichtet!«

Wie vereinbart, ließ ich mir am nächsten Morgen viel Zeit. Ich wartete sogar noch einige Minuten in der nahen Jostystraße, erkannte einige Genossen, die sich »unauffällig« auf der Straße aufhielten. Langsam schlenderte ich zum Königstor hinauf.

Wie ich vermutet hatte, trat der Agent aus dem Eingang des Cafés, in dem er schon gesessen hatte, heraus auf die Straße. Ich entschuldigte mich wegen meiner Verspätung, aber jetzt sei alles klar!

Wir betraten den kleinen Verkaufsraum des Cafés. Ich ging vor ihm einige Treppenstufen in den kleinen Saal hinunter, in dem kleine Tische mit Marmorplatten standen, die heute fast alle besetzt waren. Unten drehte ich mich zu ihm um, er stand auf der letzten Treppenstufe. Im selben Augenblick faßte er in die linke Innentasche seines Jacketts, aber ein Genosse neben der Treppe, früher Judolehrer an einer VP-Schule, war schneller. Die Pistole fiel auf den Fußboden, ich gab ihr mit dem Fuß erst einmal einen Stoß in den Saal hinein und hob sie auf, nachdem zwei andere Genossen dem Agenten die

Hände auf den Rücken gefesselt hatten. Draußen fuhr ein Auto vor.

Bei dieser schnellen Aktion waren im Café alle Gäste aufgestanden, ohne aber eingreifen zu müssen. Junge Genossen hatten mit einigen unserer Mitarbeiterinnen – darunter befand sich auch meine spätere Ehefrau – unter den Gästen gesessen. Einigen muß das alles sehr gefallen haben, sie fragten später, ob sie nicht wieder an einer ähnlichen Sache teilnehmen könnten.

Ich bezahlte noch die kleine Zeche für den Agenten. Während ich auf das Wechselgeld wartete, trat eine ältere Dame, die auch zu den Vormittagsgästen gezählt hatte, an mich heran. Neugier und Spannung leuchteten ihr aus den Augen. »Was war das für ein Mann? Sicher ein Schwerverbrecher! Und er hatte ja einen Revolver in der Hand! Wie Sie das gemacht haben! Ganz wie in einem spannenden Kriminalfilm. Das war wirklich ein schönes Erlebnis!«

Wenn das Muttchen hätte Gedanken lesen können! Ich fühlte mich jetzt jedenfalls wieder als richtiger Berliner. Wir hatten den Amis eine Nase gedreht. Jahrelange Erfahrungen bei der Ausbildung und im Einsatz von Agenten hatten ihnen nicht viel geholfen. Sie hatten wieder einmal Lehrgeld für die Erkenntnis zahlen müssen, daß Volkspolizisten nicht käuflich sind.

Kein Tag verging wie der andere. Für Abwechslung war gesorgt, aber dann erhielt ich einen ungewöhnlichen Auftrag. Im Frühjahr 1951 ließ mich mein Vorgesetzter rufen.

»Wir haben einen außergewöhnlichen Auftrag erhalten. Bauern in der Schorfheide haben geschrieben und darum gebeten, ihnen ein Jagdkommando zu schicken, weil die Wildschweine jetzt schon selbst bei Tage auf den Feldern alles umwühlen. Du bist ein guter Schütze. Such dir Genossen aus, die du mitnehmen möchtest. Mit dem Präsidenten der Volkspolizei habe ich schon gesprochen. Da wir keine Jagdgewehre haben, bekommst du Karabiner und etwas Munition. Dann macht ihr euch auf den Weg. Bringt etwas mit für unsere Küche! Waidmannsheil!«

Der Mensch lernt eben sein ganzes Leben lang!

Ich würde meine Dienstpistole trotzdem mitnehmen. Sicher ist sicher.

Schon am nächsten Nachmittag rollten wir nach Norden. Unser Küchenchef hatte es durchgesetzt, uns als Beobachter zu begleiten.

Nach kurzer Fahrt erreichten wir das Dorf, in dem der Brief aufgesetzt worden war, und fanden auch Unterkunft. Mit dem Revierförster sprachen wir den nächsten Tag ab und erkundigten uns bei ihm nach Besonderheiten der Jagd.

Am nächsten Morgen weckte uns das Gebell aller Dorfhunde: Die Treiber hatten sich vor unserer Unterkunft versammelt.

Nach der Belehrung unserer Jäger und Treiber machten wir uns auf den Weg, geführt von dem alten Revierförster. Neben mir hielt sich der Genosse Kreisforstmeister, dem wir das einzige Jagdgewehr unserer Gruppe geliehen hatten.

Die Treiber hatten mehrere große Schonungen durchkämmt, einige Schüsse waren auch gefallen, aber niemand hatte getroffen!

Kurz bevor die Dämmerung hereinbrach, durchkämmten die Treiber wieder ein sehr langes, aber nur schmales Stück einer Kiefernschonung. Wir Schützen waren nur auf zwei Seiten postiert. Ich stand an der rechten Ecke der schmalen Seite mit dem Blick zu einem großen Kahlschlag, der sich von der Längsseite der Schonung zu einem Hochwald hinzog, der in eine kleine Talseite abfiel. Wir waren wieder in der Nähe des Dorfes angelangt.

Hinter mir stand der Kreisforstmeister mit dem Jagdgewehr. Ich hörte bereits die Treiber mit den Hunden herankommen, als aus der rechten Seite eine kleinere Sau herausbrach. Ich hob bereits den Karabiner und folgte ihr mit dem Gewehrlauf, da brach in rasender Geschwindigkeit ein großer Keiler heraus und rannte schräg über den Kahlschlag, dem Hochwald und damit auch der Senke zu.

Du mußt diesmal weiter vorhalten, denn er läuft sehr schnell! dachte ich. Es war meine letzte Kugel.

Der Schuß brach. Der Keiler erreichte zwar noch den Saum des Hochwaldes, aber er lief langsamer. Ich hatte ihn getroffen! Meinen nun nutzlosen Karabiner warf ich über die

Schulter und lief über den Kahlschlag, der Kreisforstmeister folgte mir. Am Waldrand angekommen, sah ich die dicken Kiefernstämme und dachte noch einen ganz kleinen Augenblick, wie gefährlich ein verwundeter Keiler sein soll.

Dann sah ich ihn. Er bewegte sich ziemlich langsam auf die Felder zu. Als ich näher kam, blieb er stehen und drehte sich langsam zu mir. Seine Gewehre, weiß wie lange spitze Dolche, machten auf mich großen Eindruck. Dann sah ich in seine schmalen, wütenden Augen. Er stieß irgendein sonderbares Geräusch aus und ging auf mich los. Ich machte mir Mut und zog meine Dienstpistole, zu der ich sonst immer großes Vertrauen hatte. Zwei Schüsse, dachte ich, und er fällt um. Laß ihn näher heran, keine Angst, Karl!

Dann waren es nur noch zwanzig Meter. Der Keiler wandte ein wenig den Kopf. Ich schoß zweimal auf ihn, und ich traf ihn auch, wie mir am Tag darauf der Küchenchef versicherte. Noch wußte ich davon nichts, vielleicht nicht einmal der Keiler, der wieder böse Töne von sich gab. Tempo entscheidet alles, sagte ich mir und trat den Rückzug an, sehr schnell.

Ich hörte schon die Stimme des Kreisforstmeisters: »Bleib stehen, ich gebe ihm jetzt den Gnadenschuß!« Er meinte es wirklich gut mit mir. Zweimal krachte sein Jagdgewehr, aber ich war mißtrauisch. Hatte er den ganzen Tag nichts getroffen, sollte es ausgerechnet jetzt klappen? Ich hatte mich richtig entschieden, und wir flitzten als Paar weiter bis an den Waldrand, wo wir verschnaufen mußten. Unser Verfolger schien sich nach den Zweifeln an unseren Schießkünsten von unseren Spurtqualitäten überzeugt zu haben und war umgekehrt.

Der Keiler lief jetzt, immer langsamer werdend, wieder zurück. Eine mächtige gefällte Kiefer lag ihm im Weg. Er bekam nur den Kopf und die beiden Vorderläufe über den Stamm, weil er doch schon viel Blut verloren hatte.

Aus bösen Augen sah er mich jetzt noch an. Ich schoß ihm aus nächster Entfernung eine Kugel in das rechte Ohr.

Inzwischen waren die Treiber angekommen. Die Hunde vollführten einen unbeschreiblichen Spektakel. Die beiden Förster traten heran, brachen das Wild auf, vergruben die Eingeweide und benetzten einen kleinen Zweig mit dem Blut des Keilers. Als sie ihn mir an meinen alten Hut feststeckten, murmelten sie irgendeinen alten Spruch, den ich nicht verstand.

»Der Keiler ist über sieben Jahre alt. Es ist das größte Stück, das jemals hier geschossen wurde!« sagte der Kreisforstmeister, und der alte Revierförster stimmte ihm zu. Am nächsten Tag setzte uns der Küchenchef die Leber vor. Es war eine interessante Abwechslung gewesen. Trotzdem blieb ich dem Angeln treu. Man kann dabei besser entspannen, ich jedenfalls. Auf Wildschweine nur noch auf Befehl, nahm ich mir vor. Der Cross-Lauf war mir als sportliche Disziplin ohne Keiler im Nacken lieber. Und Sport trieben wir viel.

Etwa Mitte 1955 wurde bei uns von einigen Genossen die Idee geboren, uns dem Fallschirmspringen zuzuwenden. Seit einigen Jahren widmete sich die Gesellschaft für Sport und Technik dem Wehrsport, und warum sollten wir die Möglichkeiten, die uns unsere Gesellschaft bot, nicht ausnutzen?

Warum mußte es nun ausgerechnet der Fallschirmsport sein? Ging es nicht eine Nummer kleiner? könnte man fragen. Wir lasen damals viel über sowjetische Partisanen, über ihre Einsätze im Rücken der faschistischen Truppen, begeisterten uns, betrachteten sie als große Vorbilder. Viele dieser Partisanen waren nachts mit Fallschirmen abgesprungen. Junge Menschen streben immer nach hohen Leistungen, suchen nach hoher Bewährung. Ich war Leiter eines Kollektivs junger Genossen, konnte und wollte mich nicht ausschließen. Unterstützung fanden wir bei unserem Vorgesetzten, von dem man erzählte, er sei als Partisan der Roten Armee selbst mit dem Fallschirm gesprungen.

Natürlich überlegte ich, ob mein Schädel dem neuen Sport gewachsen sein würde. Eine Zeitlang hatte ich in einer Mannschaft der Sportgemeinschaft Dynamo Nordost, die seit dem Jahre 1953 bestand, Fußball gespielt. Später hatten wir uns auf einem freien Platz in der Nähe der Dienststelle ein Volleyballfeld angelegt und spielten nicht schlecht.

Seit 1949 lag in meinem Schreibtisch ein Schreiben des Bezirksarztes der Gemeinde Falkensee, das mir eine Erwerbsminderung von 70 Prozent bescheinigte. Ich hätte eigentlich Rente beantragen können und sie als Verfolgter des

Naziregimes sicher auch erhalten. Und jetzt wollte ich den Fallschirm anlegen! Ich wollte noch nicht zu den Veteranen gerechnet werden!

Vor den Erfolg haben die Götter den Schweiß gesetzt, heißt es. Und wir büffelten die Theorie. Grundlage war das Buch »Der Fallschirmsport« von A. M. Lukin, eine Übersetzung aus dem Russischen. Der sowjetische Autor hatte alles zusammengetragen, was man über die Geschichte des Fallschirmsports, über seine theoretische und praktische Bedeutung wissen muß. Anschauliche Skizzen machten selbst dem Uneingeweihten alles klar und verständlich.

Im Haus der Ausbildung der GST in der Frankfurter Allee sahen wir dann den ersten Fallschirm. Am Packtisch lernten wir auch das Legen des Fallschirms. Langsam näherten wir uns der Praxis.

Nur schwer kann sich ein Außenstehender vorstellen, welche ungeheure Wirkung und welche Zuversicht von diesem einen, wenn auch arg strapazierten Fallschirm ausging.

Das erste größere Ereignis für uns war die Fahrt zum einzigen 54 Meter hohen Sprungturm nach Halle, die wir gemeinsam mit der GST unternahmen. Wir kamen nachts an. Auf dem Gelände am Sprungturm herrschte eine straffe Disziplin. Wir wurden in Gruppen aufgeteilt. Einige Gruppen durften schlafen, während unsere Gruppe alle notwendigen Vorbereitungen für das Springen am nächsten Tag traf. Wir wurden damit vorzeitig fertig und begannen noch in derselben Nacht mit dem Springen. Es war diesig, ein kalter Wind heulte durch das Eisengestänge des hohen Turms. Mit angelegten Sprunggurten stiegen wir einzeln von Podest zu Podest bis auf die Plattform des Turms, wo der Wind noch stärker wehte. Auf das Kommando der Absetzer sprangen wir aus der Lukentür und kamen auch gut unten auf.

Obwohl wir nur etwa 18 Sekunden brauchten, war es für uns doch ein großes Erlebnis und ein wunderbares Gefühl der Freude und des Sieges über die Hemmungen, die wir vor diesem ersten Sprung hatten. Trotz des starken Windes und zeitweiligen Regens konnten wir in den folgenden Tagen noch mehrere Sprünge durchführen.

Obwohl wir in den ersten Monaten von Genossen wegen

unseres neuen Sports mitunter belächelt wurden, gelang es uns durch das eigene Beispiel, neue Genossen für unsere Gruppe zu gewinnen. Ein Höhepunkt der weiteren Ausbildung war die Teilnahme der ersten drei Genossen am I. Sprunglehrgang in der DDR auf dem Gelände der Flugsportschule Schönhagen bei Trebbin Ende März 1957.

Hatten wir an den ersten Tagen noch unfreundliches und regnerisches Wetter, klarte der Himmel am 30. März abends auf, und die ersten Sprünge aus der sowjetischen Po 2 konnten absolviert werden.

Zehn Tage vorher, am 20. März 1957, hatte ich vor dem Sportarzt gezittert, obwohl ich eigentlich nicht ängstlich bin. Für mich stand viel auf dem Spiel. Natürlich wäre das Leben weitergegangen, wenn er mir das Springen verboten hätte, kein Genosse hätte ein Wort verloren, alle hätten Verständnis gehabt.

Ich wurde als einer der ersten zum Arzt gerufen, und ich legte ihm mein grün eingebundenes Sprungbuch vor. Er schaute mich erst prüfend an, blickte wieder in das Buch.

»Stimmt Ihr Geburtsdatum, oder hat sich jemand verschrieben?« Als ich erwiderte, alles habe seine Ordnung, antwortete er: »Kaum zu glauben. Aber, wenn Sie immer Sport getrieben haben und sich auch jetzt noch das Springen aus dem Flugzeug zutrauen, bitte schön! Machen Sie sich frei!«

Nach gründlicher Untersuchung atmete ich auf, als der Arzt zu seinem Stempel griff. »Tauglich für Fallschirmspringen.« Der Sprung konnte kaum aufregender sein.

Das sowjetische Sportflugzeug Po 2 hat nur zwei offene Sitze. Der erste hinter der Luftschraube ist für den Fallschirmspringer bestimmt, während der Pilot etwas tiefer hinter ihm sitzt. Mit einigen Schleifen über dem Flugplatz bringt das Flugzeug den Springer auf die für den ersten Übungssprung vorgesehene Höhe von 700 Metern. Auf Kommando des Piloten klettert der Fallschirmspringer aus seinem Sitz auf die untere Tragfläche des Flugzeugs, um sich beim Kommando »Sprung!« kopfüber nach hinten fallen zu lassen. Nach 3 Sekunden freiem Fall spürt er einen Ruck in den Gurten: Der Fallschirm hat sich geöffnet!

Mit einer Sinkgeschwindigkeit von 5 bis 8 Metern in der Sekunde nähert sich der Springer der Erdoberfläche. Jetzt kommt es darauf an, sich durch Beherrschung und kluge Steuerung des Schirms dem auf der Erde ausgebreiteten Zielkreuz weitgehendst zu nähern.

Inzwischen haben die Mitglieder unserer Gruppe schon viele, viele Sprünge aus größeren Flugzeugen hinter sich, aber der erste Absprung bereitete doch die größte Freude. Er erschließt einen ganz neuen Erlebnisbereich.

Fast dreißig Jahre waren seit meiner Verwundung in Spanien vergangen. Damals hätte es kein Mensch für möglich gehalten, daß ich jemals solche Sprünge machen würde. Man darf sich nicht aufgeben!

Jahre waren vergangen. Um so mehr Freude machte es mir, daß ich bei der Einweihung des Denkmals für unsere in spanischer Erde ruhenden dreitausend gefallenen deutschen Interbrigadisten einige meiner alten Freunde und Kampfgefährten wiedersehen und sprechen konnte! Wenn auch viele gealtert waren, ihre Augen blickten jung, und jung sind auch ihre Herzen geblieben!

Würde und Ernst solcher Veranstaltungen stimmen nachdenklich. Ich erinnerte mich der Genossen meiner Maschinengewehrkompanie und der vielen anderen, die diesen Tag nicht mehr erlebten. Da waren die Kameraden aus Sachsenhausen, die Opfer des Todesmarsches und die unzähligen Erschlagenen. Da war aber auch die Hilfe und die Solidarität spanischer und französischer Arbeiter, deutscher Antifaschisten und all der anderen, denen wir es mit verdankten, daß wir diesen Tag erlebten. Wir hatten das Vermächtnis unserer Genossen erfüllt, wir hatten gesiegt, und sie gehörten zu den Siegern. Ein stolzes Gefühl, das die Trauer erdrückte und Anstrengungen und Entbehrungen vergessen ließ.

Nun stand ich hier, der Oberstleutnant Karl Pioch, trug die Fahne der Internationalen Brigaden, unter der wir in den Kampf gezogen waren, auch für das sozialistische Deutschland, das heute die Interbrigadisten ehrte.